罗京现在开始播音

刘卓 著

中国传媒大学出版社
·北京·

纪念罗京逝世十周年

字正腔正源于心正
播品艺品出自人品

己亥夏月 唐双

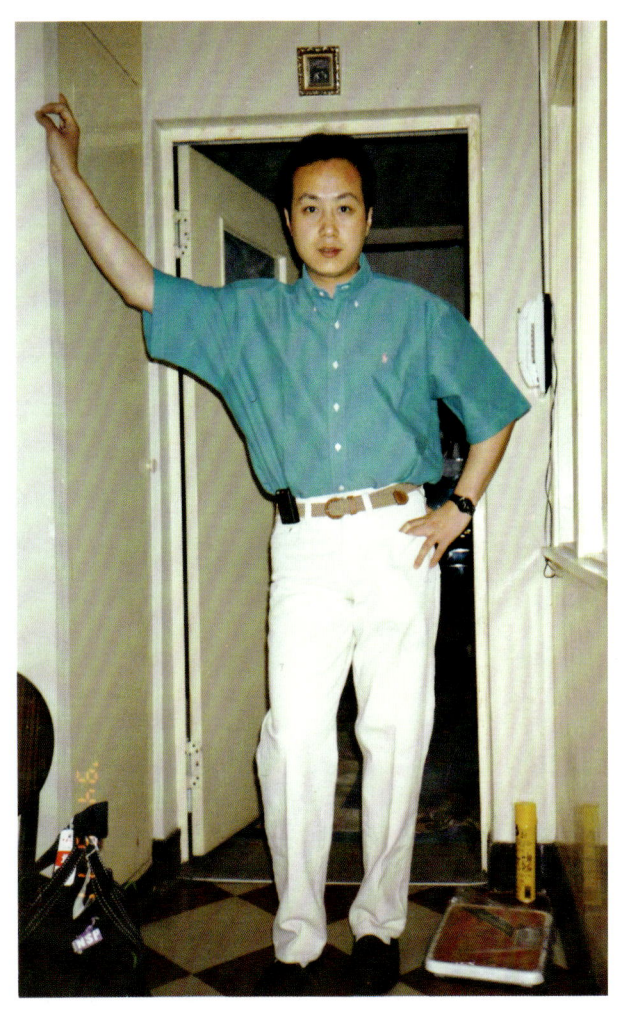

1984年罗京第一次随领导人出访朝鲜

1984年（日本）

1987年

1993年

1993年

1994年

1996年

1996年

1997年

1999年

1999年

1999年

2001年

2001年

2001年(南美)

2002年(英国)

2003年

2004年(英国)

序

  罗京离开我们已经十年了,在十周年的日子出版这本书,一是为了了却我的一份心愿,更多的则是以此纪念罗京。

  罗京进入电视行业的三十年正是中国电视发展最快的三十年,也是中国改革开放、变化最大的三十年。他经历了电视的发展、《新闻联播》的发展,亲历了很多重大事件的播报工作。所以书的内容没有侧重于生活琐事,而更多地偏重于专业方面的剖析和论述,读来更像是一本业务书籍。

  这本书的书名,之前我也和中国传媒大学的丁俊杰老师商量过,丁老师提出了两个特别好的建议,用"罗京是条河",源于罗京无论是在事业上还是在专业上,他就像一条川流不息的河,他所做的事业永远在奔腾,不会停息;另一个想法是用"罗京是座山",意在体现罗京在专业上已经成为一种标准,在央视这个平台上,他以他的专业程度和高度达到了一种标准。但最终没有采纳这两个名字,是考虑到罗京是个非常朴实的人,而我们的这两个名字过于主观,虽然我们很满意,但还是不想让这种主观影响到罗京平时那种不张扬的风格，所以我们最终还是舍弃了，选择了现在这个像客观报道一样的书名。

本书前半部分是罗京的成长历程，后半部分是罗京的播音业务分析。前半部分大多数内容是我核对过的，有些他小时候的事情我不清楚的，也请罗京的父亲确认过。虽然知道对老人来说回忆一样是伤痛，但为了读者不被网络上不负责任的内容误导，为了呈现给大家一个真实的罗京，我还是让老人看了书稿并进行了修改。

我和罗京共同生活了二十多年，他工作中的许多事情我也是在读完这本书稿之后才知道的。这本书稿也使我更加了解了罗京，也更多了一份对他的理解。罗京，他仿佛就是为电视而生的，他的一生虽然短暂，却是浓缩的、精彩的，他短暂的生命是饱满的、近乎完美的。

从萌发为罗京出一本书的想法开始，到现在已经有五六年了，其间由于遇到了一些困难，所以一直拖到现在，但几年来这个想法一直在心里挥之不去。罗京是我至亲至爱的人，是个不可多得的人才，也是个难得的好人，很多朋友忘不了他，很多观众还记得他，亲人们更是深深地怀念他。除了伤痛，让关心罗京的人们了解真实的他，让专业的后来者们对播音主持有更深的理解，让更多的人通过他对事业的专注有所领悟，这应该是对他的一份尊重，也是一种很好的怀念。这本书终于能在罗京去世十周年纪念的时候出版，让我感到很欣慰。在此我要特别感谢丁俊杰老师和程平老师，没有他们不懈的支持和协调，这本书很难面世。丁老师是罗京的校友，也是好朋友，这些年一直默默地支持着我，在很多方面都给予了我极大的帮助，这一次出书，丁老师不仅与多方协调，还提出了不少宝贵意见。另一个我要特别感谢的人是刘卓老师，因为书中大部分篇幅是关于播音主持业务的内容，刘老师是播音专业的专家，这部书的撰写工作就压在了她的身上。刘老师在家人生病，自己又染重疾的情况下，在很短的时间内搜集完资料，整理并撰写了文稿。搜集资料的工作量很大，刘老师从不同的渠道搜集了几乎能找到的所有资料，还做了很多采访，在整理的过程中很多内容需要我和相关的人员进行核对，她不厌其烦地与我沟通、确认，她那种认真负责的精神让我很感动。同时，还要特别感谢罗京的老友王利，丁老师跟他说起要给罗京出书的事，他爽快地答应一定帮忙并在资金上给予了大力支持。还要感谢吴方、康辉、杨存豹等台里罗京过去的很多同事，他们也为完成这本书提供了不少的帮助，在此就不一一列举了。另外，我也要衷心地感谢中央电视台，在罗京离去的这些年里，台里给了我、孩子和老人很多的照顾，在此我也代表家人表示感谢，也对这些年给予我们支持和帮助的朋友们表示感谢！

在罗京离开的这十年中，我用了好几年的时间让自己去接受他已经不在的事实，我常常疑惑他是不是又出差了、他去哪儿了，他那么活生生的一个人怎么就不在了。独自一人在家的时候会恍惚听到他推门回来，看到他进门，在门边换鞋，或者坐在楼梯台阶上接电话，或者坐在沙发上凝神看电视……走到央视门口的时候仿佛又看到他远远地从台里走出来，儿子向他奔跑着，他伸开双臂……但一切都再也不是现实，他真的是不在了。他的离去，我的世界天塌了下来。他在的日子，我觉得什么时候心里都是踏实的，遇到什么问题都不怕，因为他给我的是一份淡定、一份安全感。

　　罗京刚去世的那几年，有各种各样的采访和活动邀请我去参加，我都拒绝了。很多人不理解，为什么我回避这一切，原因是我并不是一个善于言表的人，一直以来我们家都是罗京主外的，他的离去，让我在悲痛的同时不知所措；更重要的是，我没法面对罗京离去的现实，我的状态很糟糕，我无法控制自己的情绪，也不敢回想所有的过去，所以我选择在自己的角落默默疗伤。我失去了一个最亲的人，同时我还有另一个最亲的人在身边——我们的儿子。他那时还小，我还有责任把他培养长大，我希望我们能远离人们的视线，平静地生活，不让孩子再受到更多的伤害。很多年来，我和儿子之间小心地避开谈论他的爸爸，是因为我们不敢提起，每每想起来便是深深的痛楚。近几年，我们慢慢地调整，我和儿子开始聊他爸爸，虽然有时还会聊着聊着就伤心流泪，但我们已经可以面对。我们都在慢慢地变得坚强，儿子说过，爸爸在天堂一定希望看到我们生活得好、生活得开心。罗京走的时候儿子才14岁，记忆中的爸爸也是聚少离多，常常是孩子已经睡了，爸爸还没回来，每次爸爸在家的时候，儿子都会特别兴奋。儿子心目中的爸爸是那个宠他爱他的人，有了任何委屈，爸爸那里是他倾诉的地方。记得罗京在医院无菌病房的时候，一次征得大夫的同意，我带着孩子进病房看他。儿子很懂事，知道爸爸免疫力低，就带着大口罩不敢往爸爸身边靠。罗京那时候已经很虚弱，他靠在床上，眼睛一刻不离地看着儿子，那一天他的眼神是我这辈子都忘不掉的，他仿佛要把儿子看到眼睛里去，那眼神是那么不舍、那么痛爱，那里面包含了一个父亲太多太多的内容。十年过去了，儿子长大成人了，我也希望通过这本书让儿子更多更全面地了解他的父亲，无论将来他干什么，父亲都将是他的榜样，也是他的骄傲。

  为了这本书，我跟刘卓老师见了好几次面，也通过很多次微信和电话。有一次，她问我，罗京让我最感动的事是什么，我竟一时答不上来。其实，我们的生活跟其他的家庭没有什么区别，平淡得不能再平淡。罗京虽然是搞语言工作的，但生活中的他却是个实实在在、不善表达的人。往年大部分的大年三十，罗京不是主动要求上班，就是被安排出差。我虽然已经习惯了，但有时难免还是会觉得单位的事和别人都比我重要，有时也会抱怨他几句。但有一年的大年三十，罗京意外地没有出差也没有上班，他也没说什么，倒是我觉得奇怪问他，他才说，那年我母亲刚去世，他怕我一个人过节难过，就专门跟单位请了假，陪我过年。这就是他常说的，他心里有，不需要多说。他还常说，他觉得一家人不需要说什么做什么，大家在一个屋檐下就挺开心的。如今经历了生生死死相聚离别，也到了知天命的年纪，才真正理解了他说的不就是一份平平淡淡的幸福嘛，而这份平淡中却包含着亲人之间默默的关怀和爱护。

生活中的罗京善良、率真、朴素，家庭生活中的他像个孩子。他不擅长做家务，也不懂烹饪，我常说他手笨，我干活是急性子，开始还让他帮点忙，看着他心不在焉又笨手笨脚的样子，索性不用他干了，于是他说我的小脑发达，他的大脑发达，大脑发达才是大智慧，他开玩笑说家里是小事我管，国内国外是大事他管。其实我知道他是没把心思放在这些琐事上，他不是拘泥于家庭小事的人，他有他的追求和梦想。他也曾对我说，你应该请人做家务，腾出来时间你就可以做更有意义的事情。可惜我是个恋家胜过事业的人，没能像他一样开辟出一片事业，但我始终无怨无悔，因为我爱他们，我愿意为他们和家付出。

　　罗京生活上很朴素，从来不讲究名牌和排场。有一次下班回来，他跟我说，办公室的小姑娘们分析几位男士，说一看罗老师就是过日子的人，因为鞋跟都磨掉那么多还穿着。我一看那双鞋的鞋跟，的确已经磨歪了很多，鞋面也特别旧了。我开玩笑说他净给我丢人，人家肯定说家里老婆不给买鞋穿。我让他扔掉，他执意不肯，说穿久了的鞋穿着舒服，没坏就穿穿再扔，最后还是有一天趁他不在的时候我偷偷给扔掉了，后来他发现了还埋怨了我几句。

　　罗京从小是奶奶带大的，奶奶是个极其能干的人。奶奶管理的家，虽然不富有，却永远是窗明几净，哪里都没有一丝尘土。罗京的衣服也一样，虽然有的已经缝补过，但却非常整洁。那时候不时兴用香水，奶奶就用香皂给他洗衬衫，这样衣服上就会留下淡淡的清香。这份整洁一直陪伴了他一生。他虽然不讲穿什么,却永远干净利落。奶奶最疼爱罗京,罗京也十分孝顺,罗京周围的人都知道他有个能干的奶奶。我还记得我们第一次见面,他谈论最多的就是奶奶,说起奶奶的时候脸上满是幸福的笑容。

　　我们结婚一年以后搬到了台后面的宿舍,每周回家的时候,罗京总是坐在奶奶对面,听她说这说那。我还记得奶奶一遍一遍地讲他们小时候的事,讲她背着罗京洗衣服、搓衣服的时候一颠一颠的,罗京就咯咯地笑,奶奶说着自己也笑起来。一直到现在我都很怀念那些年,奶奶还在,罗京还在,孩子们都小,还在身边,周末的时候,一家人围在圆桌旁,其乐融融,是何等的幸福啊。后来奶奶生病,罗京四处寻医问药,还带着奶奶去外地求医。罗京说,孝顺孝顺,就要顺,顺了老人才开心。他不仅对奶奶,对我的家人也是一样,我父母就常夸他懂事、明事理。

　　虽然是公众人物,罗京却有着一颗极平和的平常心,很多不熟悉他的人都觉得他不爱笑,冷冰冰的不好接近,但了解他的人都知道他是个热心肠,办公室的同事更是知道罗京是个不会说"不"的人。他认识很多人,无论谁找到他,他都会热心地去帮助,有的时候他接电话约人在哪里见面,竟然不知道约的人是谁。但他说,有我电话号码的一定是见过的人,人家有事找我,虽然不记得是谁,我也不能不见呀。还有一次他去南海出差回来,一个南海的战士到北京在台门口传达室给他打电话,接到电话,那个小战士说他从南海来出差路过北京给罗京送南海的照片。当时罗京正在值班,马上要上播出线，没法出来，也没想起是谁，就请他把照片放在传达室，后来他拿到照片才知道那是南海的一名战士，为此他懊悔了很久。他说南海的守岛战士们非常不容易，说好他们来北京我要带他们参观一下电视台的，结果当时没想起来是谁，要不一定先找人把他接进来。他觉得很对不住那个好不容易来一趟北京的战士，他说，他们来一趟不容易。

生活中他总是很自律，他常说，干我们这行，在哪儿大家都看着脸熟，别人在公交车上踩了脚可能会吵一架，我们不行，我们吵了，没准第二天就被小报炒成什么。他很在意一个公众人物在大众心中的形象，更在意一个中央电视台员工的形象。罗京很在意他的头发，他头发不多，发际线高，所以他总是小心地梳理，不是因为别的，是因为要出图像。他开玩笑说，他给灯光师添麻烦了，他的脑门太反光。他常说，什么时候可以休息一段，就把头发剃掉，好好养一养，后来他化疗的时候，头发一下就掉光了，看着他一抓掉下一把头发，我偷偷地掉泪了。台里的同事们也都知道他很舍不得他的头发，化妆师杨老师熬夜专门一根一根地为罗京精心织了一个跟他原来发型一样的发套，准备等罗京痊愈后上班出图像的时候用。没想到他没能用它回到屏幕上，却在离开的时候用它填补了没有头发的遗憾。

罗京常说，我们混个脸熟，就是因为做了这个工作，没有电视台这个平台，我们算什么呢？所以书中很多同事回忆罗京是那么朴实亲切，正是源于他一直正确地看待自己，看待自己的工作,他没有把自己当成"名人",他明白自己就是一个普通的电视工作者。

　　工作中的罗京追求完美,他对电视的热爱也是超乎寻常。从我认识他起,婆婆就说罗京是个"夜不收"。那时候他已经开始干电视这一行了,那时候的电视节目在晚上12点左右就结束了,罗京总是看电视看到所有节目结束,后来电视节目有些改成24小时了,他更是看到很晚,而且只要他在家,他就总是盯着电视节目看。他不太看电视剧,其他节目什么都看,所以在家里看电视的时候他总是换台,有的时候我看了一半的电视剧被他换掉了,我抗议,他会不好意思地调回来,可是一会儿的工夫他又忘了,又开始换台。后来慢慢习惯了,只要他在家,没人跟他抢电视。我开玩笑说他是职业病,也的确,他看节目的角度跟我们看热闹是不同的,他是专业地看,有的时候他也会就某个节目、某个主持人征求一下我作为一个普通观众的意见,时间久了,我也能跟他"专业"地讨论讨论节目和主持了。

　　罗京工作的内容书中记录了很多,有些我也是第一次知道。前一阵子见到罗京过去的同事,还笑谈了一段他们年轻时候的往事,他说一次他们一起做节目,罗京说他可以自己完成节目的录制,大家不信,他就做给他们看:他自己布好灯光,选好位置,跑出机房打点录制,然后再跑进机房播报,还真的一个人完成了整个工作。罗京热爱他所从事的那份工作,所以只要是台里的事,他从不报怨从不讲条件,他说那是他的工作。

罗京对待工作是个不知疲倦的人,他曾经对我说,你只要不犯懒就什么都能做得好。他的话我记在心里,也让我在没有他的日子里,再也没有办法偷懒,不管多难,都扛了过来。

罗京生病住院的日子是我们在一起时间最多的日子。从检查到他离开,差不多是一年的时间,那一段我每天陪着他去治疗、去住院,或者在家里调养。我们心里都有一个愿望,几个月之后他就能痊愈,但九个疗程的化疗,人却是越来越虚弱,各种药物的副作用也越来越明显,最终我们还是决定选择干细胞移植。

他是阴历正月十五那天住进无菌病房的,接受移植的日子是一种煎熬,无菌病房不能探视,家属只能每天在那条长走廊的尽头,透过一个小窗口远远地望进去。长长的走廊空荡荡的,看不到亲人,只能焦虑地等待每天从里面传出来的各种消息,期待着病人的白细胞生长,从小窗口送进去的食物,常常是怎样送进去又怎样被送出来……当我获准进去看他的时候,他正在发烧,看到我,他却坚持坐了起来,我让他躺下,他说,你来了我还不得陪你坐会儿。看着他消瘦的样子,我一直不停地流泪,好在帽子、口罩捂着,只露出眼睛。后来越来越多的状况不断出来,发烧,起疹子,口腔溃疡……我住进了病房,24小时照顾他,但每天有很多化验,有些是需要到别的医院去做的,于是我几乎每天都要跑其他医院。那时候他变得特别依赖我,睁开眼睛看不到我他就问护士我在哪儿,于是我出去的时候护士就把枕头放到被子下面,做成有人躺着的样子,再拉上床边的帘子,跟他说我睡觉呢，他便踏实下来，跟护士说，别叫她，让她多睡会。

虽然疾病煎熬着他的躯体和我的心，但却是另外的一种"痛并快乐"，我们朝夕相处，享受着在一起随意的交流和相互的关心，我们心中有着对未来的憧憬和渴望，我们期待着新生活的到来。

记得那次在病房他说，等我出院了，咱们的日子会过得更好，我理解他话里的意思，他说的更好，是因为我们经历了病魔，我们更知道对方的好，我们会更加珍惜对方。可是我没有等来那一天，他还是走了。我常想如果能再来一遍，我无论如何都会阻止他那么劳累。我本就不想他是个完美的人，我更想他只是个活生生的人、一个慵懒的丈夫、一个慈爱的父亲。我一直盼望着他退休的日子，因为我无法改变他忙碌的步伐，我只盼着他退了休没有那么多事可做了，他就可以每天陪在我和孩子身边。但我没能等到那一天，也许他真的就是为了这份事业而来的，完成了他的使命就匆匆地走了。

播音专业我是外行，但我们也希望通过这本书给播音专业的后来者留下一点什么。以前，我也以为播音主持工作不就是有个好嗓子就行嘛，我们过去开玩笑说他们专业是"肉喇叭"，真正接触了才知道，播音绝不是简单地念稿子，一篇稿件从他们的口中加工出来是那么的不同。罗京热爱这份工作，他说过，作为一个新闻主播，把了解到的内容客观地播报出来才是职业的表现；他说做节目的时候需要淡化个人形象、突出事件本身，主持人不是演员，目的不是让观众记住主持者，而是记住主持者播报的事件。所以主持不是表演,而是客观地传达和表述所发生的事件。

　　罗京生前,很多出版社邀请他出书,都被他拒绝了。他说,我这么年轻,还没有资格出书。他说等我退了休,走不动了,我再写书,把我这些年的见闻感受写下来。2021年,如果他还在的话也该退休了。他走了,我们帮他完成这个心愿,但我知道我们一定没有他那么深的体会、那么独到的见解,他会在书里告诉我们很多他亲身经历的有趣的故事。他说,他希望将来大家记住的不是他,而是他播报过的事件。而我们只能让大家更多地了解他和他所从事的工作。

　　48年,实在是太短暂了,短得令我们还有些懵懵懂懂,他过早地离开对我们而言是痛苦,是惋惜,是万般的依恋,对他来说也一样有那么多不舍,那么多未竟,那么多的事情没来得及去做。即使如此,他的一生仍是近乎完美的,经历了电视发展的黄金三十年,他把他所从事的职业做到了极致,他被那么多观众爱戴,他的一生如夏花般绚烂。我为他而骄傲。

　　十年的时间里,我常常会梦到罗京,有一次梦到他走在一条郁郁葱葱的绿色阶梯上,那阶梯很美很高,也许那就是通往天堂的阶梯。愿他在天堂里轻松快乐,没有病痛,没有分离。

　　罗京,我的挚爱,我的骄傲,你是我永远的怀念。

刘继红
2019年4月5日

目　录

引言　罗京是一条河　/ 001

英俊少年　/ 009

优秀播音员　/ 035
　　一、不辱使命，严于律己　/ 037
　　二、包容谦和，助人为乐　/ 057

爱心使者　/ 081
　　一、认真负责，情感细腻　/ 084
　　二、低调热心，笑对人生　/ 099
　　三、爱好广泛、多才多艺　/ 125
　　四、热心公益、大爱无疆　/ 144

播音风格 / 173

    一、罗京播音风格的形成 / 178

    二、罗京播音风格的特点 / 190

罗京精神 / 211

    一、胸怀大局，立场坚定 / 215

    二、继承借鉴，勇于创新 / 217

    三、注重实践，一专多能 / 224

    四、勤学苦练，一丝不苟 / 240

    五、爱岗敬业，精益求精 / 247

众人眼中的罗京 / 273

附录 / 311

    附录1 罗京言论 / 313

    附录2 罗京年谱及工作大事记 / 316

    附录3 罗京笔谈 / 321

    附录4 演出集锦 / 339

    附录5 沉痛亦沉醉——追忆同窗时代的罗京 / 341

后记 / 348

引 言

罗京是一条河

罗京播音艺术生涯创作综述

罗京,一个家喻户晓的名字,一个大家既非常熟悉又有些陌生的名字,一个每当华灯初上的傍晚人们都会情不自禁想起的名字,对于中国电视观众而言,这个耳熟能详的名字是一个集体的记忆;对于中国电视新闻而言,这个名字更像是一个符号、一个标杆。他的名字源于父母对北京的热爱,更充满了父母对他未来为祖国首都做出贡献的期待。

自1979年18岁进入北京广播学院新闻系播音专业（现中国传媒大学播音主持艺术学院）学习至2009年48岁因病离世,罗京将毕生的精力都献给了祖国的新闻播音事业。1979年考入大学,1983年毕业进入中央电视台工作,罗京在播音主持界学习工作了整整30年。而这30年,刚好是我国改革开放的30年。在长达30年的新闻播音学习工作中，他以近乎完美的表现完成了工作使命，见证了《新闻联播》30年的成长，同时也见证了我国经济的飞速发展和人民生活水平日益提高的全过程。对于50后、60后、70后的人们来说，每天晚餐时一边吃饭一边收看《新闻联播》已经成为一种难忘的生活方式，伴随着这种生活方式，罗京的形象也深深地印刻在了人们的心里。26年，3000多个晚上，他的声音、他的形象出现在《新闻联播》里，为全国观众开启了一扇了解世界的固定窗口，很多国内国际大事人们都是从他的播报中知道的，他已成为人们生活中的一部分，让一代人难以忘记。每当谈起播音员这个职业的时候，人们脑海中总会情不自禁地浮现出罗京端坐在《新闻联播》主播台前的形象。罗京的形象已经被亿万观众定义为"国脸"，他那带有磁性的特质嗓音更被称为"国嗓"。从某种意义上讲，罗京代表了一个时代的一批播音员。

1983年8月，罗京第一次出现在《新闻联播》中，从此每当华灯初上，他都会出现在屏幕上播报国内外重要新闻。2008年8月31日，罗京带病最后一次出现在《新闻联播》中。让我们扼腕叹息的是他26年的音容在2009年6月5日清晨成为永恒的经典。

引言 罗京是一条河

从事《新闻联播》播报工作26年来，每天一丝不苟地随时待命是罗京的工作常态，然而26年来他却几乎没有出现过差错失误（唯一一次错误是由于文稿中较长的阿拉伯数字没有转换为文字而导致的，任谁播报都很难不出错）。26年中，他以音色清悦、端庄持重的形象和诚实可信、落落大方的气质出色地完成了《新闻联播》在中国改革开放不同历史阶段传达政令、传播信息的重任。26年的执着与坚守、26年的淡定与从容，罗京以对党、对人民的忠诚和热爱向全世界准确、生动地传递着中国的声音与形象，在党、政府和人民群众、电视台与受众之间架起了一道绚丽的电波彩虹。作为党、政府与人民群众之间的桥梁，罗京的播报，无论是从内容情感的把握上，还是最终从电视荧屏上展现出来的端庄沉稳的气质上，都体现出了一个大国播音员应有的风度，同时也体现了央视作为一个大台应有的风度。罗京的播音体现出了中国老百姓喜闻乐见的中国作风和中国气派，为中央电视台树立了良好的国家电视台和国际大台的形象。

受生活经历、性格特点的影响，罗京对于新闻稿件内容的把握和体现十分精准妥当，他独特的感受力和表达力背后是他长期艰苦学习、实践的结果，倾注了他顽强的毅力和辛勤的汗水。对于稿件的处理，尤其是对重大新闻事件的报道，例如国庆40周年、邓小平同志逝世、南使馆被炸、香港回归、国庆50周年、澳门回归、十七大召开、冰雪天气、抗震救灾、奥运会开幕……无论是缅怀、赞颂，还是抨击、谴责，罗京对于内心情感的调动和声音的起伏变化都把握得十分恰当，他以极高的专业素养，将蕴含在新闻文字稿件中的党和政府的态度、观点清晰准确地传递给了广大观众并产生了良好的反响。罗京的播音特色与中华民族的优良传统和审美追求一脉相承，他凭借自身的性格特点和实力成为祖国改革开放30年来最优秀的播音员之一，在工作中日渐形成了沉稳、内敛的气质和持重、稳健的播音风格。

除了播报人们熟知的《新闻联播》，罗京还曾多次随国家领导人出访，前往34个国家做过现场报道，担任新闻采访和播音工作。

在中央电视台的具体播音主持工作还没有细分固定之前，他本着螺丝钉的精神，哪里有需要他就会到哪里去，曾做过综艺和谈话等多种类型的节目主持。20世纪90年代初由他主抓并参演的《现在开始播音》文艺晚会曾受到社会各界的高度好评。作为访谈类节目《当代工人》的节目主持人，他曾在节目中意气风发、诙谐幽默地和袁隆平先生等多位劳动先进代表座谈，赢得了大家的一致赞誉。1997年7月香港回归之际，他参与编排和主持的《百年梦归》节目曾引起轰动。他多才多艺，曾多次参加中央电视台的《春节联欢晚会》《春节戏曲晚会》和《神舟戏坛》的演出，为大家表演京剧戏曲《空城计》《淮河营》《沙家浜》《武家坡》等名段，还曾应邀参加过不同频道的节目录制，如《欢乐中国行》《新年新诗会》《演艺竞技场》《子午书简》《小崔说事》《国庆七天乐》《元旦乐三天》《中国明星足球队》《童心里的歌》《新闻袋袋裤》《国庆50周年阅兵》《CCTV朗诵大赛》《十六大党章电视教材》《十七大闭幕式》《全国道德模范颁奖晚会》《抗震救灾大型募捐》《圆梦奥运2008》《奥林匹克运动会开幕式》……

罗京不仅会播音主持、唱歌朗诵、演出京戏，还非常善于写作创作，由他编纂的音诗舞《心心相通》曾作为

《现在开始播音》文艺晚会的闭幕歌曲一度受到大家的追捧。此外,他不仅是单位的文艺骨干力量,还是一名运动健将,足球、篮球、羽毛球……他样样精通,还曾担任过央视明星足球队的队长。

除了《新闻联播》和台里其他的工作任务,罗京还一直心系播音事业的发展,关注播音前沿动态和播音教学的走向,注重培养新人。在母校的召唤下,他义不容辞地应允成为播音主持艺术学院的客座教授,定期到学校为在校学生免费讲座,他善于思考、勤于总结,愿意把自己在学习成长过程中遇到的问题和在专业实践中获得的经验分享给大家,而且还会以他独特的方式给在校的学弟学妹们加油鼓劲儿。他言传身教,将自己的经验毫无保留地传授给年轻同志。工作之余,罗京还撰写了大量高水平的学术论文,《播音——语言的艺术》《从重大题材宣传报道看播音员的素质培养》等论文都是他在实践基础上的思想结晶,他在不遗余力地为中国电视新闻一线努力工作的同时还不忘为中国新闻播音理论发展贡献自己的力量,创造培养播音人才的精神财富。

在"全国十佳岗位能手""中央电视台最佳播音主持人""中央电视台十佳节目主持人""全国语音文字工作先进工作者""杰出专业技术人才""德艺双馨电视艺术工作者"等一系列荣誉的背后,我们可以看到,26年来,罗京犹如一名新闻战士,在自己深深热爱的电视新闻事业里无私地付出着。

无论是在荧屏上,还是在生活中,他始终不忘初心,一直在电视新闻播音工作岗位上兢兢业业、勤勤恳恳、默默无闻地实践着一个共产党员对党和人民的承诺。

在26年的工作中,亿万观众共同见证了罗京由一名播音员成长为播音主持艺术家的历程。26年里,发生在罗京身上的变化体现为他受观众喜爱程度的不断提升,体现为他的播音主持能力日臻成熟,体现为他对播音主持学术和实践的不断探索与创新。而始终不曾改变的是他的耿直、谦和、朴实和敬业。和罗京相处多年的同事都对他有一个共同的印象,那就是"只要工作需要,罗京总能在最短的时间里赶到工作岗位,随叫随到,26年如一日"。

从1983年8月到2008年8月,罗京在中央电视台《新闻联播》播音主持的岗位上工作了26年,他端庄持重、诚实可信、落落大方、音色清悦、以情吐字、用心归音。26年来,他无差错播报,向全世界准确、生动地传递着中国的声音与形象。

罗京虽然英年早逝,遗憾地离我们而去,但他的主持风格、播音艺术应该传承下去。

英俊少年

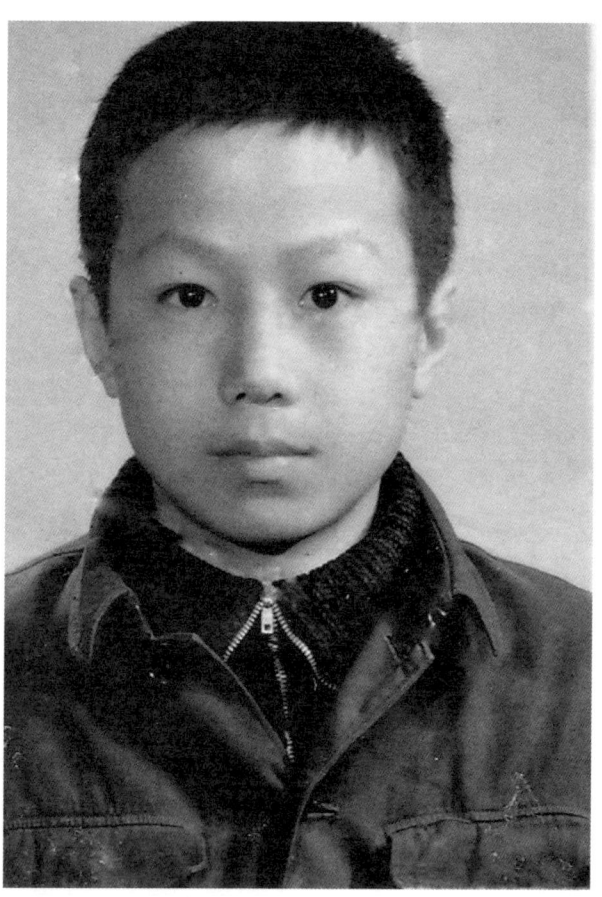

英俊少年

罗京出生在北京的一个"五好"家庭,他的父亲罗廷贵和母亲王朝忠都是四川人,是新中国第一代大学生,大学时两人是同学,同时就读于四川财经学院(现在的西南财经大学),他们是在20世纪50年代毕业分配时到北京工作的。罗京是家中的老二,他上面有一个哥哥罗平,兄弟俩从小一块儿长大,感情非常好。

罗京的父亲大学毕业后分配到北京市经济委员会工作,母亲毕业后在北京理工学院任教,后在北京电机总厂任总经济师和副厂长。两人工作

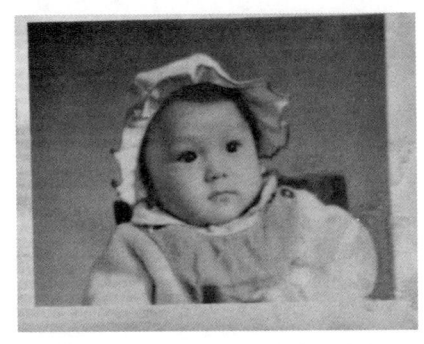

期间都是优秀干部、优秀党员。父亲业余时间喜欢吹、拉、弹、唱、创,创作有电视剧《孤光倩影》、歌曲《我来

到北京》等。罗京像父亲但又超过了父亲。因父母工作繁忙，罗京从出生开始就是由奶奶带大的。奶奶是四川人，讲一口四川方言，正因如此，罗京也能说一口流利的四川方言，以致很多人误以为他是在四川长大的，其实罗京从小生在北京、长在北京，从未长久地离开过北京。因为罗京的父亲是独子，很是孝顺，于是早年分到北京工作时便把罗京的奶奶一起带到了北京。奶奶特别能干，当年在北京电机总厂宿舍院里住的时候，大家有任何事情找到奶奶她都会热心帮忙。1961年，因罗京出世，才40多岁的奶奶就辞掉了自己在街道的工作，在家全职照顾罗京兄弟俩。奶奶是个勤劳善良的人，因为罗京的妈妈家人多，经常有人来北京玩，奶奶总是热情招待，有一次临走时，奶奶还非要让罗京的父

亲把身上穿着的唯一一件好衣服脱给亲戚穿走了。奶奶不仅一手带大了罗京兄弟俩，还帮罗京妈妈的哥哥带了一个孩子，从东北抱回北京整整精心照顾了12年，小学毕业才送回东北。

奶奶把罗京照顾得特别好,罗京也因被奶奶带大而从奶奶那里学到了很多。他继承了奶奶质朴、勤劳、诚挚、

善良的优秀品质,并且做任何事情都井井有条。虽然早期家里经济条件很差,但罗京的白色背心都洗破了也没有一点儿泛黄,仍旧是白白净净的,因为奶奶都是亲自用水煮,从来不让别人洗。罗京上学时经常会穿一件洗得有些泛白的绿色衣服,衣领子里边还衬着一层用钩针钩织的洁白领子,每次奶奶都会打理得特别整洁。罗京长大工作以后值夜班,无论多晚回家,奶奶都会把提前准备好的饭菜热上放在锅里。罗京和哥哥两个人在学校都表现得很好,都是学生干部、校宣传队员、三好学生……由于全家的优秀表现,罗京家先后被评为"北京市五好家庭""全国五好家庭"。

在表姐王莉文的记忆里,罗京从小就表现出了很强的语言天赋:还在幼儿园时,他便能用几种声音惟妙惟肖地表演儿童剧《半夜鸡叫》中的周扒皮、高玉宝等人物。

1968—1974年,罗京在北京酒仙桥小学上学,罗京是小学老师推荐的文艺骨干,学过手风琴,因为经常停

电,所以罗京经常摸黑练习,空荡的音乐教室只闻其声不见其人。摸黑上楼梯罗京最熟练,伸手不见五指的黑夜,他能奔跑着上下楼。罗京天资聪颖,肢体动作非常灵活,无论是打篮球还是踢足球,他都非常擅长,任凭学什么技能都能很快掌握。罗京在小学时就很喜爱艺术,他和哥哥都是校宣传队员。有一次,市政府为了搞好环境卫生,动员居民不要在公共场地乱养动物,学校老师编了个节目:哥俩说快板《不准乱养鸡养鸭》,让罗京哥俩到很多地方去演出。哥俩一上台,小脸小嘴很可爱,说唱流利,极具感召力,每次演出都能赢得热烈掌声,取得良好的宣传效果。还有一次宣传队要演武松打虎,他回家要武松的衣服,奶奶就拿旧衣给他改了一件,再在上面画上虎纹,他高兴极了,把奶奶改好的演出服拿到学校演出,演得特别带劲儿,赢得了大家的一致赞扬。罗京的学生手册

里记录下了他与鲜艳的红领巾和鲜花阳光相伴的快乐童年:"在小学,多次被评为三好学生、优秀少先队员,并出席区优秀少先队员代表大会。"

1974—1978年，罗京在北京酒仙桥二中上学。中学时他既是乐队成员，又是篮球队队员，文体都很突出，是学校宣传队的成员，唱过样板戏，饰演杨子荣。1977年5月4日青年节那天，他加入了中国共青团，还多次被评为"优秀共青团员""三好学生"。

高中时，有一次，中央文艺宣传队来学校挑选演员，选上了罗京。罗京回家听取家人的意见，家里希望他向理工方向发展，因为他的数理科成绩很好，于是罗京全力准备理工大学的考试。没曾想高二那年的夏天，一个同学在《北京日报》右下角的小广告栏里看到了北京广播学院的招生消息，于是跑来找他陪着一同去参加播音专业的面试。负责招生的老师相中了罗京清秀端庄的形象和清爽悦耳的嗓音，鼓动罗京现场报名和同学一起参加考试，罗京抱着试试看的心态报名参加了考试，没曾想竟顺利地通过了初试，成为6000多名考生中最终入选的30名之一，可谓百里挑一。虽然之前并没有接受过专业训练，但罗京却凭借着极其轻松的心态顺利通过了复试，虽然他当时的专业表现力并不突出，但是他得天独厚的嗓音和与众不同的气质却让老师们看到了他内在的专业潜力——有人就是为播音专业而生的，他就是这样一个男生。自此，罗京的生命轨迹发生了彻底的改变。

高中毕业留念

与79播同学合影

79级播音班的30名学生绝大多数在新闻战线工作过，还有工人、猎手、士兵，只有8名是应届高中毕业生，班里同学虽说年龄参差不齐，相处得却十分愉快和融洽，哥哥姐姐们亲切地称这8名应届生为"八根毛"，罗京在

"八根毛"里排行老五,是班里的小弟弟。但他年龄虽小却非常懂事,少年持重,厚道随和,乐于助人,前前后后帮了班里很多同学。

刚入学时,班主任王克瑞老师先指定了两位当过中学教师的同学做班长,任命罗京为班里的生活委员,当班主任宣布这一任命时,罗京忽闪着大眼睛从座位上站起来笑着说:"从上小学开始,我就一直当班干部,都是学习委员、生活委员什么的小官儿,从来就没有当过班长那样的大官儿。"同学们哄堂大笑,从此"小官儿"就成了大家对罗京的昵称。

罗京上学时话不多,眼睛随时盯着身边发生的一切,很注意观察。他在班里年龄虽小,却十分具有责任心。作

为班干部,他为大家服务,既周到又热心,办事很是妥当。作为生活委员,罗京的主要工作之一是取信。每当课间休息,罗京都会去学校的收发室,上楼、下楼需要步行好几分钟,取来信时再一一分给大家,"你的信,这是你的信",总是那么地认真负责,从来不指使别人去取。

那时学校对班级的卫生评比抓得很严,作为生活委员,罗京总是在放学后打扫卫生,同学碰到了,就跟他一块儿干,大家从来没有见他指使过谁去干活。罗京是一个特别爱干净的人,自己的床铺总是收拾得很整洁,有时看到同宿舍其他同学的床铺杂乱,他就会一声不响地帮忙去整理。第二学期民主投票时,罗京高票当选为男生"小班长"。

罗京的大学同学、中国传媒大学播音主持艺术学院现任院长鲁景超老师在回忆罗京这位"小班长"时,除了对他的离去深感惋惜和痛心外,内心充满了骄傲。她说,班里做哥哥姐姐的本应该多照顾年龄小的,实际上却总是罗京这个弟弟在为大家伙儿忙活。罗京印在她脑海中的形象就是:每天抱回一大摞信、报,然后一份份分到大伙儿手上;

总是从教室跑到宿舍，追着发戏票、饭票、洗澡票，再一个一个钢镚儿、一张张毛票地数；有谁生病了他第一个忙前忙后地找车送医院，接着就会顿顿打饭、送饭；遇到集体活动他一准冲锋在前，满头大汗地招呼这个找那个，唯恐落下谁……有一次鲁景超老师悄悄跟罗京说别老是别人让他做什么就一口答应傻帮忙，要学会拒绝，结果罗京忽闪着大眼睛嘿嘿一笑，说："没事儿，大家高兴就行。"回想起大学四年的往事，鲁景超老师说那是她生命中一段华彩的乐章，当年班里的同学干什么都喜欢集体扎堆儿，一起发愤读书，一起努力锤炼语言表达功力，清晨一起跑步练声，课后一起奔向运动场，一起整夜整夜地争论问题，一起放开喉咙唱个没够……大家亲如姐妹兄弟。四年的大学生活充实而美好，共同的努力让大家打下了坚实的思想基础和业务基础，业界都知道79级播音班爱聚会、心最齐，这其中少不了小班长罗京的功劳。

的确，罗京十分关爱班集体并且很在意班里的同学们，他愿意主动成为同学之间的桥梁，帮助大家化解矛盾。班里一位同学回忆说自己曾一度受到大家的排挤，令她没有想到的是罗京主动约她出来谈心，并直言不讳地告诉她，只是自己用功、自己一个人学习成绩好是不行的，大家不喜欢她的原因就是因为她比较自我，如果能够敞开心扉和大家共同进步，相信大家还会和她成为朋友。虽然罗京的直言直语当时让这位同学觉得难以接受，最终她却被他的真诚所打动，在罗京的帮助下改变了

和同学们相处的方式，化解了和同学们之间的矛盾，很好地融入了班集体中，慢慢地，身边的同学又都愿意和她聊天了。就是这样，罗京会主动从生活的点滴中观察同学们出现的问题并想方设法帮助他们化解难题，解开同学们之间的心锁。乃至毕业以后，这位同学依旧十分信任和依赖罗京，在她心里，罗京是一个极其可信和可靠的人。遇到拿不定主意的大事时她还会不假思索地拨通罗京的电话，而罗京不管多忙都会帮她出主意、想办法。

罗京的大学同班同学,原中央人民广播电台的马黎老师回忆说,开学后的第一个周日,在从家返回学校的公共汽车上,她突然感觉有人拍自己的肩膀,回头一看正是罗京。当时每个班上课的教室是固定的,罗京瞪着大眼睛很认真地邀请她和自己一起前往教室擦黑板、打扫卫生。当天打扫完毕以后,罗京很满意地看着劳动成果,和马黎说想以后每周这个时候都一起到学校来做这件事,

马黎回忆

并请马黎不要和其他同学讲。马黎答应了罗京,只是很遗憾,由于客观原因自己不能保证每周都去,但罗京却默默无闻地一直坚持做到了毕业。对于这件事,马黎印象极为深刻,她说罗京就是这样一个极为认真并且乐于默默奉献的人。

罗京的同班同学、中国传媒大学教授卢静回忆说,79级播音班入学后,78级播音班的师哥师姐们特别照顾他们,还特意在学校1号楼208教室召开了迎新联欢会,大家击鼓传花表演节目,其乐融融。当花束传到罗京时,他因为性格内向有些害羞就没好意思站出来表演,而是扭着头为大家唱了一段京剧,给大家留下了很深的印象。后来大家渐渐发现,罗京在文艺方面有非常突出的才能,还被选入了学校的宣传队,他只是不喜欢在大家面前显山露水罢了。

大学时期每到周末，广院的大食堂（现在中国传媒大学计算机中心所在的位置）里就会分外热闹，桌子被推开后，食堂就成了同学们举办舞会的场所，每次罗京都会参加，不过他主要负责为大家播放音乐，他把一切都看在眼里却不上场，实际上他自己是会跳舞的。

罗京会弹钢琴，专业小教室里面有一架钢琴，每天下课后大家去小教室用开盘带练习录音，罗京在大家休息时就会在教室里弹上几曲悠扬动听的乐章。当时大教室里也有一架钢琴，罗京喜欢坐在靠窗的墙角阅读和做作业，也常常会坐在钢琴旁弹上几首优雅的曲子。在宁静的夜晚，时常有优美的钢琴声在林荫中飘扬，那是罗京带给大家的礼物。有时他还会把最新的歌曲听后即弹，不用歌谱就时常风风火火、半生半熟地与同学们高歌欢唱《在希望的田野上》等那个时代热血青年最喜爱的歌曲。

在校期间罗京话并不多，但遇到问题时也会据理力争，不过他很讲究说话方式，不会让人感觉下不来台。罗京的年龄虽小，性格却很成熟，情绪比班里的许多哥哥姐姐们还稳定。他生活和做事也特别有条理性、有计划性。

教育部语用司前司长姚喜双教授也是罗京的大学同班同学，他曾回忆说：上大学时，同学们一起到食堂打饭，每人打一份菜、一份饭，那时候鸡勾肉是最好的菜，两毛五一份，大伙儿一般都是先把肉吃了然后再吃米饭，罗京却是一小勺米饭、一小勺肉，一口菜、一口饭搭配着吃，最后那一口米饭，肯定和最后那个菜是一块儿吃完的。有时有的同学喜欢吃肉，由于饭还没有吃完菜就已经吃完了，然后就会一下子把罗京碗里的肉和菜夹走，罗京就多吃两口米饭，最后还是把饭菜一起吃下去，也不会生气。他总是让着别人。有时候男生们一块儿在操场打球，有的同学想要借用罗京的笔记，问他放在哪儿时他会马上清楚地说出笔记放在小课教室第几个抽屉里边的什么位置上，他一直都很有条理、很细致、很严谨。那时晚上同学们聊天，罗京就搬着小马扎儿坐在一旁认真听，显得很乖。上课时他学习认真，笔记记得好，尽管年龄小，是个小弟弟，但他心很细，学习非常努力，像个小大人儿。他篮球打得好，人也好，作为班干部，常常发挥核心作用。尤其在播音业务上，他一直刻苦钻研、勤学好问，从而带动了良好的班风。在班里，他年龄虽小，却有头脑，组织能力强，有亲和力、凝聚力，所以同学们就封他为"小官儿"。后来同学们聚会，罗京还常常自嘲："至今我仍然是个副科长，都是你们叫我'小官儿'给叫的。你看人家喜双，当时你们都叫他'台长'，现在人家成了司局长了。"

罗京的大学同窗谢继繁回忆说,遥想当年,青春壮怀,79级播音班的同学们个个争先。罗京虽然年龄偏小,但和班里有过一些工作经历的同学相比,他在珍惜学习机会方面毫不逊色,在很多方面都努力求学、积极向上。晨曦中,每每映衬着他读书苦练的身影;夜色里,从教室最晚归来的人中经常有他。为了探讨问题,他经常与同学激辩到深夜,甚至有些执拗。结果,在最枯涩的古汉语结业考试中,罗京的成绩接近完美,与拿100分的学习委员姚喜双只差两分。学习近现代史,看到百多年来国家积贫积弱、百孔千疮,罗京曾和大家一起为之愤慨,为之热血沸腾,并和大家一起发誓,要为民族、为国家报效终生。他勤奋、进取、正直、热诚,具有强烈的时代责任感。

罗京的大学室友唐朝回忆说，他们经常相约凑钱，一起走很远的路从学校到城里看话剧。罗京是一个极仁义的人，任何同学有需要他帮助的时候，他都会主动伸出援手。

罗京和唐朝合影

那时的罗京，看似有些文弱，起初很少有人把他与体育项目联系到一起。可篮球却是罗京的爱好，他在场上的灵活机敏使大家有了新的发现。大学期间，在学校的运动会场和各项比赛中，他为播音系赢得了不少荣誉。因为篮球、足球、排球、乒乓球、跳高等体育项目成绩都很突出，身手又非常灵活矫捷，他的身影就像一只可爱的活泼矫健的小鹿，加上高高的鼻梁、清秀的脸庞和一双炯炯有神且总是透着灵动聪慧神采的大眼睛，大家都亲切地叫罗京"小鹿"。

每次79级播音班的男生参加学校的篮球、排球比赛,女生们都会围在球场边上给他们加油。罗京则每次比赛都穿一身咖啡色的运动服,在球场上特抢眼。他匀称的身材、灵巧的动作吸引了许多女生的目光,连年龄比他大的姐姐们也会心生爱慕。

除了体育运动,罗京还喜欢唱京剧。他声音条件很好,音质、共鸣都好。有一次春节聚会和同学们出去唱卡拉OK,罗京还用专业京剧唱腔唱了《北京颂歌》,他的独特演唱至今还经常回荡在同学们的耳畔,他总是能给同学们带来一片欢声笑语。

很多观众感觉罗京是个冷峻严肃的人,其实他的同学们都知道他拥有一颗最柔软最善良最炽热的心。他遇事冷静,善于帮助别人,而且直率坦诚,从不虚伪掩饰,同学们有什么事都愿意找他商量。不管他是班里的"小官",还是名声显赫的公众人物,他都是那么随和沉稳、始终如一,从未改变。他以超强的能力、完美的品格让同学们心服口服,是全班同学的骄傲。

专业方面,身为小弟弟的罗京刚入学时几乎是一张白纸,入学考试是以刚刚及格的60分压线入选的,大一向专业小课老师学习吐字发声时他甚至不明白老师对他说"把声音送出来"是什么意思,但是入学后他一直勤学苦练,严格要求自己。正如班主任王克瑞回忆所言:"罗京很勤奋,练声不用赶,作业不用催。"每天清晨都可以在白杨树旁看到他练声的身影,每天傍晚都可以在录音间的角落里找到他。就这样,日复一日,罗京不断地超越自我,他的专业成绩由入学时的倒数第一变为名列前茅。

罗京上大学期间，专业课学习采取每6名同学分一个小课组的方式，在不同的学习阶段都会有一名专业老师负责专门的小课指导。大学第一学期学习吐字发声时，老师指出罗京有比较重的鼻音，开始以为是软腭下榻和颧肌抬升度不够导致的，后来才发现并非如此，是生理结构所致，很难彻底纠正。罗京因此感到压力很大，始终在吐字发声学习阶段找不到自信，每天晚上他都会跑到录音小教室练习很久。

进入语言表达技巧学习阶段后，罗京遇到了他的恩师李钢教授。李钢老师早就发现了罗京潜在的语言天赋，同时也发现鼻音问题较严重地影响了罗京的心理，于是便对他说不要再纠正鼻音了，未来这或许可以成为他的特色。至此，罗京彻底放下了心里的这个包袱，不再纠结于鼻音，而把重点全部放到了内容的精准表达上。李钢老师十分惜才并善于挖掘学生的专业潜能，他给予了罗京专门的指导和重点培养。在他的指导和要求下，除了完成日常的专业录音作业外，罗京还进行了大量长篇幅稿件的播读练习，开始了在专业上大踏步前进的步伐，并逐渐表现出自己越来越强的专业能力。到大三的时候，罗京已可以做到播稿不出错了，得到了老师和同学们的一致赞许。这是天赋加勤奋的结果，也为罗京后来的工作奠定了基础。罗京十分感谢自己身处一个学风良好的环境，更庆幸自己遇到了许多倾心栽培他的老师。

罗京的恩师李钢教授在罗京上大学二年级的时候曾带他到丹东人民广播电台去实习。那是1981年，改革开放不久，全国很多电视台都面临播音队伍需要加强的问题，李钢老师就利用假期带着几个学生过去实习，当时罗京还不满20岁，是他带的学生中年龄最小的一个。过去之后，李钢老师和其他学生负责给当地的播音员讲课，罗京就到播音间去替这些听课的播音员播报节目，这也是他人生中继1980年在青岛台实习播音后的第二次正式播音。

丹东人民广播电台老播音员贾楠回忆说，罗京当时是大二的学生，他在丹东电台跟罗京一起实习了两个多月，开始一周先让罗京熟悉环境，后来早上4:50的预告节目就让他来预告，天气预报也让他报，后来播新闻时就由他们两个人一起播。有一次在值早班的时候，罗京得了急性肠炎，贾楠让他回去休息，罗京不肯，硬是吃了药之后坚持值完班才回去。作为北京广播学院的大学生，到地方台实习的时候罗京非常有礼貌，他特别尊敬台里的人，见面一口一个贾老师地叫着，播稿的时候总是主动跟贾楠切磋。罗京是一个非常讲情义的人，实习离开时正好赶上贾楠下夜班，没能当面道别，没曾想罗京专门给他写了个纸条，还给他的孩子买了一个小望远镜作为礼物，虽然当时罗京并不是那么宽裕。

此后的近三十年，罗京一直不忘他曾经实习过的丹东人民广播电台，更牵挂着帮助过他的人们。老播音员贾楠一直保存着这小望远镜，同时还收藏了几封罗京写给他的信件，原文如下：

贾楠老师，您好！

我是罗京。由于走得匆忙，没能和您道别，深感遗憾。在丹期间，蒙您多方关心、热情照顾，却未能当面致谢，实感抱歉，还望您能原谅。

这次丹东之行，使我在各方面都得到了一定提高，今后的学习更有了针对性，我将不会忘记这段愉快的富有成效的旅行，我想今后，我们还会见面的。

罗京
1981年8月3日于北京

贾老师，您好！

托人带的礼物收到了。在丹期间，蒙多方照顾，无以为报，今又如此厚赠，受之有愧，盛情难却，只有发奋学习，不负众望，他日有幸，定当重报您的情谊。因为有了去丹实习的经验，今后的工作定会驾轻就熟。至此，我更感谢您的帮带，使我对广播有了了解，给今后的工作打下了良好基础，您是我真正的老师，我将不会忘记您。

此致，敬礼。

罗京
1981年10月

罗京在丹东电台实习的时间虽然只有短短的两个多月，但是他的谦虚、好学、勤奋、友善，却给大家留下了深刻的印象。

1983年，大学毕业分配时，去中央人民广播电台可以说是全班同学的最高目标，罗京原本也想去中央人民广播电台，像铁成、方明那样用声音为全国人民播报新闻、传达信息。当时人们也依然习惯于从"话匣子"里聆听政府的声音，罗京认为声音更具有表现力和感染力。

1979年全国电视机拥有量是485万台，而收音机和有线广播则是一个大得多的数字，因此当时播音员更清晰的方向是电台，而成为中央人民广播电台播音员无疑是这

一专业中大多数人的梦想。20世纪80年代初,我国每百个城市家庭只拥有3台电视机,农村家庭则更少,只有0.4台。不过到1982年,全国电视机拥有量就达到了2761万台,电视迅速成为人们了解外部世界的全新窗口。对于播音员来说,电视是一个新的契机,但是有更严格的要求,他们的形象将出现在荧屏上。

随着电视事业的发展,电视台急需引入播音主持人才,毕业招聘时,罗京的潜质同时得到了中央电视台和上海电视台的肯定。

中央电视台来学校招聘毕业生时,先在学校组织录像挑选了8个人,然后又安排这8个人去电视台录像,最终在79级播音班选中了罗京和卢静两个人。于是在大学毕业登记表里,罗京填写的第一工作志愿是中央电视台。他写道:"接受祖国的挑选,努力为四化建设做出贡献!"为此,他精心准备的毕业论文也是有关电视播音方面的。他又一次被命运之手引领着跨进了一个正在起飞的新兴领域,开始了他的电视新闻播音生涯。

罗京第一次主持《新闻联播》
1983年8月

优秀播音员

一、不辱使命,严于律己

对于罗京而言,"德艺双馨"这个词是很贴切的。他在工作中表现出的艺与德,无数次让他身边的同事折服,让朋友感动。和罗京合作过的记者编辑都曾有过共同的感受,那就是罗京具有极强的敬业精神,对自己的专业要求极其严苛。比如在完成一篇稿件的配音后,提出修改意见的往往不是编辑而是他本人。他会因为某个词的语气运用得是否准确、某处气口连接得是否得当、某句重音分寸拿捏得是否合适……反复推敲琢磨,想办法改进,直到自己满意为止,且26年如一日。

罗京对播音专业懂之且敬之,他深知播音工作绝不是简单照本宣科、

化字为声,他十分明确自己要通过充分发挥主观能动性对稿件进行二度创作,要在整体把握基调、明确播出目的的前提下运用自己的专业特长让文字稿件内容通过声音的传达变得更加准确、鲜活、贴近、易懂,这才是他所追求的传播效果。罗京的业务能力在中央台有口皆碑,对他来说,学习是终身的事情。在26年3000多次节目的录制和直播中,罗京始终坚持认真备稿,《新闻联播》演播室里,有一张

黑皮椅就是罗京的座位,座位底下永远会摆着一本《现代汉语词典》,罗京没事就翻阅,翻烂一本再换一本,在他离别时,座位下面放着的是已经被他翻烂了的《现代汉语词典》第5版。

好的声音背后是优秀的综合修养。26年来,罗京用声音记录了重要的历史阶段和历史事件。工作中,罗京接触过由大量专业名词组成的稿件,为了让普通观众能够较轻松地理解稿件中的专业术语,他会积极主动地提前和创作人员及信息发布单位进行沟通,在确保稿件原意准确性的基础上,做出口语化的调整,使稿件内容更加贴近、生动、易懂。

早在20世纪80年代初期,也就是罗京刚刚毕业工作的时候,学校还没有成立电视播音教研室,也并没有开设专门的电视播音课程。当时还是播音的"后广播时代","广播式的电视播音"比比皆是,这一时期,中央电视台的新闻播音也基本上是"广播式"播法,语言与画面、语言与体态尚处于融合的探索发展期。这一时期电视台节目的影响力还远远不如电台的《空中之友》《让历史告诉未来》《深情的黄土地》《午间半小时》《今晚八点半》等知名节目。当然,这一时期的罗京也还处于成长期阶段。刚分配到中央电视台工作时,罗京并没有马上上节目,他先是给台里的老师们帮忙,做一些力所能及的事情,例如主动帮老师们打水、打扫卫生……实习了一段时间后才开始正式上《新闻联播》节目,实习期间由刘佳老师带他一起出镜。由于当时中央电视台里的节目并没有固定细化,因而除了《新闻联播》外,罗京还参与过台里许多类型的节目录制,虽然每天都很忙碌,他却倍感充实和快乐。其间,他还有幸成了中央电视台《新闻联播》主持人中的第一位"气象先生"。

罗京读书时,学校还没有成立电视节目教研室,因此他刚到电视台工作时对一切技术问

题都感到比较陌生，罗京现学现卖。20世纪80年代，大家在工作时都是拿着手写稿播读，手写的文稿字迹不固定，经常会遇到很难辨识的"气球花脸稿"，相比现在的打印稿而言辨认起来不知要难出多少倍，播音员必须要精神高度集中才能播好，播报时绝对不可以分心。当时演播室还没有冷光源，也没有空调，在照明灯的高温烘烤下工作是播音员必须克服的困难。早期的提字器则需要播音员自己先手动抄写，然后把稿件粘好以后用手推着看，并不好用。《新闻联播》节目有时是一个人有时是两个人播读，人员不十分固定。起初《新闻联播》节目的内容虽多，画面内容却很少，几乎全靠口播。当时不像现在，导语这么短，都是长篇的大稿子，连续认读并进行十几分钟的口播可谓是家常便饭，并且什么样的稿子都有，因此对播音员识别字的能力要求极高。

总之，当时的工作需要播音员具备很强的适应能力。但是无论面临怎样的困难，罗京都会迎难而上，他平日里

勤奋努力，对自己要求极为严苛，一直以广播电台播音员的用声标准严格要求自己。他非常顾全大局，只要播音组的排班出现问题，他就一定会在第一时间顶上，这也为他后期的播音工作

积累了大量宝贵的经验。在后来的工作中，罗京之所以能够气定神闲地在直播中处理紧急长篇花脸稿，多少也得益于他早期在艰苦的播音工作环境中的历练。

中央电视台副台长罗明在纪念罗京的《难忘罗京 生如夏花般灿烂》一文中曾回忆，1984年5月，他和罗京参加过一次出访报道活动。那次出国对他们两人来说都是第一次。受当时经济条件的限制，报道组每人都只带了一套正装和一条领带。到达目的地后，他惊讶地发现罗京居然带了三条色泽图案完全不同的领带。罗京解释说"这三条领带是针对不同报道环境而设计准备的"。当时到台里工作还不满一年的罗京能够对细节有如此周到的考虑，这一点让他印象颇为深刻。的确，在

1989年国庆40周年

工作中，罗京是一个会关注每一个细节并为之付出努力、认真准备的人，因为他深信"细节决定成败"。

随着业务素养的不断提升，罗京越来越多地参与到重大报道活动中。在长达26年、横跨了两个世纪的播音主持经历中，罗京承担了无数次重大新闻播报和大型活动的现场报道工作。每次遇到急、难、险、重的任务，他总是会义不容辞地担当"顶雷"的那一个，冲在第一线。在

新闻节目的播出环节，播音员是最后一关，天大的事，只要他扛住了，所有人就安全了。改革开放30年间，很多重大的时代印记，都是先放到他的主播台上，然后他会迅速将那些字迹潦草、大修大改难以辨认的文稿在几分钟后条理清晰地送到我们的眼前与耳边。

1996年1月1日，中央电视台最重要的栏目《新闻联播》开始正式实现直播，开创了分秒必争的新纪元。在这之前的数年间，央视一套各档新闻栏目均实现了直播。高收视率、高影响率决定了《新闻联播》栏目不敢盲动。经过长时间的充分准备，特别是经过数次演练，台里终于决定在1996年的第一天开始正式以直播方式播出《新闻联播》。作为业务骨干，罗京主动申请了首场的直播任务。经过台领导批准，第一天出场的主持人为罗京、李瑞英，导播、放像、音视频切换人员、灯光、字幕、摄像、录像、美工等各岗位也均选拔了主力人员出场，相关各工种均有多位领导和同事助威观摩，比平时多了数倍人马。尽管大家都默不作声，但现场却更显格外紧张。当电子时钟显示为18:59:30时，导播按动对讲机按钮，通知罗京、李瑞英："30秒倒计时准备！"只见罗京、李瑞英镇静地抬起头来，凝视前方的提读器，同时将播音台上的话筒开关打开。熟悉的片头曲响起，紧接着是罗京亲切大方、持重稳健的声音："各位观众，晚上好！今天是1996年元旦，在这里我们祝大家新年好！欢迎收看《新闻联播》节目。这次节目的主要内容有……"

1996年1月1日《新闻联播》首次直播后所有工作人员的合影

直播中,所有同事都在演播室里屏住呼吸,只见罗京以一贯儒雅温和的播报状态,表情沉稳、语调平和,行云流水般地完成了所有内容的精准传达。19:29:42,当节目片尾音乐响起时,导播、编辑、播音员、技术人员姓名的字幕由下自上从屏幕上滚动而过时,现场屏息静气的人群爆发出一阵又一阵热烈的掌声。导播杨金月将传递过来的鲜花献给了李瑞英和罗京。事后得知,当天某一工种人员由于过度紧张双手竟然颤抖起来不能自制,被她的组长果断地取而代之。

当晚总结会上,为了进一步确保直播的稳定性,主管台长宣布,播音、导播、放像……原班人马不许更换,连续值班播出一周。一周之内,所有岗位竟然没有一个人犯错误。从最初的紧张、兴奋,到最后的圆满、自豪,当第七天的片尾音乐响起时,所有人都如释重负。主管台长又发话了,原班人马再连续值班一周。

若干年后,早于罗京两年从北京广播学院(现中国传媒大学)毕业走入《新闻联播》栏目从事编播工作的罗明副台长说:"播出线上,只要主持人、导播、放像这三个主要岗位不出现闪失,安全播出就不会有大问题。"

普通观众并不能从屏幕上区分出是录播还是直播,但对于播音、导播、放像等工作人员来说,直播过程如履薄冰。直播对于编播一线人员的综合素质、反应能力、心理素质、身体状态是一个全新的考验,特别是对主持人的要求就更高了。原班人马中,包括罗京、李瑞英在内的工作人员都有10年以上的一线播出工作经历,但是谁也没有过连续超过10天的超负荷直播工作经验。作为新闻最后一个呈现环节的主持人,罗京所要承受的心理压力可想而知。在直播状态下,播音员的任何失误都会直接暴露在观众面前,很容易出现播出事故。对于罗京而言,这是艰难的14天,不平常的14天,也是难忘的14天。他顶住了压力,战胜了疲劳,将自己调整到最佳状态,以高度的敬业精神迎接挑战,没有出现丝毫的差错,始终精神饱满、字正腔圆,为《新闻联播》的常态化直播赢得了开门红,也给整个播音组原本心里充满恐慌的组员们吃下了一颗定心丸。正是因为在《新闻联播》直播报道中的出色表现,当年罗京荣获了政府大奖——全国播音学会颁发的"全国播音一等奖"。

在《新闻联播》栏目就职以来,罗京一贯优秀的专业能力和处理重大事件播报的经验得到了台里领导和同事们的一致认可,因此,台里早有预案,一旦遇到重大新闻,其播发任务就由罗京承担。正因如此,罗京始终24小时处于待命状态,随时随地准备应对重大新闻的播报任务,为了不耽误工作,他一直住在单位后面条件并不太好的宿舍里,以便发生紧急情况时可以第一时间赶到工作现场,平日出门轻易不敢超过方圆五公里的范围。中央电视台前台长杨伟光曾说,很多重大的事件交给罗京播音,让人放心。

1997年2月19日,邓小平同志逝世。这是罗京作为播音组组长期间遇到的最重大的一次消息播报事件。当晚,一接到单位打来的电话罗京就即刻起身,第一时间赶到了中央电视台二楼的新闻中心准备就位,等待新闻播出稿。夜里11点多,杨伟光台长和孙玉胜副台长都赶到了新闻中心,当时中宣部主管新闻的副部长徐光春,广电部部长孙家正、副部长田聪明,中央人民广播电台台长和国际广播电台台长等领导也都匆匆赶到了。罗京早已就位,大家都在等待着正式新闻稿。那份稿件首先应该给到中央电视台,然后再给中央人民广播电台,再给到国际广播电台。大家边等新闻稿边把电视频道调到CNN。午夜12点刚过不久,也就是20日凌晨,CNN发了一个简短的消息,大意是据尚未证实的消息,中国领导人邓小平因病逝世。凌晨1点多,最终版的正式新闻稿传到台里,台领导必须先审阅一遍,凌晨2点,当罗京拿到稿子的时候已经没有时间再浏览一遍了,罗京迅速查阅了一下稿子的页码,直播马上就开始了。当时打出的字幕是"重要新闻",熟悉新闻业务的人都知道,这样的情况是非常罕见的。罗京当时拿在手里的那份讣告和《告全党全军全国各族人民书》的字数是4993字，播送的语速大约是每分钟200字，全部播完需要近半个小时。中央电视台前副台长孙玉胜回忆说，当时他就站在导播室旁边，全体工作人员几乎是屏住呼吸注视着监视器，非常紧张，感觉空气都已经凝固了。

业内人士都明白讣告特别难播。虽然都是宣告重要人物的去世，格式差不多，都含有生卒年月、经历、评价，可是播读的规格、声音的沉痛程度必须有细微可查的差异。面对并没有准备过的长达半小时的重要文稿，罗京凭借精湛的业务能力以准确的基调完美地一气呵成，没有出丝毫差错，连语气上的微小差错都没有。所有工作人员悬着的心落了地，都对他竖起大拇指、心生敬佩。

为了高效率、高质量地完成工作，整整两天两夜，罗京连续48个小时没有合眼，一直坚守在岗位播报相关新闻。因为讣告文稿几经修改，罗京在有限的时间内将长达近半个小时的文稿录制了五遍，挑选了两个版本供领导挑选，可见他花了多少情感和心血在里面。从早间到午间、从午间到深夜，连续两天两夜多达十几次的新闻直播，每一次播报时长都超过1个小时，最长一次长达1小时45分钟，罗京全部顺利地完成了。

罗京以忘我的敬业精神和超高水准的业务能力再一次赢得了单位领导和工作团队的尊敬和信任。后来每逢遇到重大新闻活动，上级领导会经常亲自点将让罗京出马，只要罗京在场，大家都会感到安心踏实。

罗京十分善于学习，在长期的新闻从业经历中他发现，如果自己除了配音和播报还能多承担一些工作的话，可以为整个工作团队带来更高效更优质的成果，于是勤学好问的他自学成才，练就了多面手的能力。他不仅擅于播报，还能出色地完成编辑和导演工作。正所谓"功夫不负有心人"，他自己练就的本领着实在后来的很多工作中发挥出了积极的作用。

1997年7月1日，香港回归祖国之际，罗京临危受命，不仅担任了香港回归直播节目的总主持人，还承担了记录这一重大事件的大型专题片《香港回归》的编导和配音工作。在这场连续72小时的直播中，他始终坚守岗位，出色地完成了报道任务。其中，在整个直播节目过程中最重要的"7月1日零时政权交接仪式"的关键节点，罗京的主持受到了一致的赞誉。

1999年的一天，《新闻联播》中要播出一个非常重要的中央文件，文件打印成稿传送到《新闻联播》栏目组时，节目已经开播了。长达5000字的文稿每9个
字一行，犹如一本厚厚的书。当正在直播的罗京坐在主播台上接过这份沉甸甸的文稿时，他已经没有任何时间去熟悉稿件了，而如此重要的内容又必须在直播节目中准确无误地播出来。现场所有人都捏了一把汗。就在这千钧一发的关键时刻，罗京再次凭借他高超的业务能力显现英雄本色，将16分钟的口播长稿流利顺畅地准确播出，在场的全体人员无不被其深深折服。

1999年10月1日，在新中国成立五十周年庆典活动的直播中，罗京以持重稳健而又富有激情的解说为国庆周年庆典活动平添了许多色彩。

1999年12月，澳门回归祖国，罗京在政权交接仪式的现场报道堪称直播报道经典之作。

和澳门回归转播的同事们在一起

罗京突出的业务能力和一丝不苟的工作态度在台里是出了名的。不论是前期出现场，还是后期配音，他基本上都能一遍成功。有一次跟随国家领导人出访，在快到传送新闻的时候，片子已经编完了，由于新闻稿件还在领导那里审阅，只能等稿件来了以后配完音变成成片才能传送。眼看着传送时间就快结束了，这时，编导飞快地跑到工作间，把四五页改得很零乱的稿件交给罗京并对他说："快点熟悉一下稿子，抓紧，传送时间马上要结束了。"罗京拿起稿子，立即坐到话筒前，"打点，来吧"，就在如此紧急的情况下，他把将近3000字的稿子按照修改顺序一字不差地搞定了。

《新闻联播》是我国传达党和政府声音最直接的窗口，消息具有高度的可靠性和权威性，其重要性要求播音员在任何情况下都必须确保新闻播报的准确性。这也是《新闻联播》播音员每次上岗时所不得不承受的心理压力。

有一次，罗京要在直播节目中临时插入一个重要的长口播，他来不及看一遍稿子就播了，没想到在换页的时候却发现句子接不下去了，原来编辑赶稿子的时候丢了一行。情急之下，他凭借经验和稿子的前后关系，垫了一句，在千钧一发的时刻救了场。

2004年9月19日，中共十六届四中全会闭幕。按照工作要求，十六届四中全会闭幕的新闻必须在当晚《新闻联播》头条播出。当第三条新闻的配音稿件传至新闻中心时，时间已经是18点50多分，稿子才传了一半，上级领导机关又打来电话，指示此稿多处要修改。此时已经没有时间重新配音了，不播出或错误播出对中央电视台来说无疑都是一场无法被原谅的政治事故。领导冒险而又果断地做出决定：先把新闻的前半部分配音制作好，后半部分编辑好画面，在《新闻联播》直播时同步配音。

7点，《新闻联播》开播之时，新闻稿件才传来三分之一。平时每到《新闻联播》开始的时候，外面的走廊里虽然人来人往，但却十分安静，唯有这一次，走廊里面一直有人在大声地喊："稿子呢？稿子送来了没有？"当天的出镜主持人刚好是罗京和李瑞英。"越是艰险越向前"的罗京又一次义不容辞地承担起了"顶雷"的重任。大家都在暗地里为他捏着一把汗。当天新闻中心值班主任是一位有着20年工龄的资深记者，开播后，他半蹲半坐在播音台后的角落里，用微微颤抖的手把刚刚从传真机上撕下来还带着热气的"配音稿"一页一页地递给李瑞英。17页半的长稿都是传真件，是模糊、潦草得像天书一样的花脸稿，有多处修改涂抹痕迹，难以准确辨认。更紧迫的是，罗京完全没有备稿时间了。李瑞英接过传递来的稿件，迅速用播音专用符号为稿件做了重点标示，提醒罗京注意，然后在直播过程中一页一页地递给罗京。导播间比平时多了许多人，大家都屏声静气、异常紧张。导播台前的杨金月回忆说他从来没有感觉过10分钟是如此漫长。如果说日常直播过程如履薄冰，此时此刻大家则感到如临深渊。当时所有的领导都站在演播室外面，揪着心，有的领导手里甚至还拿着麝香保心丸。罗京不负众望，稳坐在主播台上，没有皱一下眉头，他波澜不惊、气定神闲，以直播的状态就着刚刚编辑好的画面现场配音，两盘分离的带子对接得天衣无缝，观众根本无法看出破绽。播到第八页时，李瑞英突然发现第九页找不到了，罗京收到暗示，镇定自若地通过控制语速换取了时间。李瑞英回忆说当罗京把陆续递给他的17页半的花脸稿一字不差、从容地播报完毕时，他们俩全都憋出了一身汗。

十几分钟的长稿，接力式的传送，没有预习、不符合播出格式，通篇布满修改痕迹，但是罗京却一气呵成，没有丝毫阻滞，没有一处差错，连一个磕巴也没有打，就连原稿上的错字、漏字也都在这惊心动魄的十多分钟直播中不着痕迹地被罗京纠正了过来。当联播播出完毕，罗京拿着那一沓沉甸甸的稿子由演播室走到导播间时，在场的工作人员全体起立，不约而同地将热烈的掌声送给了罗京。此前为罗京担负第一传稿人的中心主任说了一句话：就凭今晚罗京从容不迫、圆满播报这些稿件，至少值10万元。因为大家的信任和自身的责任感，不知道罗京内心要承担怎样的重负。

有一天晚上的《新闻联播》，年轻的主播们已经化好妆，但6:10的时候突然来了一个非常重要的稿件，只有罗京来播报大家才最放心。组长李瑞英打电话的时候，罗京正好在外办事，但他二话没说就往台里赶。那时正值下班高峰期，堵车很严重，他到台里的时候已经是6:45。罗京匆匆准备了一下，7:00节目一开始就是那条非常长、非常重要的稿件，罗京很出色地完成了播报任务。工作中罗京遇到的这种情况非常多，经常为此加班，或是替别人顶班，他都毫无怨言。

2005年，罗京在接受采访时曾透露，他深知自己担负的使命非常重要，因为《新闻联播》对老百姓有相当大的影响力，工作紧张的情况经常出现："虽然干了23年，但是每天上班都有如履薄冰的感觉，尤其是重大新闻发生的时候。"罗京的压力主要来自节目的重要性，客观上不能出错，但是他凭借着高度的敬业精神一直保持着稳定的状态。

央视文艺中心导演王芙英回忆说，自己曾经与罗京合作过很多大型活动，罗京给她留下的最深刻的印象就是非常职业。2008年录制《向祖国报告》大型晚会时，在节目正式开始前30分钟，修改了很多内容的稿子才送到，那是一段很长的重要内容，也正是需要罗京上台脱稿背诵的部分。当时观众已经入场了，由于时间太紧张，现找一个安静的地方备稿已经不可能了，她只能在音响台旁边摆了一把椅子让罗京就地准备。王芙英深感自己作为导演要承担压力，罗京则同时担负着巨大的责任。随着最后一句"任何困难都压不倒英雄的中国人民"，罗京顺利地在台上背诵了全篇，结束后罗京下来和王芙英击掌的一刻给了她一个特别灿烂的笑容，可想而知，在此之前罗京心里承受的压力绝不小于王芙英。

王芙英在2009年举办的罗京播音主持艺术研讨会上曾提到过罗京留给她最深刻印象的瞬间：

那是2004年的一个早晨，当时因为有一个特别重要的节目要播出，她连续很多个晚上都在中央电视台剪接节目，凌晨5点天蒙蒙亮时，她走出央视一号演播大厅，看见远处的停车场里，罗京正从车里走出来。她从来没有那么远距离地看过罗京，觉得他的脚步竟是那么从容自然，好像那根本不是一个天蒙蒙亮的早晨，而是正点上班的时间。虽然当时光线不足，罗京依然轻车熟路地走向他的直播间，走过那段他已经重复了千百遍的路。她感受到了罗京身上的职业品质和职业魅力，看到了一个媒体从业者的职业精神。电视观众都只看到罗京在演播间光辉的一面，很少有人知道幕后的他有多少个日夜是怎样挺过来的。王芙英私下里曾与罗京探讨过这个话题，罗京的回答是："这是我的职业。"王芙英说是罗京让她对职业有了新的认知。

2018年7月我去台里采访罗京的老搭档吴方老师，她告诉我，在央视，特别是在新闻中心，提起罗京，大家公认他的业务能力最强，可以说是全天候的播音天才！时政新闻的稿件通常来得晚、要得急，这对当天值联播配音班的播音员是个考验，能多争取出一分钟的时间对编辑而言都是相当宝贵的。活儿忙的时候，到了下午时政部的编辑们会互相转告当天谁来负责配音，如果碰到"手潮"的主儿值班，大家都会暗中叫苦，尽量早去配音，以便预留出一遍遍打点的时间；有时一条特别急的新闻，配音甚至配了20多分钟还配不好，编辑回到机房会气得骂娘。

如果是罗京配音,大家都会轻松很多,来稿多晚似乎都不是问题,基本上一遍搞定。罗京的识稿能力超强,有时晚上6∶40多来了定稿,打清稿件已经来不及,稿子上"沟壑"纵横、"气球"满天飞,编辑都要找半天,他拿到稿子匆匆看过后就能"出口成章"、一气呵成。随中央领导出国访问,有些重要活动要出播音员现场报道的镜头,但最终的定稿往往很晚才拿到,给播音员备稿的时间很有限。罗京总是能在最短的时间里做好准备,拿出最好的精神状态面对大家,现场录制非常高效,从而为记者、编辑赢得宝贵时间。他的敬业精神让人心生敬佩。

用李瑞英的话说就是:"罗京是一个能打硬仗的同志,只要有重活儿,他会在最快的时间赶到工作岗位,平常人一次两次容易,他一干就是26年。"

2008年,重大事件频发,罗京先后参与了"雨雪冰冻自然灾害""抗震救灾"和"北京奥运会"等重大新闻事件的直播。特别是在雨雪冰冻灾害和汶川特大地震直播中,罗京临危受命,均以精湛的业务能力出色地完成了报道工作。

2008年北京奥运会之前罗京就查出了淋巴癌,但是他没有立即入院,而是坚持到火炬传递,完成奥运会的相关新闻报道任务之后才住进医院。

李修平回忆说,一般台里遇到重大新闻时都会喊罗京值班,因为2008年8月31日的联播内容十分重要,罗京接到任务后第一时间赶到了直播间。那天她在演播室看到罗京时诧异地发现罗京消瘦了好多,于是问他怎么那么瘦,罗京只是淡淡地笑了一下说最近胃不大舒服,然后就开始工作了,万万没有想到罗京的播音生涯就终止在了那一天。

罗京在《新闻联播》里的声音坚定沉稳、庄重客观、稳重可信、掷地有声,具有一种不容置疑的力量。他把敬业、专业、职业做到了极高的境界,他用自己的声音记录了历史,然后把自己变成了历史的一部分。在一个巨大变迁的时代,能有一个罗京般理性而冷静的声音,应该说是时代的一种幸运,它让人们少了许多因声音起伏太大而产生的对时代的误读。

中央电视台新闻播音组是罗京工作了20多年的地方,虽然他是名人和前辈,但他办公室的环境并非大家想象的那样舒适,他和30多位播音员一起挤在一间只有40平方米的办公室里办公,甚至都没有自己专属的办公桌,对此他从未有过抱怨,反而说这样安排既可以节省地方,还可以方便大家交流业务。

办公室里罗京的衣柜总是干净而整洁的,除了工作需要的出镜服装外,柜子里面藏了观众们寄给他的很多信,有的时候同事们去看,会把信带给他,过不了几天会攒一大袋子。得知罗京生病后,很多人寄来的明信片上都会说祝罗京同志身体健康。下图中的千纸鹤和心愿卡是北京市第四聋哑学校的全体同学在2009年5月15日寄给罗京的,罗京生前去过那所学校,跟很多同学都是好朋友,每一张心愿卡上似乎都有同样的心愿:"祝您早日康复,天天好心情。"这些心愿卡罗京收不到了,不过也许这些千纸鹤可以把祝福带到天堂。

二、包容谦和,助人为乐

罗京是台里同事公认的好员工、好朋友。他的这份好,不是因为他顺从别人或者通过夸赞让人感到舒服,恰恰相反,罗京绝不会违心地说话办事,他有着强烈的质疑与批判精神。他的这份好,源于他对同事的包容与谦和,更源于他的认真与负责、敬业与忠诚。

罗京虽然对自己要求严苛,对别人却十分包容谦和。在外人看来,这位著名的播音员/主持人总是不苟言笑、难以接近,但熟悉他的人都知道他毫无明星架子,平易近人,拥有不可多见的好脾气。很多年轻记者是看着他的播音节目长大的,但是罗京在与这些年轻记者合作时从来不以前辈和权威者自居,他总是以平等的姿态认真地和他们交流自己的看法。哪怕是对稿件中一个字的增减,他也一定会征得编导的同意才改动。每次配音或播报结束后,他总是会把全部稿件整整齐齐地码好再交给编辑。这种对他人的尊重,是他的处世准则,也是他的职业习惯。

一些年轻编导在请罗京配音时,往往会因为他的资历和名气而不安,但是在合作过一次之后,这些年轻人便会放下包袱:因为罗京从来都是一个平等、谦和的君子。

从配音机房到播音组的办公室,常常会有小蜜蜂一样翻飞的众多编辑记者进进出出,要求配音,有时候一份稿子会因为没录上、抹掉了之类的原因一配再配,本来信息量就大,还要重复劳动,疲惫的配音同事难免会抱怨几句,可是罗京从不会因为这样的事情抱怨。即使是初来工作的小年轻愧疚地对罗京说"麻烦您再配一遍",即使在罗京已经生病的情况下,他都会毫无怨言地拿起稿子再进配音间。有人私下议论说"多做多错,不做不错,工作多了,信息量大了,出纰漏的可能也就多了"。但是罗京从不会因此而少做一丁点儿工作,无论多累他都不会拒绝同事们的需求,他不止一次地在办公室里和组员们说:"我们的工作是需要和别人配合的。"

化妆师虎子回忆说,刚进《新闻联播》节目组化妆的时候他特别紧张,罗京看出了他的紧张和不安,就笑着对他说:"大胆地化吧,我相信你。"虽然只是简短的一句话,却给了他很大的鼓励,罗京淡淡的微笑让他感到心里十分温暖,放下了思想负担。

罗京在化妆时没有同时闭上两只眼睛的习惯,即使在画眼线的时候仍旧要睁着没在画的那只看着镜子。化妆师志忑地问:"罗老师,您看哪儿不合适?"罗京总是认真地看着镜子回答:"挺好的。"如果问他看哪儿有要修改的,罗京往往会回答:"没问题。"这样友善的回答和真诚的鼓励让化妆师们在工作中踏实了很多,从而可以将更多的精力集中于工作本身。但这种宽容的态度绝不代表罗京对他们的工作不在意、不关心。他也曾向化妆师建议过不要把他的眉毛画得过于精致了，对于并非专业从事化妆工作的人来说，这无疑是非常敏锐的观察。正所谓过犹不及，太过于雕琢小处往往会打破事物的平衡。同时，这也显露出了罗京擅于放眼大局看问题的习惯。

一次遇到紧急播出任务，罗京从外面急匆匆地赶到台里，门卫保安例行公事请他出示证件时他才发现已经来不及回家去取工作通行证，他心里很是内疚。保安知道一定是有紧急播出任务示意放行，罗京连忙说了句"谢谢"，然后点头鞠躬致歉又追加了一句"对不起"。

罗京身体不太好的时候，偶尔需要办公室值班的同事帮忙跑个腿，下楼拿个东西。电话里他一定会用"能不能""麻烦您帮我"之类礼貌客气的词句，并且在见面后总是不忘歉意地问："没有影响你工作吧？"在同事们的眼里，他就像是家中一个温暖和蔼的长辈。

在组里工作了多年的化妆师结婚，罗京会和同事们一起去参加喜宴。席间他专程传授过来人的体会，对新人说："夫妻之间即使有时吵得很厉害，也不要说'离婚'二字。"虽没有华丽的辞藻，却让一对新人倍感真诚、平实。

1999年12月，卓琳参加了澳门回归的交接仪式，在做回归报道时，新闻采编部的记者庄园接到领导临时布置的任务，要赶写一篇关于卓琳的特写。那时没有网络，也没有资料，又不能直接采访，只有交接仪式上直播机位捕捉的几个镜头。节目组里的好几个人看着庄园伸伸舌头、挤挤眼睛就笑着走开了。正在庄园感到无助的时候，罗京从配音机房里出来，管闲事似的要过他的半截稿子看，还鼓励他说："这开头写得不错！"然后罗京放弃自己的休息时间干脆坐下来和他一起攒稿子，一个人的难题被两个人分担了，就这样你一句我一句地变成了一件快乐的事。后来庄园发现罗京其实很有文采，也很有写作的激情，连续陪编了几个小时也没嫌烦，一直陪到全文编写完毕。

2001年4月他随领导人出访六国期间，飞机在大西洋的一个岛屿经停，所以不下行李。大家是从炎热的委内瑞拉飞过去的，抵达当地时是凌晨，天还是灰蒙蒙的，一下飞机尽管有人加了长衣，但在不到20度的气温里还是直打寒战。随行的一位女同事由于粗心没从行李里拿出长衣，身上还穿着丝绸的裙子，冻得发抖。这时罗京就把自己准备出图像带的衬衫让给这位女同事御寒。点滴小事，却体现出了罗京关心他人的习惯。

2001年暑假，广院97级播音班的紫凝和同班十几个同学一起到新闻中心实习。刚开始，他们并没有实际的工作，主要是熟悉工作流程，试着把在学校学到的知识结合到实践中。大家经常在配音间外面听里面播音员配音，而后再拿他们的稿件来练习，接着再听、再练，反复对比，从中寻找差距和感觉。有一次，一名实习编辑拿来一条文字稿，说她编了段片子做练习，请紫凝来配音。那是一句很长的话，逻辑关系复杂，中间有八个逗号，按照电视稿件的规律来讲，这样的句子，是应该拆成一组短句来表述的。紫凝当时就晕了，因为在校学习时没练过这么复杂的句子。恰巧赶上罗京刚下联播，她就拿着那张纸胆怯地问罗京怎么念。罗京起初什么也没说，轻松地盯着稿子看了一遍，告诉她："这样，这个句子太长，一口气肯定念不下来，在有逻辑关系的地方可以停顿换气，但是语气不能放下来，像这样……"于是他清晰流畅地把那段话读了出来，瞬间让紫凝茅塞顿开。之后，罗京看她还不太自信，就又念了一遍，然后把稿子交给她，说："就这么念。你自己试试，要是还念不顺，再来找我。"紫凝事后回想起来说，罗京当时给她指导这篇稿子，就像武侠电影中名震武林的少林掌门传授武功秘诀一样，从那一刻点拨开始，少林弟子开窍了！

2002年，时政新闻部做模范共产党员郑培民的报道。第一审没有得到中宣部领导的认可，部里要负责人亲自带队伍下去重做。片子一共有三集，第一集就7—8分钟，配音必须要感情贴切、有味道才行，于是负责人想请罗京出马。同事们担心罗京这么大的腕儿不愿意出场，更何况他刚刚轮过班，该休息了。可是那天晚上罗京还是准时赶到了配音间，一段一段配得非常认真，不满意的地方就重新来。其实，罗京的人物片解说毫不逊色于消息播报，他的语言表达不仅具有大局观，节奏稳健、有张力，而且在细节处理上十分妥当，语气贴切，深情有度，极具感染力。配音后节目送到中宣部审查，一遍就通过了。

后来节目播出时，因为三集都是罗京配的音，从效果上考虑，导语和片子都还需要罗京去播，就只能请他再调三天班，连值联播班。对此，罗京没有半点怨言。节目后来获得中国新闻奖一等奖，负责人要请罗京吃饭，却被他婉言谢绝了。

我现在还清晰地记得自己和罗京最近距离的一次接触。那是在2003年读研究生期间的一个暑假，我去台里实习，办好实习出入证后，我按照规定时间提前一些到达了新闻中心播音组的一间办公室等待和李瑞英老师见面，一进门就见到了99级的师弟朱广权。已经在组里实习了一段时间的广权见了我连忙礼貌地让座并客气地和我寒暄，顺便介绍了一下实习的环境和情况。记得那天李瑞英老师穿了一身连衣裙，来了以后把我叫到里屋了解情况。进到里屋后我见到了正在化妆的罗京老师。聊到一半，李老师突然被人喊了出去，我有些忐忑地站在原地不知道该做什么，这时化好妆的罗京老师正准备出门，突然又放下手中的东西走到饮水机处接了一杯水，然后径直走到我身边对我说："天儿热，喝点儿水吧。"说完点头微笑示意我别紧张，我接过水只是傻傻地说了句"谢谢"，心里充满了温暖和感激。可惜当时因为新闻中心暂时还不能让我出声参与节目而四套则可以让我参加外景出镜主持，于是我便选择了后者，很遗憾没能有更多的机会跟罗京老师接触、向他学习，但是他递给我的这一杯水和对我的微笑所带给我的温暖却永远留在了我的心里。相信应该有无数和我一样不知名的实习生在台里接受过罗京老师传递的这种温暖与关爱。

赵普回忆说自己2006年刚到中央电视台工作找罗京报到时是有些害怕罗京的,因为感觉他不苟言笑。罗京曾点评他的节目:"你过去放得不够(指赵普在北京电视台主持晚会节目),今天又收得欠度(转型为央视新闻主播后的分寸把握)。"可谓一针见血。赵普跟罗京套磁说:"我老家的大哥和您同龄呃。"罗京以惯有的平静腔调问赵普怎么会有大他这么多的哥哥,赵普忙解释自己是父母下放在农村时非计划生的。罗京看着赵普,停了一会儿慢慢地说:"这你在台里不就多了一大哥嘛!"没想到一向寡言冷峻的罗京会对自己来这么一句,赵普一时不知道该怎么接话才好……

汶川地震期间,赵普曾请缨想赶往一线帮忙未获批准,于是他向罗京求援,想借助罗京的分量走走"后门"。罗京的短信回复却是:"我们心情一样,但谁说演播室不是一线!你们这几天的付出,为凝聚人心、战胜灾害所起的作用同样是巨大的,也受到了广泛好评。让我们在做好赴灾区准备的同时,先把眼前的工作做好,辛苦了!"这条短信至今仍留在赵普的手机里,他理解当时罗京向他传达的一个主要意思就是主持人应该坚守在自己当时的岗位上,关键时刻坚守住了自己的岗位就是对抗震救灾最实在、最具体的贡献。

罗京一直非常关心和支持后辈。2007年12月6日,《晚间新闻》原女主播海霞首次亮相《新闻联播》的主播台,与她搭档的刚好是罗京。海霞回忆说她虽有多年的工作经验,但仍无法抑制自己即将主持《新闻联播》的异常紧张感。那一天,她很早就来到办公室看稿件,还专门准备了好几套服装,一见到罗京就连忙问"您穿什么颜色的衣服?我好找一身来搭配"。罗京不假思索、乐呵呵地脱口而出:"你看自己

穿哪个感觉最好就选哪个,我就合你。"他的话让海霞感觉特别温暖,紧张的心情一下子踏实了很多。不仅如此,事后证实,那天罗京不仅仅在服装上,甚至在整个播报过程中都在迁就海霞。海霞挑了一套蓝色西服,里面搭配的是大翻领白衬衫,于是罗京跟着她挑了一套匹配的着装。

罗京知道,作为《新闻联播》的新人,海霞势必会感到重任在肩,心中的忐忑不言而喻。那天,他带着海霞比正常时间提前了20多分钟上线。《新闻联播》的截稿时间非常晚,往往离播出只有十几分钟了还不断有稿子拿进来,不断地换串联单。其实这个时候能把自己的稿子理顺、准备好就已经很不容易了,但罗京并没有顾自己,而是不停地教海霞怎么看串联单、怎么梳理稿件,并告诉她

"后来会有一张写着'正式'的",然后娴熟利落地整理了串联单的顺序,把大稿子主动揽到自己那边,把相对短的、民生的、好把握的新闻留给海霞。他还细心地替海霞打开了话筒,帮助她试音。

《新闻联播》的片头音乐响起来时,因为紧张,海霞的手心已经全都是汗。画面切到主持人时,罗京首先向观众朋友问好:"各位观众晚上好!"海霞接着罗京说"晚上好"。就是这三个字,罗京已经听出海霞的音高比正常时要高,节奏也比正常时要快。此时如果罗京按正常的节奏播报,那么他与海霞的话语之间势必就会有一个间隔,观众就能察觉出海霞的紧张和不自然。为了使海霞的紧张显得不那么突兀,这时候罗京选择了放弃自身的完美呈现,他没有任何犹豫,非常果断地跟上了海霞的音高和节奏,没有让她露怯,之后又熟练地、不露任何痕迹地把音高、节奏拉回到了《新闻联播》正常的轨道当中。在罗京的帮助下,节目顺利地进行下来,海霞的第一次《新闻联播》播报任务也圆满地完成了。

播完内容开始走字幕时,海霞一下子开心了,稍稍偏头向罗京微笑着说:"太好了,挺顺利。哎呀,今天太紧张了。"没曾想走出机房就接到了领导的电话,说海霞表现挺好,只是最后状态突然松弛了,要继续努力。罗京因此陷入了自责,后来他不停地对海霞说,"唯一的瑕疵是我没有帮你把握好。""就差最后一瞬间,我怎么就没帮你把握好呢?"工作中,他就是这样一个处处关心他人,在任何情况下遇到问题都从自己身上找原因的人。他总是会默默地把许多责任揽下来，独自承担。像罗京这样把心灵和行为保持在无私的境界，远比把状态控制在沉着冷静中要难得多。

中央电视台新闻中心的播音员颜倩刚到台里工作时因为相关部门熟人少，家里负担也比较重，常常值完班就往家里赶。一次与罗京共同值班，她向罗京请教业务问题，罗京解答完对她说："那些不完全是最重要的，电视是一个相互合作的艺术，各工种相互协作彼此补台，才能保证顺利播出。你来的时间不长，最重要的是多和编辑部门、技术部门及录音科的人等融到一起，下班后别马上回家，上人家办公室串串门、聊聊天，当天播完的稿子拿给人家看看，向他们请教一下，听听他们的意见，还有什么要求，有什么地儿要改进的。人都是有感情的，尤其是你们女播音员，容易让人家觉得不好接近。你主动向他们请教，他们会很高兴帮助你的，大家彼此多交流成为好朋友了，到播出线上时就容易默契。那样播音员心里就有底了，因为知道导播、编辑、技术都会保护你，同时他们对你有了了解也放心，知道你会给他们补台，大家谁都不紧张了。"说完这番话他想了想，又在不经意间露出一抹浅浅的微笑，补充了一句："回去跟你爱人说，就说我说的，下班晚回去一会儿，让他多干点儿活。"简单朴素的几句话，让颜倩茅塞顿开。这就是他的指导艺术，既讲明了一个道理，又绝不生硬。他总是非常在乎别人的感受，特别关心刚到播音组的新人。

中央电视台新闻中心的播音员郭志坚回忆说自己刚从北京电视台调到中央电视台的时候心理压力特别大。虽然都是从事播音工作,但工作的内涵却发生了质的改变,每天面对的稿件多是举世瞩目的国家大事,很多过去要仰视的明星现在变成了近在咫尺的同事。能不能在短时间内让自己的播音具有大台风范,能不能跟上同事们的脚步,能不能适应新的工作要求,成了摆在他面前的一道又一道难题。正当他不知道在一个陌生的环境里该向谁去倾诉内心的彷徨和苦闷时,他碰到了罗京,当时他特别想鼓起勇气跟罗京说说自己的感受,但又习惯性地给自己柔弱的内心罩上了一副坚硬的盾牌。正在他犹豫的时候,罗京满面春风地向他走去,笑着问道:"怎么样,小郭?还适应吗?压力别太大,慢慢来。"就这一句话让郭志坚心中所有的坚硬冰山融化了,暖流包围了他柔软的内心。其实他也明白,在这个充满竞争的世界上,人生中的艰难需要自己担当,或勇于担当,或被迫担当,总之必须去直面。不过他的内心依然期待温情,渴望关怀,哪怕是一个眼神,哪怕是一句体贴的话语,都能让他获得冲出黑暗的无穷力量,而罗京就经常给予他这种力量。刚到播音组的时候,他一心一意想把工作干好,每次上班的时候都铆足了劲儿。急于求成的心理必然导致"欲速则不达"的后果,不光播音状态浮躁,下班的时候也疲惫到极点,恨不得马上"就地卧倒"休息。新人多干活本是惯例,有时候罗京通知他替班,但他实在撑不住又碍于面子不想直说，罗京体察到后便自己顶上，放他一马。几次下来罗京的心慈手软让他内心充满歉疚，他也因此学会了要更多地体贴和理解别人。

罗京是那么儒雅厚重、聪明内敛、平易近人而又多才多艺。

2007年6月的一天，播音组组织了一次去北京市聋哑学校看望聋哑学生的活动，要和这些学生一起上课、一起做游戏。为了培养教育下一代，组里还特别通知大家可以带上自己的孩子一起参加。那一天，章伟秋带着不满10岁的儿子赶到电视台时发现院子里已经有一辆面包车在等待，准备去参加活动的人们都热情有加，早早就坐满了车。她带着孩子刚刚踏上车门，只见罗京噌地一下就从自己的座位上站了起来："来，坐这儿吧！"她连忙说："不用不用！"——这时她才发现，车上已经没有空位子了。"你不是带着孩子嘛！"还没等她回过神来，罗京就已经爬到副驾驶的位子上了，当时只有那儿还可以坐人。

罗京是那辆车上资历最高的人之一，但就是他抢先站起身来，把自己原本比较舒适的座位让给了别人，没有给其他人反应的机会。让座虽算不上大事，只是一种出于本能的举动，但是这个细小的举动却可以折射出一个人的情操、一个人的境界、一个人的心胸。

大家都知道罗京多才多艺，京剧唱得好，球也踢得不错。有一次罗京和同事们一起随中央电视台主持人足球队去宁波举行募捐义赛。按理说，罗京是大家所喜爱的著名主持人，应该把球多传给他才能更引起观众的注意，但是几个年轻人踢得兴起，把罗京忘到一边。事后，郭志坚和罗京说起这事还有点"愤愤不平"，罗京淡淡地一笑，对他说："谁能进球谁就多拿球，大家就是玩个高兴。"晚上，郭志坚和罗京同住一个房间，罗京在看一个自己喜欢的电视节目，看到郭志坚躺下睡了，罗京马上关掉了电视。郭志坚说："罗老师，没关系，您接着看吧，不影响我。"罗京却说："没事，我明天看重播。"这些点滴小事都充分体现了罗京的乐观豁达、体贴厚道。

罗京和周围的人相处时总是那么平和、幽默和关切。他的处世风格使得周围的同事常与他称兄道弟，非常融洽。其实，罗京平时话不多，从来不会和一群人长篇大论，但是他对身边人的关照体贴却细致入微。他就是这样一个人，不光事业上精益求精，追求完美，对同事、对他人也总是热情关怀、悉心周到，所以他总是会被人称颂和感念。

有一次，一位年轻的男主持人误了6：30的早班。到6：10了播音组还没有人来报到，台里值班人员只好给罗京打电话救场。那时，他就住在单位后面的宿舍楼，那座黄塔楼的24层。5分钟之后他竟然就出现在办公室了，当时大家几乎不敢相信自己的眼睛。从接到电话到赶到现场，他只用了5分钟，实在是太快了！快到近乎神速。要知道，6点钟正是习惯晚睡的人们睡得最香的时候，更何况罗京住的那幢楼没有24小时的电梯。可想而知，他一定是立刻清醒,边披衣服边跑,从漆黑的24层跑下来,然后用冲刺的速度跑到单位的。正因为罗京的神速,当天的早新闻播出才没有被耽搁。

所有人都知道罗京是一个"可以信赖的人"。他可信到什么程度呢?用白岩松的话说就是:"请罗京办事,说了一遍,如果见他没反应再说第二遍,那就等于侮辱他。"

的确,对朋友,托付给罗京的事只需说一遍,然后只管坐等结果就好了。他当时也许不动声色,但一定会在之后的某一天告诉你他为这件事做过什么。如果朋友有哪一块需要罗京提醒,他绝对不会客气,他会直言不讳地有一说一,说出让朋友不那么开心却绝对对其有帮助的话。从上学那会儿就是如此,正如他的大学同学所言:"罗京就是这样一个真诚坦率的朋友。"

对于身边不当的规则与不平的现象,罗京同样不会保持沉默,自己受委屈也就罢了,但看到别人受委屈,罗京往往会直率说话,这个时候的他,绝不是一句顶一万句,而是一句就是一句,往往极其准确地顶在不当规则或不平事情的腰眼上。这背后有思想,有公心,也有一个新闻人最值得人敬畏的良心。

主播们一旦在台上发生状况,出了事儿,新闻中心自然要严查严惩,有一次大家替受罚的人委屈,认为责任不在、至少不全在主播身上,罗京还是那句话,"我们的工作是和别人配合"。经和李瑞英商量,罗京向中心给过错主播申请了一个相当严厉的处罚。也正是由于这样的主动姿态,才让那位主播避免受到更严厉的处罚,也因此保住了一位优秀主播的职业生涯。

2004年,跟罗京并不太熟的一位女同事有孕在身,在《新闻联播》播出的时候,两次奉命进演播室给罗京送稿子,罗京见状赶忙提出换别人来送,因为演播室的地上有很多线,很容易绊着她。这样的小事数不胜数,罗京在电视新闻领域是当然的大腕儿,但他是一位非常亲切的大腕儿,这种亲切感会感染他身边的人,也会感染观众。

在单位,所有的同事都很敬重罗京,他不仅业务出类拔萃,而且总是一视同仁地关心每个人,特别是年轻人。无论谁向他请教问题,他都会认真答复。国家大事也好,小小的一个读音也好,他都会非常认真地给予答复。他总是那样平易近人,就算一个实习生请教他一个问题他也会恨不得回答出所有有牵连的五个以上的问题。有人说他话少,其实并不是他的话少,只是他很少主动挑话头,很少耍无关紧要的贫嘴。但一说起专业上的事,他就会滔滔不绝,恨不得把心都掏出来。他的热不是灼热,是沁人心脾的温暖,轻柔却充满力量。

吴方回忆说罗京工作的努力和敬业给她留下了非常深刻的印象,让她由衷地佩服。北京奥运会开幕式时她和罗京有过合作。2008年8月8日晚上,吴方拿着现场录像带,从开幕式现场回到工作间时已经是夜里11点了,当时罗京在工作间等着做节目的配音工作。其实罗京完全没必要那么早到，他完全可以等编辑完成新闻稿之后再去配音。但是他为了提高工作效率，给大家节约时间，就主动参与到了新闻稿的形成、修订过程中。他把每一次配音都当作自己的第一次配音，投入极大的热情和精力，认真对待。新闻稿修订完成时已是凌晨1点多，罗京只用一遍就完成了配音。后来将配音与画面对接时有一些不匹配的地方又重新做了调整，罗京都会很配合地反复重新配音，直到节目最终完成。

为了保证嗓子的平稳状态，担心睡觉之后醒来嗓子打不开，罗京一直陪大家熬夜。正因为如此，罗京能做到在任何时候都保持声音一致，即使经过无数次修改的配音，听起来也完全一样，这就是罗京的业务水平。他总是习惯把工作做到完美、做到极致。

有一次吴方和罗京一起出国，聊天的时候吴方对罗京说大家都特别喜欢他，因为感觉他很平和，从不摆架子。罗京却说，摆架子的事情他还真做过。有一次去美国，节目组在街边做现场报道，碰到了一群美国国家电视台的记者。美国电视主持人在几个助手的簇拥下显得气势十足，颇有明星的派头。罗京说，当时他想，自己是中央电视台的主持人，也是国家电视台的主持人，在气势上不能输给美国主持人，因此也故意拿了拿架子，在气势上做到与他们平等。但是等美国记者一走，罗京立刻回归平时的状态。就是这样，他将自己工作时和生活中的身份分得很清楚。在工作中他代表着国家形象，因此严肃庄重、气势凛然；在生活中则非常平和，与同事打成一片，没有一点架子。

后来，随着电视行业的日益发展，罗京的名气也越来越大，经常有粉丝跑上来跟罗京握手寒暄、合影留念，火热程度不逊于影视明星们。但当合影完毕、重新归队后，罗京又会变成报道团队的普通一员，帮大家分担工作。

用时政新闻部霍燕的话说，"罗京在台里这些'腕儿们'中间，为人属于厚道、实在的。在很多场合，他不把自己看成'腕儿'，而看作男人"。

曾在央视时政新闻部工作过的徐绍兵回忆说，95年那会儿，台里的采录设备又大又笨又重，包装箱就约1.5米长，高也有80厘米左右，每次出国出差上下飞机，或从车上卸下搬进宾馆，都成了件棘手的事。可罗京从来都是主动抢着和大家一起抬，从不惜力气，一点腕儿的架子也没有，他工作也从不分内外，对同事热心帮助，还被大家戏称为"一个合格的搬运工"。

的确，罗京经常随时政部节目组一起陪同国家领导人出国，每次随中央领导人到国外出访抵达一地机场的时刻对电视报道组都是一次考验。出访的时候大家的行李都很多，专机落地时，一组九个人中有五六个必须马上投入工作，同行的男士多为摄影师，拍摄任务重要，要马上赶去拍片，他们的随身行李以及节目组成员从国内带来的所有设备和行李，都要靠暂时没有工作的人员一次性地往下搬，不能托运、需要拿下飞机的设备和随手行李常常有20多件，而剩下的编辑又大都是女士，这时的罗京，尽管下机后也要出图像，但他总是尽其所能、义不容辞地担当"搬运工"，主动承担搬运行李的工作。同事们经常看到他像少林寺和尚手提水桶那样，双手各拎一台膝上编辑机摇摇晃晃地走下飞机舷梯，一趟一趟地帮同事们搬运行李，这在播音员中是少有人能做到的。他对同事非常体贴关心，出国时编辑们常常忙得没时间吃饭，这时候罗京就会把自己带的吃的拿过去，放到他们伸手可及的地方。

国际新闻部的王娜回忆说，一天下午，由于当天的新闻很多，一些稿件的截稿时间比以往晚了一些。当她拿着一沓稿子去找当天值班的联播播音员配音时，才知道播音员已经上线播出下午的整点新闻去了。如果等值班播音员播完回来再配音，留给她配画面的时间就很紧张了，就在她着急的时候，罗京出现在她的视线里。她知道那天并不是罗京值班。当时她刚做《新闻联播》不久，跟罗京接触不多，之前一直觉得罗京总是很严肃，有点怕他，所以非常犹豫要不要请他帮忙。可是看着时间一分一秒地过去，如果片子不能按时完成就会耽误播出，于是她鼓起勇气，朝罗京走去："罗老师，能帮我配个音吗？今天截稿有点晚了⋯⋯"还没等她解释完，罗京就接过了她手里的稿子，径直朝配音间走去。配完音后，她连声道谢，罗京只是淡淡一笑。从那以后，她再也不觉得罗京高高在上了。为《新闻联播》国际新闻配音是王娜后来和罗京之间合作最为频繁的一项工作内容。她说正是通过这个简单的工作程序，她近距离地领教了罗京精湛的业务技能。罗京为编辑记者配音总是很利索，几乎从不出错。值得一提的是，相比国内新闻，为国际新闻配音对于播音员们来说难度似乎更大。因为国际新闻中不但有很多拗口的人物、地点译名，而且相当一部分国际新闻是编辑们从英文稿件编译而来的，字里行间难免会留有一些不利于朗读的翻译痕迹，比如定语过多、句子过长，等等，这些在罗京的口中统统都不是问题。他会在配音的过程中主动修正稿件，而且基本上同样是一遍就过，从不拖泥带水。"信手拈来""娓娓道出"，用这样的词语来形容罗京的配音毫不为过。与罗京一起工作很轻松，相信这不只是王娜一个人的感觉。

2006年，新闻采编部的一位记者做了一个关于北京大学孟二冬老师的长片子，请罗京抽空帮忙配音。为了保证质量，罗京执意下了《新闻联播》后专门找时间从从容容地配音，配完音已经是晚上接近9点了。当晚，片子传到中办审查，因为编辑记者的疏忽，片中有一句话的"地"成了"的"，为了送审片子的方便，罗京得知后，二话没说又赶回到台里重配音。一次、两次……很多让他配片子的编辑记者都会因为各种原因不断给他添这样那样的麻烦，但是无论是否和他们熟识，罗京总是不计报酬地全力配合，从来没有过一点儿怨言。

罗京的大学同窗、并肩作战的工作搭档李瑞英回忆说，她毕业后先在江苏电视台工作了三年，后来才到中央电视台。到了中央电视台以后,她把罗京和卢静都当作自己学习的榜样,因为他们三人是大学同班同学。其实她的很多事,包括怎么读稿子,以及后来的许多工作习惯,都是向罗京学习的。罗京这个人有一个特点,就是在业务上非常热心于指点别人、照顾别人。李瑞英到中央电视台工作20多年了,在别人眼里,她的业务已经很成熟了,但每一次她跟罗京一起播读重要的稿子,比如在2008年的汶川地震《爱的奉献》大型募捐特别节目,或者播报重大的新闻,罗京都要嘱咐她注意很多细节,包括"其实这句不要那么深沉啊,那句比较……"等等。

罗京特别会照顾同事搭档。比如,他如果发现搭档当天声音状态不是很好,没有休息好什么的,他就会把调起得低一点,因为每个人的状态不是每天都能保持得一样好。每次播报时,呼中央电视台台号时都是他带着搭档跟着他呼,搭档可以跟着他的节奏和语调,他觉得自己有责任、有义务去照顾同事,无论是跟李瑞英合作还是跟别人合作,他都是如此。平日里,播音组的同事们如果哪里出了问题去问他,罗京都会热心地指点,哪怕是细小的瑕疵,罗京也会细致地讲解。有的时候同事还没问到他,只要他听到了有错别字或者发音不对,他就会很认真地指出来。

在李瑞英看来,罗京是一个精益求精的人,他对专业有执着的追求。在中央电视台,一个播音员想要让自己的播音境界提升到一定程度其实并不是很难。中央电视台给大家提供了一个广阔的舞台,起点比起地方台的播音员更高,机会也更多,这是他们的幸运。幸运的人虽说很多,但像罗京那样能够用真实的体会、用文字去很清楚地表达出专业理念的人并不多。罗京是中国广播电视协会播音主持委员会的副理事长,在"金话筒"评奖体系标准的建立上也立下了汗马功劳,正是因为他的执着和努力,播音员播报类节目才被纳入"金话筒"的主持人评奖系列。

作为播音组负责排班的组长,罗京和李瑞英商量决定,无论播音组哪个人落了班,他们俩都有义务去替班。在这个问题上,需要男播的时候罗京总是冲在最前面,无论哪档新闻他都不会犹豫,只要他能去,他肯定去。尽管有的时候李瑞英和邢质斌也对罗京唠叨,不能什么事、谁的事都答应,什么样的出差都豪言壮语地答应去,她们经常提醒他有的时候可以答应,有的时候要勇于说不,但罗京就是说不出口。

工作中的罗京,永远都认真负责、一丝不苟、爱岗敬业、精益求精,是同事们的良师益友。他在业务上的成就全国观众有目共睹,业内同行也心悦诚服。很多人说罗京冷,其实他何其火热,尤其是对待工作。他对工作那种火热的态度、那种敬业的精神,引领着无数播音员,永远激励着后辈把工作做好;他在专业上刻苦钻研、勇攀高峰的精神永远是后辈们的榜样;他在工作时谦虚谨慎、互助合作的态度更永远是同事们的表率。他曾说过:"我所理解的'责任意识',是指要主动与节目的其他环节加强联系和沟通,变被动等待为主动介入。"他是这么说的,也是这么做的。配音时,为了减少录音与编辑记者的工作量,节约时间,他总是严格要求自己,几乎每次都一次通过,偶尔需要重新配的,他都会说声"对不起,麻烦重来一遍"。直播时,为了保证良好的出镜效果,他会提前到现场,与大家商量服装与现场背景的搭配、灯光的角度和强弱以及摄像机的机位调整,发现是自己的问题则立刻改正;出差时,他没有"国脸"的架子,总是帮着大家搬设备、拿机器、搭系统;在出镜采访之余,他几乎成了制作部的一员;当制作部的同事对他说"谢谢"时,他总是笑着回答说"离开你们,我就没法工作。若真要说谢的话,也应该由我说才对"。

优秀播音员

从初出茅庐到成为大家喜爱的著名新闻主播,当一系列荣誉和光环聚集到罗京身上之后,他并没有因此而改变什么,还是一如既往地平易近人和兢兢业业,还是那个亲切和气、善良真诚的邻家大哥哥,还是那个喜欢穿牛仔裤T恤衫、浑身上下没什么名牌的著名播音员,还是那个不端架子、关心体贴别人的好绅士。大家都喜欢与他共事、同他合作。

爱心使者

爱心使者

屏幕上,罗京以"冷面小生"著称,其实生活中,他是一个重情重义、幽默善良、爱好广泛、多才多艺、宽容低调、乐于公益的人。

用白岩松的话说,罗京并不冷,只是少有的冷静。大家从没见过有什么大好事抑或表扬能让罗京兴奋异常而不再像罗京的样子;也从来没有什么不好的事情或巨大的压力能让罗京愤怒或乱了方寸而不像罗京的样子。罗京似乎天生就该坐在《新闻联播》的位子上。每当一个人英年早逝,我们似乎总能在他的身后找到很多的理由,比如太压抑、太内向、太委屈自己,但是面对罗京,要想寻找这类原因,却变得异常艰难。他乐观、坚定、情绪平稳,抽烟但不多,喝酒却永远有分寸,爱运动,重家庭……几乎找不到原因,那就只能说是"老天爷不公"。然而这个理由根本靠不住。于是,你只能说他"始终压力太大",但这么多年,大家并没有看到他面对压力的不适。虽然时常看到他熬夜或吃饭没点儿,但他没在其中投入太多外在的欲望,他也就不患得患失,所以压力于他，总被轻描淡写，因此他才能做到20多年很少出错。其实，只有不怕出错的人才真的不出错。但是，有一个例外，1995年，儿子出生的那一天，他少见地出了错，然后重录了一遍，以至于同事都记得：那一天，是他生命中天大的事儿。

一、认真负责，情感细腻

常以为罗京是个工作狂，心里只有事业，肯定不谙家事、对家人鲜有关心。但是实际上他是一个特别有家庭责任感的男人。

2007年的春节，总书记照例到外地看望慰问基层群众，通常和他一起出差的节目组里配搭的播音员都是罗京，但这一次罗京竟然破天荒地请了事假。后来才得知他请假是因为妻子刘继红的母亲刚刚过世，罗京说："继红的双亲都不在了，这是她独自过的第一个春节。我还是在家陪陪她，免得她太伤感。"可见亲情在他心中的地位之重，这样有情有义的男人值得他的妻子珍爱一生。

的确，罗京的妻子刘继红就是一个非常珍爱他们彼此之间的感情，总是在罗京背后给予他全力支持和理解、对家庭无条件地默默付出的人。只要一有人提起他的妻子，罗京的脸上就会露出会心的笑容，他一直特别感激命运能让他有一位如此理解和支持他的贤惠妻子。

罗京是在大学毕业工作后1985年的一个夏天认识妻

子刘继红的,刘继红是他广院的学妹,不过当时并没有进一步交往。因为罗京和大学时的小课老师李钢教授感情很好,毕业后还经常到李钢老师家做客,1985年10月,李钢老师过生日时邀请了一些学生去家里玩,其中包括罗京、杜宪、黄维群等很多播音系的学生,当时在新闻系就读的刘继红也受邀一起前往李钢老师家参加了聚会,那是他们俩第一次见面。不过当时两个人对彼此都没有太深的印象。聚会当天,刘继红和杜宪相聊甚欢,罗京则主要和李钢老师围绕着新闻播音谈业务,谈自己在专业方面的思考,谈《新闻联播》节目如何能有明显的提高,谈怎样加强节目的可看性、可听性……生日聚会结束后,两个人一个专心读书,一个专心工作,初次见面后便没再有过联系。

一年多以后,1986年7月,刘继红大学毕业留校,在北京广播学院党委办公室任职,当时她和罗京都没有谈朋友,李钢教授夫妇便牵起了红线正式介绍双方认识。在感情方面一向被动的罗京在李钢老师的劝导下接受了百忙之中的一次"相亲"安排。那一天是1986年的7月11日,罗京上完早班,就在老广电部的大门口,见到了一位留着披肩直发的姑娘。就在那四目相遇的一瞬间,罗京脑海中马上得出的第一印象就是眼前的姑娘文静而大方。在这之前,罗京也曾设想过恋人的定位。他认为自己不是那种张扬的人,他喜欢的是实实在在的,恋人当然也不可能是那种过于"热情奔放"的人。而当时站在他眼前的刘继红,让他一下子找到了感觉,那就是文静而大方的气质。见面后罗京请刘继红到附近的二七剧场西餐厅共进午餐。刘继红比罗京小5岁,性格也比较内向,在一起的时候基本都是罗京在说话。在刘继红面前,罗京好像有说不完的话,他给她讲他小时候的事,讲奶奶的故事。刘继红就此一改对罗京严肃和不苟言笑的印象。她一直希望找一个比较成熟、实在、踏实的人,而罗京正是这样的人。那天下午,吃完饭罗京送刘继红回家,正好路过尚未完工的彩电中心,罗京拉着刘继红跑到里面,他说要带她去看看他未来工作的地方,从旋转楼梯上到二层,还真找到了他后来工作了20年的演播室。就这样,两人开始了正式交往。罗京后来还常常开玩笑说,那次相亲吃饭花去了他近一个月的工资。妈妈平常对罗京要求很严,忽然发现他那几个月花销增大了,询问之后才知道他在交女朋友,妈妈就给他加了零用钱。

当时罗京家住东三环团结湖,在西边台里上班,经常要晚上十一二点才能回家,刘继红家住公主坟,每天班车到学校上班,平日里两个人见面的时间很有限,不过每次见面罗京都有说不完的话,罗

京喜欢京剧，还会带刘继红去看京剧。每次见面，罗京都要把刘继红送到大1路车站，每次总是依依不舍，当时的北京城既没有那么多人，也没有那么多车，他们时常在长安街畔漫步。当时大北窑桥刚刚建好，他们还曾从桥的一头走到另一头。

交往了一段时间以后，一次约会时两人商量不出去哪玩，就决定先在王府井大1路车站见面，见了面以后罗京提出邀刘继红去家里。这让刘继红觉得很突然，但罗京说，舅舅从四川来了，第二天就要回去。就这样刘继红第一次见到了罗京的家人，只是那天爸爸出差，没有见到，但一家人其乐融融的氛围，让刘继红喜欢上了这个家庭。罗京的父母原本有些担心刘继红出身干部家庭会有娇小姐的脾气，见面后也一下喜欢上了眼前这个大方懂事的姑娘。

后来罗京了解到刘继红的父母也有点担心罗京是名人，怕他会摆名人的架子，会有些不好的习惯，让女儿吃苦，因此有些顾虑，于是罗京就请出李钢老师夫妇一起到刘家看望两位老人。言谈举止中，两位老人看到罗京既没有年轻人的轻浮，也没有名人的狂妄，说话行事很有分寸，很快就喜欢上了他。吃完饭罗京又争着帮忙收拾碗筷，刘继红的妈妈连忙阻止说："女婿头次上门，哪能让你做家务啊。"就这样罗京得到了刘继红父母的认可。后来的20多年里，岳父母越来越喜欢这个姑爷，每次去探望岳父母，罗京总是陪着他们谈天说地，遇到老人有什么事情不高兴，罗京也总是劝解他们，最终让他们开心起来。

罗京常对刘继红说,我们有矛盾不要在双方父母面前表现出来,他们会担心。在你父母面前,我多担待;在我父母面前,你多担待。他还常说,孝顺孝顺,孝就是顺,对老人不要较真,关键是让他们高兴。20多年来对长辈、家人,他也一直是这样做的。

1985年到1988年,是罗京事业大发展的三年,带给刘继红的是罗京极不规律的作息时间以及频繁出差的电话。经常是本来约好晚上见面,罗京却会因为突然接到通知改上晚班。再次约好见面,罗京又要出差,留给刘继红更多的是等待。她等到了罗京的来信,而信上罗京只是匆匆地向她报平安、报告行程或谈些见闻体会。刘继红能理解,这就是罗京的工作带给他的表达感情的特有方式,这种方式或许会让很多人感到不适,但是刘继红能够理解罗京,在她眼里,这种特有的方式真切而实在。

1988年6月6日,罗京与刘继红到街道办事处登记结婚并于6月26日在亲朋好友的见证下于北京西苑宾馆举办了婚礼。

作为罗京的妻子,刘继红是出了名的贤惠。她知道罗京工作压力很大,刚一结婚,她就挑起了家里大大小小的各种家务。他们当时家住东三环团结湖,因为罗京在西边台里上班,经常要晚上十一二点才能回家。1989年年底,刘继红从北京广播学院转去国贸工作。每天晚上,不论罗京多晚回到家,家里都会亮着一盏温暖的灯,累了一天的刘继红总是坐在沙发上边看电视边等罗京回来。两人的二人世界长达七年,有限的经济基础和紧张的工作让他们顾不上要孩子。其间,罗京经常加班、出访,不过每次出差回来他都会很细心地给刘继红带礼物,或为她选上几件合身的衣服。他知道妻子为他默默付出了很多。90年代初,刘继红曾到美国学习进修,罗京还专门录制了一盘自己唱的流行歌曲卡带送给在美国学习的刘继红,他也会时常写信问候并汇报工作,中间还专门抽空去探望了妻子。

结婚后,罗京给岳父岳母的印象一直很实在、很懂事。平日工作虽然繁忙,但家里的大事他却一直都非常积极主动,家里老人生病时他会义不容辞地冲在最前面忙前忙后。

工作后的生活一直不大规律,罗京总是不能确定几点吃饭、几点睡觉,因为工作压力过大,罗京不知从什么时候起学会了抽烟。虽然罗京平日里很喜欢体育运动,常常与朋友打篮球、羽毛球和网球,还加入了电视台的明星足球队,也在工作之余去参加比赛,但是长期的生活不规律还是让他吃不消。罗京抽烟的量大概为一天一包,有同学曾劝他少抽为好,他总是说随便抽抽,累了也好缓解一下。不过二十几年,罗京只抽一种牌子的烟,不贵但也不太好找,没有的时候他宁肯不抽,不管别人递给他的烟有多贵。因为抽烟的事情,刘继红也和罗京生过气,她担心罗京的事业,更担心罗京的健康,在妻子面前罗京总是从善如流，他知道妻子是为了他好。罗京的一位朋友陈百川在《环球人物》撰文回忆：罗京会吸烟，但不多吸，而且只吸日本产的健牌香烟。有一次，我去日本给他捎回来一些，他当场就分给了几个朋友，让大家帮他"保管"，他说，"我可不能全都拿回家，这么多，你嫂子会生气的"。

很快，罗京就有了"怕老婆"的名声，不过罗京自己说："怕老婆没什么不好，反而是一种疼爱老婆的表现。"他常常将妻子的贤惠能干、体贴入微挂在嘴边。

1995年，刘继红29岁，罗京34岁，他们生下了一个可爱的儿子。罗京给爱子取名"疏桐"。这缘于他特别喜欢的一首唐诗《蝉》："垂緌饮清露，流响出疏桐。居高声自远，非是藉秋风。"罗京希望自己的儿子能像梧桐树的枝干一样挺拔高远，长大以后成为品格高洁的人。生活中，他和妻子也是这样要求自己的。

刘继红回忆说罗京唯一的一次喝酒就是在儿子出生的那一天，他特别开心，除了自己的心愿，更主要的是他满足了奶奶的心愿——家里终于可以四世同堂了。罗京很重感情，因为从小跟奶奶长大，只要

儿子百日合影

没有特殊情况，每周他都要抽时间去奶奶家看望奶奶，陪她一起说说话、吃吃饭。

做了父亲的罗京似乎更加成熟了，因为家里多了要照顾的孩子。他会在下班回家后主动帮妻子做家务，逗儿子笑，这让刘继红心中感到无限的安慰。但是看到罗京每天工作那么繁忙，回家后还要帮忙打理家务，刘继红又很心疼他，于是毅然辞去了自己的工作，全职在家照顾孩子、料理家务。

平日里罗京并不是一个特别浪漫的人，比如一次情人节，他和刘继红及几个朋友一起出去唱歌，出来刚好门口有卖花的问他要不要买，他就赶快走到刘继红身边问她要不要买一枝，搞得刘继红哭笑不得。

随着工作压力的日益增大，可能是因为在单位说了太多的话，下班回家以后罗京的话反而比较少，他很少主动和家里人说什么好听的话，回

家后的时间几乎都在看电视,无论什么类型的电视节目,他几乎都看,主要喜欢关注新闻、政论类节目,唯独不看电视剧,到了没有什么节目可选的时候,他偶尔还会看看动画片。刘继红回忆说有时候他还会和她一起探讨一下主持人的业务表现,不过他回到家基本就是一直在看电视,是"职业病"的表现,每天都要看到凌晨没有节目了才肯关机。

在家里,罗京几乎从没和妻子红过脸,之前有过吵架也是因为刘继红担心他的身体总是熬夜受不住,可是罗京说自己睡三个小时就够了。看到妻子焦灼的样子,他又答应妻子一定努力改掉坏习惯。就这样,他们的生活显得很平淡。不过罗京是一个心里很有数的人,他把事情都放在心里。虽然平时很少浪漫,但他每次出国都会向家人报平安,还会给妻子买衣服、带纪念品回来。每当大的直播活动结束以后,罗京的第一个电话总要打到家里。罗京说:"当工作圆满完成、卸下紧张情绪的时候,往往你最先想起来的就是家人,家人能让你全身心放松和得到安慰。"

刘继红回想起过往,还是在20世纪90年代的时候,罗京当时随中央领导人到俄罗斯出访,同行的还有新闻中心主任赵立凡,刚好是他们家的邻居。一般出差到了当地罗京都会给家里打电话报平安,那一次却迟迟没有消息,先是听说赶上俄罗斯大罢工,后来又听说赶上飞机失事,家里人急得不行,当时通讯不大方便,大家也都还没有手机,只能到处打听消息。后来得知罗京一行人恰好错过了那班出事的航班,刘继红心里的一块石头才落了地。罗京正是因为知道妻子在家会一直很担心,所以只要条件允许他都会第一时间报平安。不过有的时候他也恰恰会因为害怕家人过于担心而报喜不报忧,例如汶川地震那次,他和领导人前往汶川地震一线去报道,车刚一开出来,后面的路就滑坡了,再晚一点儿就出不来了。他当时并没有和家人说这件事,一直等到回家以后才告诉妻子。

在妻子刘继红的印象里,对于工作,罗京从来没有抱怨过。单位不论什么时候让他去加班他都会毫不犹豫地去,只要是单位的事情,他都认为是自己应该做的。单位的电话一来,他即刻穿上衣服,立马出门。有些年的大年三十,罗京也要值班。从私人角度讲,刘继红自然希望爱人可以陪伴在自己的身边,但是她很理解罗京,所以一直在背后默默地支持他。

作为父亲,虽然工作总是很忙,他还是会抽时间陪伴孩子,孩子小的时候他会抽空给孩子讲故事。不过因为他一般下班比较晚,到家的时候孩子都已经睡了,所以给孩子讲故

儿子一周岁

事讲得比较少。休息的时候罗京一定会专门抽空带孩子去玩儿。罗京很宠爱儿子桐桐,同时也把他教育得很懂礼貌。

罗京很少带桐桐去办公室,大概是怕影响大家工作吧。有一次桐桐去办公室的时候正赶上晚饭,小家伙先礼貌地和大家打了招呼,然后就开始惦记桌上的盒饭。不过在开动之前,他先详细地询问了哪一盒是爸爸的,确定之后才开始"战斗"。等到罗京配音回来,桐桐已经开始抹嘴巴了。罗京的第一句话就是:"这盒饭都是按份儿定的,你吃了叔叔阿姨们就不够吃了。"桐桐得意地说:"放心吧,我吃的是您那份儿"。听到这话,罗京的眼神顿时柔和了许多,爱怜地拍了拍儿子的脑袋,笑着说:"不能再吃第二盒了啊!"那一刻,罗京眼睛里流露出足以融化坚冰的慈爱目光。

桐桐特别爱吃台里做的盒饭,只是因为体重的关系,不得不受到控制。一天傍晚,罗京从里屋出来,对同事们说:"一会儿我儿子来,你们都别给他吃盒饭啊,油太大,太胖了,得控制他点。"不一会儿,桐桐蹦蹦跳跳地进来了,果然直奔那摞盒饭,他礼貌地问道:"请问,哪盒是我爸爸的呀?"罗京假装一本正经地说:"爸爸今天没盒饭,这都是叔叔阿姨他们的。"同事们赶紧附和。小家伙可怜巴巴地咽了咽口水,坐到一边看电视去了。罗京在一旁看着儿子,眼神里充满了怜爱和无奈。

有一次在少儿频道的六一节目中,主持人一一询问现场小朋友长大以后想做什么,答案无非是科学家、解放军、宇航员之类的远大理想。轮到桐桐时,小家伙慢悠悠地站起来,平静地说:"我就想做一个普通人。"我想这可能是我听过的最另类却最朴实的理想。第二天同事们和罗京谈

起此事,罗京笑着说:"是啊,不知道这小子怎么想出了这个答案。"语气中分明带着赞许和欣慰。的确,"做一个普通人"是一个多么平凡却又非凡的理想,当人类文明进入最高境界的时候,人性中的本源回归就是最宝贵的信仰,它鞭策我们观察、思考,摒弃浮躁和喧嚣,追求生命中的平静与和谐。这对平凡的父与子让我们看到了人生的智慧与哲理。

新闻中心的播音员刘羽回忆说,一个冬日的下午,窗外飘着雪花,罗京快步走进办公室,兴奋地说:"刚陪我儿子打完雪仗,小家伙高兴得呀……"看得出来,罗京也很开心,开心得像个孩子,顾不上头发和衣服早已被雪水打湿。罗京性格内向,从不轻易表达自己的情感,但从他的一个表情、一个眼神里,大家就能体会他们父子间的深情。

还有一次,罗京在办公室接电话,刘羽听到他对着电话那头说:"你怎么惹她生气了?那就是你的不对了,错了就得道歉啊,你说呢?"放下电话,他说:"我儿子,和他妈妈吵架了。"刘羽有点好奇:"吵架找您调解啊?""是啊,俩人都给我打电话,哈哈……"这是一个普通家庭再寻常不过的小插曲,同时,也是一位父亲、一位丈夫因被妻儿如此依赖所能体会到的最大的幸福吧!

后来,电视台计划要东迁,很多人琢磨着要不要把家从北京西搬到北京东,罗京家专门为此召开了一个家庭会议。来回十几公里，考虑到孩子上学的实际情况，家庭会议最后做出决定：全家不搬，将来只罗京一个人从西边到东边去上班。罗京就是这样一个乐于为家庭承担的人。只可惜，离去，让他再也没有机会去享受那未来甜蜜的独自奔波。

在一次采访中，他以真挚的笔触表达了自己对"家庭"的理解，题为"家庭也意味着责任"（原文详见附录4）。

罗京就是这样一个平凡的人，扮演着生活中的丈夫、父亲和儿子，工作中的前辈、组长和同事，他和每一个中年男人一样，承载着压力和烦恼，也感受着幸福和快乐，生活的真谛大抵如此——平凡却不平庸。

二、低调热心，笑对人生

最难莫过平常心。罗京就是一根标杆，在众人难以企及的高度。这里的标杆不是指业务，而是指为人。

生活中是怎样的一个人？怎样认识自己？如何对待他人？如何看待职业？如何面对问题……这些决定了一个人在职业状态下的表现水准。所以，你会看到一个在日常状态下内心宁静、低调平和的罗京；会看到一个为了工作任劳任怨，经常加班顶班的罗京；会看到一个出差毫无架子，时常主动帮人搬运行李的罗京；会看到一个热心善良、关注公益的罗京；会看到一个热爱生活、多才多艺的罗京……会看到新闻频道里稳健持重、庄重严肃的罗京，会看到儿童频道里和蔼可亲、憨态可掬的罗京；会看到综艺频道里亲切自然、轻松活泼的罗京；会看到体育频道里关注足球、热心公益的罗京；会看到一个"始终在用一颗善良和公正的心、真挚和美好的感情、全部热血和生命播音的罗京"！

镜头前的他总是竭尽全力地、积极地在节目中呈现节目的主旨，镜头后的他则是出了名的低调。鞠萍回忆自己在整理材料的时候找到了几张照片，其中有一张是罗京在唱歌，从照片里就可以看出他是一个多么谦虚的人，唱歌的时候，他会躲在第二排，在冯巩及一群播音员的身后，只露出半张脸。在整理罗京的资料时，我也看到过很多他和同事朋友的合影，合影的时候他一向如此，总是喜欢站在不起眼的地方。其实按照罗京在《新闻联播》的名气，怎么也得站在中间才合适，可是只要可以选，他永远选择站在最边上。这也是他为人低调的自然流露。

爱心使者

人们常说，名人与绯闻仿佛就是一对孪生兄弟，以致公众对名人的绯闻习以为常，甚至认为"名人不可能没有绯闻"。可当人们用历史的目光审视罗京时，就会惊诧地发现无论如何也找不出他的花边新闻来。他心清欲淡，不慕名利；他名高身正，不蔓不枝；他钟爱播音事业，不走穴，不跨行，一身干净，两袖清风。一张国脸，无论是在公共场合还是在私下聚会，他总是悄悄地远离主席台，远离聚光灯。罗京很少求人却认真对待朋友的相求。和人相处时，他从不让自己的光环给别人带去压力。他热爱生活而超然物外。洞达世情，一尘不染，是罗京对自身内在素养的不懈追求。他常说："我只是做了一个露脸的工作，大家脸熟罢了，称不上名人。"

谈到罗京的低调，中央电视台副台长孙玉胜讲述了罗京由组长变成副组长的一段往事：

> 1998年2月，我接任新闻中心主任，开始全面主持工作，那之后不久我就与罗京有过一次深入谈话，他向我提出了一个让人意外的要求，更换播音组组长，也就是更换他自己。现在我们看到的介绍文字上都说罗京是播音组副组长，其实早在1998年之前他就已经是播音组组长了。当时他向我提出，组长要张罗整个播音组十几个人的事情，谁参加什么活动，谁什么时候休息，房子、职称、工资，大事小情都得操心。罗京觉得自己

不擅长管理,他向我建议应该由更有能力的人当组长。他找我谈了两次,我没同意。他还写了一份书面汇报,那份东西我也放在办公桌里,没有考虑。后来他又找机会跟我提出同样的要求,言辞真诚恳切而又相当坦率。这样我感到必须认真考虑他的想法了,仔细权衡之后,我尊重罗京本人意愿,同意他辞去播音组组长一职,同时我又征求他的意见,问他认为谁适合当播音组组长,他推荐李瑞英。当时李瑞英是播音组的副组长。她是个热心肠,平时总是张张罗罗,确实比较善于管理。我采纳了罗京的建议,跟相关领导商量之后,任命李瑞英担任播音组组长。就这样,李瑞英转为组长,罗京如愿以偿地当上了组员。后来李瑞英又向我提出,希望罗京做播音组副组长。我问李瑞英,罗京本人同意吗,李瑞英说她已征得罗京的同意。我于是任命罗京为副组长。这件事给我留下了难以磨灭的印象。首先打动我的是罗京的真诚,他对自己的评估就像他的播音风格一样,客观、冷静、恰如其分,能这样真诚面对自己并且如实表达的人着实不多。再者,对组里的事情,罗京也绝非冷漠旁观,他辞去了组长职务,但仍然愿意担任副组长,并且一直做了这么多年,这就是胸怀和大气。①

---

① 中央电视台.我们的罗京[J].电视生活,特刊:5.

的确，罗京就是这样一个真挚坦诚、淡泊名利、虚怀若谷、恃才不傲的人。他凡事低调、擅于忍耐，即便在生活中遇到不认识的人也不忘照顾他人的情绪。为了避免别人的不安，他宁可委屈自己。有一次在公共汽车上，由于过于拥挤，他被人狠狠地踩到了脚，他就一直强忍着没出声直到对方下车。

罗京曾对妻子说："在外面，如果吵架是正常的事，但是我在外面跟人吵架没准第二天小报就发酵了。"其实他是在意自己和电视台的公众形象。

为了上班方便，罗京长期住在电视台后面的宿舍楼，小区的路很窄，只能容一辆车行驶，前面的车如果挡住路，后面的车只能排队等候，因此经常能听到楼下传来急促的车喇叭声。有一次，一辆轿车停在道路上，司机提了东西上楼去，这时罗京恰好开车进来，被那辆车挡住了路。他既没有按喇叭，也没有下车找人，就那么一直安静地坐在车里，直到20多分钟后那位司机下楼来把车开走。

《生命美丽》是中央电视台机关党委创作的一支MTV，试图用音乐的语言，通过中央电视台主持人的演唱告诉电视观众电视工作者的所思、所想、所为。罗京拿到歌词后，主动挑了这样一句：一种感觉拉近心与心的距离。他说他喜欢这句词，电视人与电视观众心与心的距离就是靠一种感觉拉近的。在录音棚录完音，大家一起照了个相，罗京还是那样自然而然地站到了边上，平平静静。

歌中，罗京这样唱道：

> 有一种感觉
> 拉近心与心的距离
> 有一种向往
> 我们会走到一起
> 因为爱着这个世界
> 一方属于我们的天地
> 有许多梦想
> 连接飘动的希冀
> 有无数理由
> 让我真诚地理解你
> 因为洒下了深情
> 才能收获醉人的甜蜜
> 一个微笑
> 一次会意
> 一声问候
> 一生相聚
> 我们一起向远方
> 承诺着生命的美丽

正如歌中所唱到的那样，罗京非常重视观众的感觉。有一次他和大学同学在梅地亚聚会，听说有一个观众专门跑来电视台看他，他便一口答应前去见面，有同学劝他没必要立即赶过去和一位素未谋面的普通观众见面,免得以后更多的观众有同样的要求应付不来,但他却十分顾及观众不远千里前来看他的心情,匆匆赶去见了面。

采访中,笔者和刘继红提起这件事时,刘继红回忆说:"早年,罗京曾去南海参加过一个活动,回来后一个南海的战士到北京出差,在传达室打电话说是带了照片要给罗京,当时罗京正在值班,也没想起是谁就让对方把照片放在了传达室,下班拿到照片后才知道是南海的战士送来的,为此他内疚了好久。他责怪自己接电话时没想起来是谁,说应该接他进台里转转,战士们在南海特别艰苦,好不容易到了北京,我怎么没带人家进台里看看呢。"就是这样一件小事,罗京内疚了好长时间。

除了观众,罗京对朋友的事也非常关心。生活中的罗京喜欢穿牛仔裤、夹克衫,有说有笑,极为随和。他有一个中国人标准的三口之家,他每天往返于中央电视台和电视台后面的宿舍楼,忙忙碌碌,有时还要出差、出国,很少有空闲。不过只要是朋友托付给他的事,他一定会尽全力帮忙。

在朋友面前,罗京是出了名的热心肠和没架子。外地同学只要来北京都会给他打电话,接到电话他一定会抽身出去和老同学见面。说起对朋友的热情,刘继红苦笑着说:"他就是这样一个人,只要有电话打过来找他,他问都不问就答应跟人家见面。"原来有一次,罗京接到电话答应出去见面，刘继红问起是谁罗京竟然傻笑着说自己也不知道，但是他说，既然能有自己的电话还打过来约他见面，那人就一定是之前见过面认识的朋友，而且人家专门打电话过来约他出去一定是找他有事情，所以他得去。

卢静回忆说，1990年她准备出国深造，临行的前一天晚上接到老同学罗京和贾际打来的慰问辞行电话，卢静一边听着当时的校园组歌，一边泪如雨下，泣不成声，罗京就在电话那边一直安慰她。对于相处了10年的老同学、老搭档，罗京还会在百忙之中抽空写信到瑞士表示慰问。卢静有一次回国探亲，接到罗京的电话，邀请她去参加中央电视台的《现在开始播音》文艺晚会的录制，在一起去台里的路上，汽车遇到紧急状况突然急刹车，罗京的第一反应就是马上去护住卢静的头部，在这样的紧急状况下正常人都会首先选择自我保护，而罗京却是不顾自身安危去保护别人，他就是这样一个总是把别人放在首位、心里永远装着他人的人。

网上曾炒作罗京月薪28万元，当我打电话向刘继红求证时，她笑着说罗京一年也拿不到那么多工资，一个月才几千块。

在普通话语音中，"得"与"德"两个字的读音是完全相同的，然而从含义上看，两个字对人的作用却是大相径庭的。人在社会中所能得到的物质是有价有形的，而道德品质则是无形无价的。罗京在"得"与"德"之间，首先选择了后者。

罗京的敬业不仅仅体现为他在业务上的努力，还体现为他格外遵守纪律和全力维护公众形象。和很多著名主持人一样，罗京经常会接到外单位的各种邀请，不过他从来都不会擅自答应外单位的高酬邀请私自前往，只有对方通过官方渠道给台里宣传部发文并得到单位的允许和通知后，罗京才会去。至于家人和朋友找他主持小型活动，他则会义不容辞地答应前往帮忙，从不收取费用。

罗京在世时，很多杂志社想要采访他，都被他婉言谢绝了，偶尔迫于朋友的面子或遇到单位有需要，他才会接受采访。也有人请他写书，他谦称自己资历尚浅等退休以后再把自己的经历整理出来。其实，作为在本职岗位上业务精湛的著名播音员，他完全可以通过很多方式炒作自己，进而得到报酬，但是他拒绝这样做。罗京有自己的做事原则和道德底线，他明白要有所得，就必须先有德。

无形的收益往往在更多的时候大于有形的物质,因为只有具备道德良知的人才能够得到他人真正的尊重。因此,他专心致志,心无旁骛,一心想着首先把本职工作做好,尽量减少其他事情对本职工作的干扰。

罗京很少在荧屏上笑,哪怕是微笑,更少冲动。罗京这样解释:"首先,我的职业决定了从我嘴里出去的基本上没有什么可笑的事情;其次,新闻要求有一个常态,要有相对的客观,所以我必须保持冷静的态度。其实有很多让我激动的新闻播出,毕竟我们是做新闻节目的,新闻就是见证历史的。这么多年,我们国家发生了很多重大的事情,我都见证过,甚至很多都是参与者,亲身经历这些重大的历史事件,都给了我们很大的震撼。但是我在电视屏幕上不是代表我个人,代表的是党和国家,面对的是我们的观众。因此,我的责任是用语言感染别人,自己要保持一份清醒,要完成自己的工作。所以我们对任何事情的处理一定不能够失控,一定要在清醒的状态下进行。"

保持对自己清醒的认识,保持对职业清醒的认识,使罗京保持着对生活的真情和满足。这种保持也使罗京尽量让自己简单——着

装简单,经历简单,生活简单,交际简单,用罗京的话说:"平平淡淡是最好的。"

罗京喜欢蓝色,他那件蓝色的T恤给很多人留下了深刻的印象。贺红梅和康辉都清晰地记得上学时罗京曾穿着那件T恤到学校给他们讲过课,而那件蓝T恤罗京不知穿了多少年。刘继红说,罗京的遗照选择了蓝色上衣的生活照而非正装照就是遂了罗京的心愿。蓝色所代表的亲切、真诚、平和、质朴,正是他的为人风格。

这就是生活中的罗京,一个善良、宽容的人。他的修养不仅仅体现在屏幕上的专业里,还体现在日常生活的点点滴滴中。他热爱生活,不仅低调热心、谦恭礼让,而且果敢坚强、乐观豁达,我想正是由于这些特质,罗京在屏幕的形象上才会如此完美。作为身居如此醒目岗位的名人,能够始终如一地保持清醒、低调、乐观、坚强,从来不张扬,委实难得。他是一个值得尊敬的人!

罗京给很多人的印象都是严肃深沉、不苟言笑的,其实这是一个美丽的误会。他不仅会笑,还是一个愿意用笑容温暖你的人,一个笑对人生的人。

李瑞英是罗京的大学同班同学,也是罗京荧屏前的老搭档。她说:"罗京这些令人称奇的成绩背后体现的是他时刻待命的职业状态,是26年来近万个日夜从不懈怠的职业精神。"

2008年年初,罗京参加单位的例行体检时就查出血项偏低,妻子刘继红建议他进一步检查,他因为工作繁忙不肯去。2008年7月，在香港出差的罗京忽然感觉自己的胃非常难受，开始以为是出发前吃坏了东西，于是打电话问妻子有没有感觉不舒服，结果发现是自己的身体出了问题。出差

回京后，妻子帮他预约了医生做一个胃镜检查，罗京却因为工作繁忙且感觉没有一直疼得那么厉害就不愿意去医院，在妻子的一再劝导下才最终答应前往医院检查。当时做完胃镜检查并没有发现问题，但是由于疼得厉害，在医生的建议下拍了片子，发现脾大，在北京301医院做了活检，穿刺结果出来后，2008年8月1日在301医院确诊为"弥漫大B细胞淋巴瘤"三期B。那段时期罗京经常疼得晚上睡不着觉。由于患病的部位不能手术，只能接受化疗，于是罗京开始到北京西肿瘤医院①接受化疗。

中央电视台副台长罗明回忆说，在2008年北京奥运会召开前，他们在大会堂连夜编辑一条重要的时政新闻，那天刚好是罗京担负播音任务。子夜时分，利用编辑过程中的一点间隙，罗京平静地告诉了他病情的诊断结果。直到那时，他才发觉那天晚上的罗京和以往不同。因为身体

---

① 北京西肿瘤医院即北京大学肿瘤医院。——作者注

的疼痛，罗京显得有些坐立不安，并不时地要用木质的椅背使劲挤压背部来缓解体内那种难以名状的痛苦。然而，在罗京配音的新闻里，观众却丝毫感觉不到他的播音状态与以往有什么不同。罗京一再请罗明替他保密，并表示希望能够盯完奥运会的报道再请假去医院治疗。

罗京是个非常乐观的人，生活中的他也是一个很幽默的人。

罗京是四川人，爱吃火锅，能吃很辣的火锅，据说还能喝火锅里的红油汤。有一次，同事向他求证此事："罗老师，听说您能喝火锅的红油汤啊？"罗京吸了一口烟，慢条斯理地说："有肉当然吃肉了，人家吃肉，我喝汤，我傻啊？"这句玩笑话，让同事们都大笑起来。

罗京很善于以幽默的方式自嘲。他说自己天生一张少年老成的脸，20多岁的时候就像30多岁，40多岁的时候还像30多岁。形容自己显老，他曾跟同事举例子说，一天一个年轻漂亮的女孩儿见到他，兴奋不已地对他说："您就是罗老师？见到您太高兴啦！"罗京正高兴的时候，就听那女孩儿接着说："我妈妈是您的粉丝，她可喜欢您了！"

罗京作为播音组里年轻人的兄长，十分爱护关心年轻人，经常给他们传授一些他在时政报道工作当中积累的宝贵经验，还会利用自己的休息时间给大家"上小课"，罗京讲起课来可以让大家在谈笑风生之间学到很多看家本领。有一次在单位，几个正在开玩笑的年轻组员见到罗京走过来马上收了声，没想到罗京说："我就知道你们不喜欢我,上班走楼道里就听见你们笑得嘎嘎的,我一进来就都没声儿了。"神情像个委屈的孩子。当然,大家知道罗京是在和他们开玩笑,他一定知道大家是出于对他的尊重。每次罗京给他们指点业务,他们都崇拜得不得了。即使是来实习的孩子都会毫无顾虑地让罗京给他们听配音,他又怎会不知道大家对他发自内心的敬仰和喜爱呢。

新闻播音组的紫凝回忆说,一年冬天,组里发脐橙,每人一箱。一周过去了,还有一箱没人认领。于是几个馋嘴的女生断定一定是谁不想拿回去了,就吵着把箱子打开在办公室里让大家分着吃掉。几分钟后,桌上已摆了几十片切开的橙子。大家边吃边夸橙子甜,一时间办公室里好不热闹。忽然,紫凝想起罗京还在里间的办公室看书,就端了几片过去,特开心地招呼:"罗老师,吃橙子了,特别甜!"罗京和蔼地说:"好啊,谢谢啊!谁拿来的?"紫凝一边把碗放在桌上,一边答道:"不知道,上周分的,没人领,看来是不想要了。我们商量了一下,赶快在放坏之前吃掉,免得浪费……就算我请您的吧!""呵呵,对呀,赶紧吃,放坏了就可惜。我也尝尝吧!"罗京笑着接过橙子。集体的力量不可忽视,办公室里一动员,半箱橙子很快就只剩下了皮。这中间,还有几个拿稿子来配音的编辑也"帮了忙"。等大家吃完了,也把桌子收拾干净了,罗京才带着他特有的步态从屋里踱出来,带着一丝谜底揭晓前唯一知道答案的那个人才有的笑意说道:"这橙子味道还真不错,呵呵,我刚想起来,是我的那份没领啊!"紫凝等几个人顿时涨红了脸,旁边的同事也觉得特不好意思,还没等她们开口,罗京马上说:"你们替我吃了太好了,我发现,也不一定是这橙子就真有多好,关键是在办公室里大伙儿一起吃什么都香!谢谢大家请我吃橙子啊!"就这样,罗京化解了几个馋嘴丫头的尴尬,大家在一片笑声中又忙各自的工作去了。

有一次,台里组织照证件照,罗京面对镜头的表情比较严肃,摄影师让罗京放松一些,罗京笑着说:"那你们得跟我聊天呀,一聊天我就放松了。"大家一下子都被他逗笑了。

因为在《欢乐中国行》中唱了《千里之外》,罗京忽然受到了公众的额外关注。和同事们一起出去唱歌的时候,大家也要求罗京唱这首歌。罗京唱完,大家纷纷称赞,于是他开心地说:"等什么时候人气下滑了,我再学首新歌炒作一下。"

罗京天性乐观开朗,永远把工作和别人的事放在首位,即便已经确诊需要接受化疗,他还是选择了暂时向同事隐瞒病情,忍痛带病工作。作为火炬传递手,他坚持跑完奥运火炬第140棒的接力,并参与到一系列的奥运会报道工作中,他为奥运会开幕式所做的刚劲昂扬的配音深深地驻扎在亿万观众的心田中。直到2008年8月31日,已经接受了一期化疗的他还坚持带病主持了当天的《新闻联播》,用他温暖的声音为奥运会进行播报,让所有人通过他的声音了解奥运会的最新进展。那天,搭档李修平问他怎么瘦了,他只是淡淡地回答说:"最近胃不大舒服。"

直到坚持完成所有的奥运会节目播报,罗京才向单位递交了自己工作以来的第一张请假条,开始前往北京西肿瘤医院接受化疗。治病期间,也始终保持着最好的心态。

郭志坚回忆说,2008年9月,他在工作上遇到了一些麻烦,晚上9点多的时候,他还是忍不住给罗京拨通了电话。他当时并不知道罗京已经查出癌症了。因为一直把罗京当作老大哥,遇到工作上的难题他总会去找罗京。那天晚上,罗京忍住自己的病痛,在电话里苦口婆心地和他谈了一个多小时,解开了他的许多心结,帮助他释放了压力,让他睡了一个好觉。如果早知道罗京生病,他一定不忍心去打扰罗京。

"他就是这样,喜欢帮助别人,可是自己无论遇到什么事,总是表现得很坚强,没事儿似的。"卢静说,这也是罗京后来生病住院后,同学们很少去医院看他的原因,大家了解他,哪怕身体再虚弱,他也会硬撑着陪大家说话,"我们看着都很不忍。"罗京不爱麻烦人,是同学们对他一致的评价。

事实上,在罗京离开《新闻联播》岗位不久后,喜欢他的观众就发现了端倪。当记者通过电话采访罗京时,他爽快地承认自己的确患病,并已向央视请假3个月进行治疗,语气非常轻松。他还表示希望通过媒体向关心他的观众表示感谢,并透露自己最快休息两个月,就会重返《新闻联播》。

2008年秋末冬初的一个中午,北京寒风料峭,在罗京做完第一期化疗后,他赴约来参加和播音组全体同事的聚餐,自从罗京生病后,播音组里的每一个人都深感心情沉重和失落。这不仅因为罗京是播音界的领头人之一,还因为有罗京在,组里就会有一种安全感和稳定感。罗京既是一个严肃认真、诚恳沉稳、低调内敛的人,又是一个古道热肠、宽厚负责、风趣幽默的人,他几乎对组里的每一个人都给予过援手,这让组里的人都对他尊敬爱戴有加。那一天,大家约好一起与这位生病的同事、领导,更是平日里带给大家温馨启迪的师长聚聚。那一天,同事们都提前到达了饭店,组织聚会的李瑞英去接的罗京,饭店里一共坐了满满三桌,每一个人都神色凝重。当门被打开,罗京和李瑞英一同走进来的一刹那,所有人的目光都聚焦在罗京身上。那一刻极其安静,仿佛掉根针都响若惊雷。大家都屏息静气,好像在等待什么,更像是担心什么。静默,短暂却让人感到漫长,因为谁都不知道该怎样询问和安慰……

罗京头戴一顶大家之前很少见的帽檐很长的运动帽,依然目光炯炯、气质超凡,人变瘦了但却越发显得精神。他先是用一种平静而又充满深情的眼神环顾同事们,之后,笑着摘下帽子,带着一丝孩童似的顽皮说道:"首先,谢谢大家啊!人都说不禁念叨,我之前多少年都嫌头发少,总说,什么时候有空儿不上节目,就把头剃光了,好好养养,咳,还真让我念叨成了……大家也别担心,医生说,情况还是不错的,这回可有时间休息了,回头还可以做个植发,医生都说了,脑后头发还可以植到前面,以后我这亮脑门就不用老为难人家灯光师傅了。大家放心吧,我很快回去工作……"掌声霎时响起。此时,除了崇敬、信赖、祝福的掌声外,没有任何一种言语能表达在座的人们的心情。因为化疗的折磨,那时罗京的眉毛、头发已经全都掉了,但是他却依旧在用幽默镇定的言语和态度安慰组里的每一个人。在座的每一个人都被他逗笑了,那是看到他后发自内心的充满祝福的笑。看着他乐观的神情、信心满满的笑脸,大家都认为他一定会很快康复、重回队伍。

午餐在温馨融洽的气氛中进行,郎永淳和颜倩主持完《新闻30分》就从台里匆匆赶了过去,罗京看到他们进门赶紧笑着招呼服务员,请服务员"给他们再添俩菜"。他笑着对郎永淳说:"这段时间,你又跑太湖,又去奥运,又报'神七',我都看见了。干得不错,继续努力。"看到颜倩盯着他的表情,他露出光亮亮的脑袋,说:"谢谢你们专程赶过来看我,我现在情况还不错,等再过一阵子我就去栽头发,这样消失几个月也挺好,等我再回去头发也长好了,大家也不会觉得突然。"罗京总是这样时时为他人着想,处处关心别人。因为罗京的豁达和乐观,那顿饭大家都吃得很开心。罗京的病情看上去控制得很好,让大家伙儿松了一口气。因为排班的缘故,即使同在一个办公室,播音组的同事们也不能经常见到彼此,这次为了罗京,大家几乎都聚齐了。

2009年1月30日,正月初五的晚上,按照每年的惯例,每年初五的晚上都是79播音同学聚会的日子,罗京按时前往参加了聚会。他戴着棒球帽,穿着休闲装乐呵呵地去了,对同学们说:"没有大碍,请大家放心。"聚会进行了两个多小时,罗京的精神状态一直很好,还表示9月份要和大家一起去贵州庆祝入学30周年,去那里品尝他们班同学种的红薯。有位同学说,那年是"小官儿"的本命年,本命年都兴穿红衣服,自己的母亲虽然90多岁了,但一直能做针线活,想给"小官儿"织件红毛衣,罗京连忙道谢。聚会快结束时,贵州的同学握着罗京的手,担心他治病不能去贵州。罗京笑着说:"放心吧,一定能去。"说着把帽子摘了下来,露出光头,说:"我把头剃了,早晨起来儿子桐桐见到我说:'爸,你怎么像个尼姑,你们说,像吗?'"引得大家一片笑声。

2009年元宵节,康辉去看望罗京。罗京还是那样淡淡地、从容地微笑着,和康辉谈工作,谈生活的甘苦,谈为人处世的方式。他对康辉说:"你该更主动地与人沟通,你现在上了一个台阶,该更严格地控制自己,该做个有心人……"康辉也把工作、生活中的困惑说给他听。几个小时里,康辉的内心充盈着快慰,他清晰地感觉到,自己和一直以来敬重的这位师长有了一种更为紧密的联系,相信罗京同样也可以感觉到。那天,说起正在接受的治疗，罗京的语气里充满了信心，他说自己会尽快回去工作，眼神里闪烁着重回主播台的奕奕神采。很多人说他冷，其实他何其火热，尤其是对待工作。

为了早日回到工作岗位，罗京答应配合以造血干细胞移植的方式进行手术。经过9个疗程的化疗，罗京于2009年2月9日转到307医院，进行了造血干细胞异体移植手术。令大家感到欣慰的是，当天的手术非常成功，罗京的病情得到了缓解，术后一个月复查，发现他全身淋巴结肿瘤已全部消失，病情相对稳定。这给所有人带来了希望，播音组的同事们计划着一起去医院看望他。

因为术后各种药物的副作用，罗京又出现了口腔溃疡等并发症。307医院的医生回忆说，罗京的口腔溃疡比别人都严重，很多人很难坚持，在这个时候，比如说吃饭喝水等都会一直疼得很厉害。但是在医院里，罗京一直坚持配合医生治疗，从来没有放弃过。根据护士的回忆，当时罗京喝一口水，疼得都把眉毛纠在一起了。护士给他配了麻药用来漱口，每顿药之前罗京都是先漱口，漱完口之后再吃药，其他的病人中间都会停几顿不吃药，他却从来没有停过，一顿药都没有落下。他的溃疡很疼，因为怕张嘴说话牙齿碰到舌面上的溃疡，他就选用写字的方式表达。在治疗最痛苦、最艰难的期间，他写下了四个字："全力配合"。他确实在尽自己最大的努力配合医生和护士，特别坚强。治疗期间，罗京是医护人员眼中的好病人。每次有专家来给他会诊，就算正在发烧或难受，他也一定会从床上坐起来,跟人家说"谢谢",送人家出去,那时候护士就跟他说不用这样,大家都理解他,他可以躺床上,没事儿的,不要起来跟大家说谢谢什么的,但是罗京却一定坚持那样做。罗京天性乐观开朗,无论是化疗还是放疗,都主动配合。医院的医生和护士都说罗京是他们见过的最勇敢、最坚强的癌症患者。

在罗京生命的最后四个月,可以说他忍受了常人难以忍受的痛苦。

郎永淳说:"作为同事,我们不得不说,他是最乐观的老师,最乐观的病人。我们去看他,他说得最多的一句话就是'我会早一点回到我的工作岗位上!'"从进医院那天开始,罗京就特别自信,好像心里特别有底,他认为自己身体素质好,完全能迈过这个坎。每次他都会对问候他的人说:"没有大碍,完全能康复。"贾际曾心疼地说:"播音一辈子,他就说错了这么一次。"

手术之后,罗京的病情原本得到了控制,癌细胞也在消失,这也让一直陪伴在罗京身边的妻子和医生看到了希望,但是万万没有想到,罗京的病情在5月初突然复发,且病情恶化的速度远远超出了人们的预估。

2009年5月16日,中央电视台领导带着一些同事前往医院看望罗京,当时正值罗京加大放疗剂量的头几天。在罗京从治疗区出来之前,大夫提示大家,由于罗京同时患有严重的口腔溃疡等并发症,不宜让他多说话。对此时的他来说,喝一口水都是一件极其痛苦的事,吃药、吃饭更得先靠麻药漱口才行。时任副台长罗明回忆说,那天,罗京坐在轮椅上向大家招着手,从一条长约30多米的通道出来和大家见面。尽管他戴着口罩,可大家依然能从那双熟悉的眼睛里感受到罗京的镇定、坦然和乐观。落座之后,现场的每个人都在尽力克制自己沉重的心情,生怕某个不恰当的表述或眼神会影响到罗京,倒是罗京自己主动开始介绍治疗的情况,还时不时开上几句玩笑。在大家看来常人难以忍受的高强度治疗手段和痛苦的并发症,从他口中说出,竟显得那么普通和寻常。当时,罗京已经被病痛折磨得消瘦不堪,让人看了十分心痛。但他却坚定地说:"谢谢大家!我快好了,过段时间就可以去上班。"也许正是这种反差赋予了他特有的魅力。说完了自己,罗京马上关心起了台里的情况,从节目到年轻主播的屏幕表现等,他都很关心,似乎这才是他最关注的问题。根据罗明台长对"5·12汶川地震一周年特别节目"简单的筹备介绍,罗京还迅速判断出了报道的规格和规模,完全不像一个已经在医院里治疗了九个月的癌症患者。在那次交谈中,罗京一再拜托李瑞英,希望她能劝阻大家不要去医院看他,他说:"这段时间是台里最忙的时候,不能给大家添乱。"那天见面有半个多小时,最后还是因医生的"强行干预"才结束。

和佳回忆说,当时去看望罗京,罗京轻松地告诉大家他在病房门口看到的那句话——"享受难得的休息时光",还说等他的头发长出来后就去上班。当时他爽朗的话语和笑声，让大家都以为病魔已经离他而去，很快大家就会在单位、在组里、在屏幕上再见到罗京了。看着他乐观的神情、信心满满的笑脸，大家都认为他一定会很快康复，重回队伍。

5月29日那天是罗京48岁生日，因为他当时是住在无菌病房，所以不方便让太多人去看望，播音组就派了几个代表和领导一起去看他。

那是在307医院一间面积不大的会议室，房间里除了去看望罗京的同事，还有一直陪伴罗京治疗的妻子、医生和护士。在院方简单的布置下，这间会议室显得温馨而令人难忘。在过去的治疗阶段，罗京以"最为配合、最为坚强、最为乐观、最有涵养"而成为大家的好朋友。在这些医生和护士的眼中，罗京不像是病人，更像是大家的亲人。

台领导紧紧握着罗京的手，关切地询问治疗进展，并一再叮嘱他积极配合治疗，争取早日康复，台里还有很多重要的工作等着他。罗京表示得最多的愿望也是"早日重返岗位，早日回到挚爱的主播台"。哪怕在他最难熬最痛苦的时候，他也不忘关注工作、关心同事。住院期间，他一直关注新闻频道的节目，还托前去看望他的同事们转达："告诉海霞，她最近表现不错，继续努力。"

在这个生日聚会上，罗京和康辉有过一段交流。他告诉康辉，自己在医院每天都在看新闻频道和其他卫视的新闻节目，笑称自己"虽然躺在床上，但有的是时间可以干监看的工作",并向康辉表达了自己"监看"工作的分析和建议——"新闻频道时段的新闻信息量加大了,但也存在播音员语速过快的问题,这恐怕会对观众的信息接收造成影响,请大家再琢磨琢磨"。

现场,人们为罗京送上了一份份特殊的生日礼物。其中,一个由一百个"福"字图案拼接而成的挂件凝结着全台所有同事对罗京的真挚祝福;播音组送上的一幅以他的生肖"牛"为图案的剪纸,寓意"伏牛昂首志当远,不待扬鞭自奋蹄"。这,也正是罗京人生追求的写照。

康辉回忆说,5月29日最后一次见罗京时,他的样子当然和平时不同,但那双眼睛的神采真能让人忽视他的病容。当天,大家不仅准备了一张"牛"的剪纸送给属牛的他,还买了卷轴,写了祝福。还有一块玉,大家希望玉有灵性,能寄托大家的爱和祝福。看到大家,罗京很高兴,精神也特别好,说得最多的话就是:"再过一段时间,我就能回来工作了。"康辉当时并不十分清楚罗京的病情,竟真的信了。

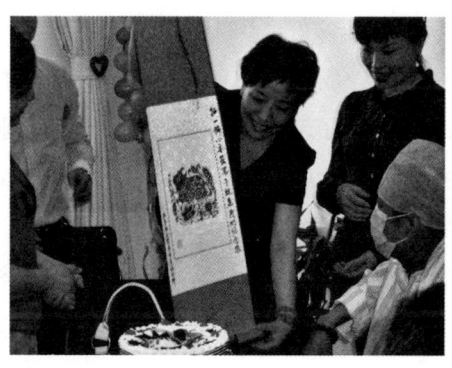

贺红梅回忆说，在那之前，他已经很久没见到罗京了。确诊为淋巴癌之后，罗京不喜欢别人去看他，把他当作特殊的绝症病人。所以罗京生病之后，她只是参加组里集体的探望活动。这次再见，罗京消瘦且黑，不过在大家面前，他的精神依旧很好，声音也依旧充满力量，言谈还是和平日一样幽默生动。那天，罗京一直在不停地致谢。他一直内疚地重复说"给大家添麻烦了"。李瑞英说，罗京这个人很少会哭，相识30年，从来没有见过他流眼泪，但那一天，在说这些话的时候，泪花一直在他眼圈里打转……大家也受到影响，但是都憋着不敢表露。为了调节气氛，罗京又主动轻松起来，说再有一两个星期，他就能出院回家休养了。看他当时的精神状态，大家真的相信了。那一天，罗京与在场的主治医生、家人和同事愉快地聊了大约一个小时。临走，罗京还一直在嘱咐大家小心甲流，而且还用一贯的幽默口吻把大家都逗乐了。同事们谁也不愿相信，那一次见面竟然是生死诀别！

5月29日，罗京在医院度过了自己的48岁生日，当时他的精神状况还非常好。不料6月1日，罗京的病情突然恶化，之前白细胞曾成功升到1000多，但是后来白细胞无论如何也升不起来了。6月4日下午，罗京出现心脏衰竭症状，经专家会诊抢救后，病情暂时平稳；但是到6月5日上午7：05，罗京终因抢救无效不幸离世。

罗京走得特别突然，好像要出远门似的，都没有跟大家道别。其实又何尝不是大家忽略了，他是一个耐受力超强且永远乐观的人,普通人无法忍受的事情,他却能够坚强地面对,他总是会乐观地告诉你没什么;化疗了九个疗程之后,他还会依旧乐观地告诉你,没什么,挺好的。这让所有人都以为他真的挺好的,真的还来日方长。

米卢在谈到中国足球的时候曾经有一句名言——态度决定一切,这句话在罗京身上得到了最充分的体现。如果说高强度的工作是对罗京业务水平的考验,那么和病魔作斗争的经历则是对一个人生理和心理的双重考验。肉体的疼痛可以用药物来缓解,而精神上的煎熬却是直刺人心的。很难想象罗京在病重时面对自己热爱的事业、挚爱的家人、想念他的同事和朋友时是一种怎样的心境。在整个治疗过程中,他都是一如既往地坚强乐观,一直盼望着早日回到工作岗位。

三、爱好广泛、多才多艺

生活中的罗京喜欢运动——足球、篮球、羽毛球样样精通;迷恋甜食——桃片和糖饼是他的最爱;热衷唱戏——《甘露寺》是他的保留曲目;喜爱摄影——他独特的拍摄视角总会带给人惊喜;习惯抽烟——却尽量避开女士……罗京就是这样一个热爱生活、享受生活的人。罗京对生活充满热情,并乐于和大家分享他的快乐。正是源于这份热情与活力,罗京在诸多方面都表现得非常出色,被大家公认为多才多艺。

1. 运动健将

运动场上,罗京是一个活力四射的对手。中央电视台新闻中心播音员宝晓峰回忆说,有一次开年会的时候他和罗京有过一场羽毛球对决,罗京的轻松让他毫无顾忌,比赛过程中他放开手脚扣杀,还频频放网前小球,结果大部分都被罗京轻松化解了。比赛结束后,罗京以他惯有的平静口吻对他说:"小宝的网前小球打得很鬼嘛!"这句话足足让他兴奋了好几天,因为他被运动高手夸奖了。赛后和罗京切磋球技也让他受益匪浅。

平日里,罗京很爱打篮球,从上学开始,他就经常参加篮球比赛,还专门在儿子罗疏桐小的时候抽空带他一起练习。工作后,罗京经常应邀参加台里的各种篮球比赛活动。

　　罗京还喜欢足球,更喜欢踢足球。他是中央电视台明星足球队的主力队员,足球踢得相当不错!在球场上,罗京尽管不是最抢眼的那一个,但他却是在韩乔生解说中出现频率最高的那一个,也是韩大嘴同志最不敢揶揄、开玩笑的那一个。比赛中,他从不强调自己的位置,前锋后卫从来不挑,总有进球,进球后却总是低头微微一笑,小跑回到中圈,从没看到他在场上欣喜若狂、歇斯底里的样子。遇到问题,他从不以大哥、长辈或领袖的姿态责备同伴,他的脸上永远都带有一丝令人不易察觉的淡淡的微笑。如果你不征求他的意见,他就不会主动对人和事随便予以评论,但你若是开口问他,哪怕是随口一问,他便会负责地、毫无保留地、详尽地、耐心地说出自己的观点,永远都是那般平静温和。

鞠萍回忆说,2000年的时候,她刚好负责做少儿小甲A的足球赛直播,央视足球队参加了比赛,罗京是央视明星足球队的主力,虽然个头不算高,赛场上却有点马拉多纳的意思。每一届少儿小甲A足球赛,罗京都会全力支持并以央视明星足球队主力球员的身份参加。

2004年,为了迎接奥运会的到来,罗京多次参加足球节目录制。他和央视明星足球队的队员们一起,先是参加中央电视台《梦想剧场》的中国明星足球队十周年庆典

《元旦乐三天》的节目录制。在节目中,他身着红黑色运动服,展现出了运动员的别样风采。

而后,罗京又前往中央民族大学体育场参加了《过年七天乐》之《足球总动员》的节目录制,当天的比赛是"央视明星足球队"对阵"演艺明星足球队",由孙葆洁担任裁判员,韩乔生和王小骞现场解说。

央视明星足球队一开场就由10号——队长罗京挂帅。节目组总结罗京在场上的特点是:绝不轻易出招,于无声处听惊雷。

中央电视台文艺中心的张凯也回忆了自己曾和罗京合作录制足球节目的情境,对罗京的表现赞叹不已。在节目录制过程中,两支球队——"演员队"和"主持人队"在绿茵场上展开了激烈的角逐。作为"主持人队"场上队长的罗京，首发出场并打满了全场，队里有些才二十多岁的队友都没有体力打满全场，罗京却体能充沛。"我踢满全场没问题，我都练出来了。"他这样回应教练的换人要求。果然，在下半场，罗京依然保持着良好的竞技状态，并两度洞穿由郝海东把守的球门，就连对方队长孙楠都无不慨叹罗京的身体素质："这哪像四十多的呀！"当时罗京在场上有这样一个小细节：罗京带球突入对方底线，并晃过了一名对方后卫队员，这时足球稍稍整体出了底线，裁判员离球较远，没有做出判罚，对方后卫也没有察觉，而罗京在形势大好的情况下停止了进攻，将球权交给了对方门将，并对裁判说："我蹚出界了。"这一举动得到全场观众的叫好。比赛结束了，罗京凭借两次进球获得了本场的"最有价值球员"，捧起奖杯的一瞬间，罗京笑了，笑得那么开心……

据体育中心主持人刘建宏回忆，有一次罗京参加央视明星足球队的公益活动，因为飞机晚点，他们赶到球场的时候离开赛只有几分钟了。当时罗京二话不说，换上球衣就上了场，他一直在场上奋力奔跑，但是整场只碰到一次球，是在比赛马上要结束的时候。而就是碰了这一下球，球就进了。大家都说，他是一员"福将"。只要他有时间，这样的公益活动他就一定会参加，有他在，大家都感觉人气特别足。作为央视明星足球队的一员，在2008年春节的明星足球赛中，他还荣获过"足球先生"的称号。

爱心使者

2. 文艺骨干

罗京从小就是学校里的文艺骨干,虽然平日里不喜欢张扬,也没有进行过特别专业的学习,他却在钢琴、手风琴、京戏、舞蹈、话剧、民歌、流行歌曲、朗诵……各个方面都表现得十分出色。

在崔永元导演的《电影传奇》中扮演《英雄儿女》中的王成

爱心使者

　　罗京的嗓音明亮而有磁性，工作之余，他酷爱并擅长京剧，同时也喜欢朗诵和唱歌。鞠萍回忆说，她曾做过一个叫《儿童心里的歌》的节目，旨在推广优秀少儿歌曲，罗京还应邀在里面演唱了《小松树》。有一次，罗京和同事们去一家蒙古餐吧聚会，酒过三巡，罗京拿起话筒，为大家清唱了一曲《蒙古人》，歌声干净而悠扬，特别是前面那段长调的哼唱，音准、韵味都恰到好处，得到了大家一致的赞赏。后来，大家在不同的场合听罗京唱过不同的歌，例如《中华民谣》《南屏晚钟》《千里之外》《永远是朋友》《懂你》《生命美丽》《外面的世界》《让我欢喜让我忧》《忘不了》《雨巷》《再回首》《不是我不小心》《弯弯的月亮》《故乡的云》《驿动的心》《掌声响起来》《一剪梅》《大约在冬季》《来生缘》……其中很多歌曲都登上了央视文艺晚会的舞台。可以说，京剧和流行歌曲都是他在央视内部文艺晚会上的保留节目。

　　熟悉罗京的人都知道，除了新闻播音，他还是一名老牌的京剧票友，演唱京剧更是一绝，他的京剧表演曾登上过春节联欢晚会的舞台，深受观众喜爱。

　　2003年9月，罗京曾为《梦想剧场》的特别版《国庆七天乐》拍摄过一期名为《京剧电影大拼盘》的节目。在节目中，罗京扮演杨子荣，得到了大家的一致赞赏。文艺中心的张凯回忆说，起初，剧组想请罗京扮演杨子荣，可是一想到剧中杨子荣有大量的台词和几大段唱词，需要花费不少时间去准备,同时考虑到罗京平日工作非常繁忙,又极少参加影视的拍摄,顿时感觉设想变得很像奢望。当时,张凯原本是不抱什么希望地给罗京打电话,没想到电话那边的罗京显得非常高兴和激动,罗京说:"我是个发烧级的京剧票友啊!为京剧做点事儿我没什么可说的,演了。"放下电话,节目组一片欢腾。拍摄过程中,罗京的"演员素养"令剧组惊讶。戏中有一个"杨子荣"从二楼纵身跳到一楼的镜头,为了安全起见,剧组原本找了替身演员表演从高台纵身跳下的镜头,这条拍过了以后,罗京通过监视器回放时觉得因为用替身的缘故导致镜头显得很不连贯,

于是坚持不用替身自己来跳。大家都有点儿担心他,他却说:"没事儿,摔不着,万一摔着了……算工伤吧?"他用幽默的方式打消了大家的顾虑。先实拍了一条,但焦点不实,于是又跳了一遍,结果位置不对,这一跳就是三遍,当最后一跳成功之后,棚里的全体工作人员和其他演员集体为罗京鼓掌。罗京的京剧唱腔纯正、非常专业,在拍摄完自己的戏份后,他依然留下来给别的演员作场外指

导,给鞠萍饰演的阿庆嫂讲戏,给刘纯燕反串的座山雕示范,给白燕升饰演的刁德一搭戏,甚至为了一个唱段的不规范和演员们展开争论……用他的话说就是:"我太喜欢京剧了"。

罗京对京剧的爱好是长时间积累而成的,正如他接受媒体采访时所说:"我从大学毕业就来到中央电视台,会唱几句戏也是从小到大自然形成的,并没有专门学习,只会唱那么几句、那么几出。但是我觉得作为一个播音员/主持人,要一专多能,不管什么类型的都是好事,所以我把生活中一些喜好都作为一种储存。"

多年的紧张工作使罗京没有充裕的时间专门学戏，只是将其作为业余爱好。从他不同时期的演唱中我们可以判断，京剧他是常听常唱的，进步很明显。罗京曾在央视同事对他的采访中谦虚地说："（唱戏）其实不光是不自信，而且是很紧张的，尤其是要现场唱的时候，因为说老实话，我没有什么功底，只是凭着一种爱好、一种喜好。之所以能够经常在一些节目里出现，可能也是导演啊、同行们觉得像我们这样的人能唱几句京剧更具有号召力。"

从电视节目中我们可以发现，罗京演唱的京剧选段以快节奏的西皮流水和西皮二六为主，比如数次演唱的《淮河营》选段"此时间不可闹笑话"；与于魁智合唱的《三家店》选段"将身儿来至在大街口"；与王蓉蓉等演唱的《武家坡》选段"苏龙魏虎为媒证"；与郑子茹合唱的《沙家浜》选段"军民鱼水情"；和鞠萍等合录的反串小品《沙家浜》《智取威虎山》和早年录的《空城计》等。一方面，快节奏的短段是文艺晚会节目的优先选择；另一方面，西皮流水和西皮二六的旋律朗朗上口，容易学习和掌握，也利于传播和欣赏，节奏明快，旋律跳跃，唱腔技巧俏皮，无论是不是戏迷都能感兴趣。虽然得到了广大观众的一致认可，罗京却一直不满足于现有的水平，他常说："我只是业余唱唱，没有什么功底，等到我退休后，还想拜师学艺，提高到专业水平。"

1994年的《春节戏曲晚会》节目中,罗京身穿黑白灰三色针织毛衣和牛仔裤唱了一段《淮河营》,为他操琴的是著名话剧影视老艺术家程之先生①,可以说这个节目的组合是资深票友和年轻爱好者的一组搭档。那一次,罗京的衣着很是休闲、流行,一段《淮河营》唱得倒也流畅,节奏稳定、气度安闲,只是在"三人同把那鬼门关上踏"末尾的长腔处"恍范儿"了,串到其他戏类似的唱腔旋律里去了,在场的嘉宾观众们也开心地发出笑声。但罗京非常镇定,几个小节之后又拐回本来的旋律中唱完了这句。而程之先生的眼睛紧紧盯着罗京的口型,随着罗京的唱腔走向进行伴奏,十分和托。大腔唱毕,嘉宾观众报以热烈的掌声和欢笑声,罗京也露出笑容,朝程之和诸位嘉宾拱拱手示意,表示自己有失误。其实,不熟悉这一段的观众

---

① 程之先生塑造过很多著名的电影角色,特别是演过不少反派人物,深受广大影迷的喜爱,其晚年出演的《西游记》中的金池长老更为年轻观众所熟知。他出身名门,父亲程君谋是著名的京剧老生票友,在南方声誉很高,程之自幼就酷爱京剧,能唱老生、花脸,也善拉胡琴,在1994年的《春节戏曲晚会》中担任主持人,也为罗京演唱的《淮河营》操琴。

是听不出来的，随后，他淡定地唱出最末一句西皮散板"生死二字任由他"（"且由他"）。

《淮河营》是京剧艺术大师马连良的代表作品，剧中西皮流水"此时间不可闹笑话"一段尤为脍炙人口，从20世纪40年代至今，传唱不衰，旋律上口，倒数第二句有个花哨的大腔，易中有难，有四两拨千斤的感觉，所以很多播音员/主持人都喜欢唱这段，著名体育解说和主持人宋世雄也擅唱此段。如果说1994年的这次是罗京初展京剧风采，尚有些青涩的话，那么五年之后，罗京在1999年《春节联欢晚会》上演唱的《淮河营》就更为从容，也唱得更加成熟

了。他唱腔准确，装饰音和控制力都较之前有了很大的进步，还加上了一些肢体动作、身段。这次演唱还通过电视编辑技巧展示了罗京装扮上剧中人蒯彻扮相的镜头，也扮得熨帖稳当。

罗京与于魁智清唱《三家店》时，用的是现场伴奏，罗京、于魁智并排而站，因出色的外形和气质条件，罗京有着绝对的大角儿风范，与名家同台毫不逊色，在西皮流水稳定的节奏中，罗京还能时快时慢地"扳"着唱，也就是节奏稍游离于原有节奏之外，反倒是一种高明的处理，有道行的唱者才能做得到。这也反映了罗京对声音艺术处理方法的敏感。"老娘（呃）白了头"中间的虚字"呃"，"母担忧"中"母"字的两个擞音，罗京都唱得颇具专业水准。

　　在罗京常演唱的段子中，马（连良）派选段占有不少比例，《甘露寺》《淮河营》都是他在电视节目中常选的段落。《甘露寺》中的"劝千岁杀字休出口"他还是完全按照马连良先生的原唱学习的，和当代流行的几位马派传人唱法不同，颇显艺术格调。这段演唱在四句节奏中速的西皮原板之后就转入大段流水板，讲究一气呵成，不能半途而废。这虽然是脍炙人口的普及唱段，但要达到相当标准，专业演员也视如畏途。这段唱的难点，一是吐字，二是节奏、气口。因为有大段中快速的演唱，必须口齿清晰。我们听得出罗京这一段用的是伴奏带，他的吐字颗粒感强，气口也很准确，节奏更是掌握得很好。罗京是"心板"①极好的人，这与他的专业播音同理。实际上，语言

---

① 戏曲演唱行话所说的"心板"实际上包括两层意思：一层意思是唱者主观意识上有强烈的节奏感，甚至可以不依赖于伴奏乐器打出或形成的节拍，自己就能把控好节奏，准确地唱出拍子强弱；另一层意思是演唱者在自然而自主地掌握节奏的基础上，做出相应的调整和灵活的处理，摇曳生姿而不荒腔走板，这是更高的要求了。

的节奏和唱腔的节奏处理起来是相通乃至相同的。快节奏的西皮流水、西皮二六的基本节奏容易掌握，但又不能完全"齐着唱"或者"骑着唱"。在基本固定的节奏里须有小的闪展腾挪，比如主动地撒节奏就是"扳着唱"，加快节奏就是"催着唱"，包括形成跳跃、快慢相济而保持节奏不变的"耍着唱"，都属于技巧。罗京深谙此道，虽然演唱的装饰音、口腔的劲头不完全能达到专业演员、资深票友的高标准要求，但他的节奏处理已经无限靠近一个成熟京剧演唱者应有的演唱意识了，所以听起来还是让人觉得非常老道的。

实际上，播音也讲究"心板"和起伏设计，大稿件的播读如同唱段一样需要谋篇布局，要对稿件做出分析：何处应全力以赴、重点强调？何处可以蜻蜓点水？何处需要大开大合？这些都是声音的谋篇布局。这方面，罗京处理得非常专业。

其实京剧的声腔、表演也能为播音主持的内外部表达技巧贡献一些经验，比如不同身份、不同档次的稿件和音色、语气的对应。罗京所唱的《空城计》中的诸葛亮、《淮河营》中的蒯彻都是极具智慧的历史人物，那种泰然自若、游刃有余的舞台气质和罗京在

《新闻联播》等节目中大气庄重而不乏灵动的气质感觉是相合的。所以,不得不感叹,罗京的"稳重"是由内而外的、稳定的,即使在唱错唱腔时也能泰然自若、收放自如,最终找回正轨。

现在常见到的罗京的京剧唱段,调门虽然不太高,但声音的呈现非常稳定,没有"冒嚎""黄调""塌调"之弊,在新闻界和文艺界的众多名票中,罗京的演唱水平是比较高的。京剧老生声腔音域跨度、变化很大,但罗京唱来高音不挤、低音沉郁,这和他对声音的精细把控和娴熟的共鸣使用是分不开的。鉴于播音用声的习惯和保护嗓音的原因,罗京演唱时调门都较低,有时与其他人合作,调门才定得稍高一些。2001年的戏曲晚会中,罗京与名主持人李杨、白燕升及京剧名家王蓉蓉合作了京剧《武家坡》的老生、青衣对唱部分,罗京、李杨、白燕升演唱薛平贵部分,王蓉蓉演唱王宝钏部分,由京剧名票、著名表演艺术家王铁成操琴。为了照顾旦角和其他演员的调

门,罗京这次演唱的调门相应高一点,但完成得很好。因为他的共鸣运用得很好,高腔能挂上鼻腔、头腔,所以能够做到高低皆能应付。

在早年的电视节目中，因为节目量少、分类并不明晰，而且当时新闻类和文艺类节目占有相当篇幅，加之当时的戏曲节目形态主要是赏析类，因此常在戏曲录像前加上播音员播读的导赏形式的介绍，罗京在参加工作之初也参与过相关工作。这方面可以参见20世纪80年代录制的介绍高盛麟的《挑滑车》等视频资料。从前后期对比中，我们可以明显看到罗京的不断进步与日趋成熟。

央视的综艺节目一直注重对传统艺术的编创传播，所以常让具备传播影响力的罗京参与京剧节目的表演。而罗京也乐于参与，这不但表现了他对传统戏曲的感情，也体现了他在传播中华民族优秀传统文化中所起到的表率作用。

除了演唱，罗京还擅长朗诵和作词。在1995年的"现在开始播音"文艺晚会上，他不仅以多种形式参加了演出，还为闭幕歌曲《你的朋友》作词，该歌曲当时是由张宏民、王宁、徐俐和孙晓梅一起演唱的。从歌词中我们可以感受到罗京对观众发自内心的尊重和在意。

歌词原文摘抄如下：

> 晨曦里道一声你早、你早
> 阳光下问一声你好
> 暮色里说一声再见、再见
> 深夜里祝一声晚安
> 这声音常在耳边回响

这笑容常现眼前
这问候常响陪伴身边
这祝福长存心间
心心相印，手携着手
愿电波带去我的情谊
心心相通，志趣相投
愿今生常做你的朋友

此外，罗京还作为作者和徐小卉一起编排过音诗舞《心心相通》大型演出节目，他还是央视"现在开始播音"文艺晚会的总设计人之一，大型专题片《香港回归》的编导，"首届沃尔沃卡车杯朗诵艺术大赛"颁奖晚会的总体设计人之一、制片人之一。

四、热心公益、大爱无疆

法国思想家罗曼·罗兰说过："真诚，只有大的真诚，才能把人引向崇高。"在屏幕前，罗京真情传播；在生活中，罗京更是一个真诚的人、一个低调谦逊的人。

"罗京老师是我的副组长，我们办公室的老大哥。"同为央视新闻中心主播的赵普在接受记者采访时说，罗京为人低调，除了《新闻联播》的镜头之外，在其他公众场合中，公众很少看到罗京的身影。"但在媒体鲜为人知的公益活动中，罗京是个积极者。"熟悉罗京的人都知道他酷爱体育，他是央视明星足球队的一员，只要球队有公益比赛，他都会积极参加。赵普告诉记者，自罗京成为明星球队的队员后，他不仅参加了几乎所有的明星慈善活动，甚至还作为主力队员组织过几次慈善活动。

"参加工作近30年，参与公益活动至少也有10年。"在外人眼里，罗京平时少言寡语，容易给人一种错觉。"但生活中的罗京则是个不善于拒绝别人的老大哥。对于同事和朋友的求助，他永远都不会说'不'"。"这么大的腕儿，一点架子都没有"，这是罗京留给人们的一致印象。与罗京同为京剧票友的央视主持人白燕升在接受采访时也说罗京是

一个特别认真、真诚的人。对于罗京"真诚、热心、谦逊、友爱"的评价,不一而足。屏幕上,他是行业标兵;屏幕下,他是道德楷模。

罗京是个很有爱心的人,无论何时,只要台里组织援助活动,他都会积极地捐款捐物。外面有朋友组织公益爱心活动,只要让他知道了,他也一定会在第一时间伸出援手。刘继红回忆说,他们还一起援助过云南的贫困儿童。

郎永淳回忆说,要不是贵州遵义红军小学的孩子们发来短信:"老区红军小学的孩子们永远不会忘记您在病床上捐款给他们。罗京叔叔一路走好!"或许直到罗京离开,大家都不知道他在病床上还惦记着老区的孩子们。

罗京离世以后,一束花由福建特快专递至北京,那是一个贫困的孩子寄来的鲜花。他说,老师告诉他,"今天起,你的捐助就断了"。之前,连他自己都不知道,捐助他上学的人竟然会是《新闻联播》里的罗京。为了完成罗京未竟的心愿,罗京的妻子刘继红在罗京去世后一直在继续为他生前所捐助的儿童定期发送资助款。

2006年春节前夕,四川一些在外打工的人因为被拖欠工资,无法回家过年,罗京和刘继红外出办事时,看到他们蜷缩在地下通道里被风吹得瑟瑟发抖,当即掏钱给他们找了旅馆安置起来,第二天和相关部门交涉,把事情办妥,帮助他们踏上了回家过年的路。

罗京还是一个国际爱心大使,跟随国家领导人出访工作时,他也不忘帮助困难群体。一次,节目组在外就餐,大家一起吃方便面,他发现一个柬埔寨儿童在眼巴巴地看着他们,就急忙把手中刚刚泡好的方便面送给了那个看起来几天没吃上饭的孩子。

1991年5月,罗京在俄罗斯访问时,一群可爱的小朋友提出想要和这位中国叔叔合影,他便爱心满满地配合小朋友们拍照。

有一次,罗京在路边看到一个以卖艺为生的学生,就赶忙坐下来让他给自己画了一幅画像。

罗京就是这样一个处处为别人着想的人,就算在病床上,也不忘定期给需要帮助的人送去温暖。

2007年,十七大会议召开期间,尽管罗京每天都要奔忙于会场和单位之间,工作节奏非常紧张,但他还是抽空参加了少儿频道的公益节目录制,给祖国未来的花朵们解答疑惑。面对小记者的提问,罗京和蔼可亲,循循善诱,爱心满满。

访谈内容如下:

小记者: 您知道什么是党的喉舌吗?

罗京老师: 喉舌呢,顾名思义就是好像说通过你的嘴去传达一些事情,那么作为我们新闻媒体,最重要的一个任务就是代为传达党的路线、方针、政策，等等，这样一些很重要的内容。因此，做好这个工作，不光是对于我们，对于整个电视台乃至对于国家来说，都是一件很重要的事情，责任非常重大。

小记者：那您在播音之前都会做什么准备呢？

罗京：这个准备大概就是几个方面了。当然，首先是一个生理上的调整，比方说你的这个声音状态，你的精神要饱满，还有一个很重要的方面，就是对稿件内容的认真准备。当然了，由于我们是一个直播的新闻节目，那么这个稿件有时候来得早，有时候来得晚，那么不管是早晚都要抓紧有限的时间，尽量对稿件熟悉于胸，这样在反应的时候才会胸有成竹。

小记者：那我在看《新闻联播》的时候看到您经常是播大段大段的新闻以及很复杂的外国名字，我们都很佩服您的记忆力，您有什么好的办法来提高记忆力吗？

罗京：记忆力这个东西本身是一个锻炼的结果，那么你像一些外国名字，肯定是念多了自然念起来就会比较顺了，但是更重要的是，有心的话，对于很多新闻的基本元素，要通过日常的工作逐渐逐渐地形成一种固定的记忆，这样当你在比较紧急的时候，碰到这些文字的时候，哪怕是在没有认真看的情况下，也能够凭着你的记忆很快地把它表达清楚，所以这个也可以说是播音员的一个基本功吧。当然，更重要的，还是要认真地做好播前的准备。

小记者：我们看您在播音的时候表情很严肃，而且坐得非常端正，为什么会有这样的表情和姿态呢？

罗京：因为《新闻联播》的这个节目，更多的是反映一些比较重大的题材，那么像这些很重大的题材，就应该用一种比较庄重的、比较认真的甚至是体现出一种权威性的播报方式。所以，我们讲在播音中应该是内容决定形式，那么，有什么样的内容就应该是什么样的表现形式。

当然了，现在新闻中也有一些很轻松的新闻，那么在遇到这种很轻松的新闻的时候，我们在语气上、在表情上啊也要适当地应该有所变化。但是，这个变化又不能过大，因为在一档新闻中还要始终保持一个基本的基调，而不能说一会儿哭、一会儿笑，对不对？所以呢，作为《新闻联播》这么一个比较重要的节目，对它的总体把握，恐怕还是要以庄重为主。

小记者：那在平时的时候您有没有一些爱好呢？

罗京：平时的爱好当然是很多啦，像打球、唱歌，当然我还有时候唱一唱戏，就是说在工作中是非常紧张的，但我们可能会利用一切业余时间去放松自己，有了一个松弛的心态，才能够更好地去投入这种紧张的工作。

小记者：据我们小记者的搜索，我们知道白岩松叔叔是上届的代表，那您呢是这届"十七大"的代表，那您作为代表有什么样的责任和意义呢？

罗京：代表代表，你要代表好你所代表的这个群体，那么对于我们来讲，我们首先是要把我们这个基层的这些党员的心声带到会议上去，同时还有一项更重要的任务，就是要认真地了解、认真地听取大会的每一个文件，把"十七大"的这种精神学习好，当"十七大"结束以后，回来以后我们有责任在我们所代表的这个基层的这个部门把"十七大"的精神贯彻好。

小记者：那我们这几天都在《新闻联播》中听到您的声音，那您现在又要工作，又要开会，是不是觉得很累呢？

罗京：当然，能够成为一个代表，我的职责首先是要开好会，那么在开好会的同时，作为一个新闻工作者，我有责任把大会的这个精神，以及大会的议程向观众做一个很清晰的介绍，所以我想，这两者要兼顾，而且哪一个都必须要做得非常好。当然了，我想累呢我还谈不上，当我看到大会上的很多工作人员，他们没白天没黑夜地在为这个大会忙碌的时候，我觉得他们确实比我们辛苦多了。

2008年5月12日14时28分04秒，对于中国人来说是一个无法被遗忘的时刻。那一瞬，地动山摇，四川汶川发生了8.0级地震，近7万人丧生，1.8万人失踪，37万余人受伤……所谓"汶之伤，国之痛"，地震强度之大、波及范围之广实为罕见，人民群众生命财产安全受到严重威

胁。一方有难，八方支援。中共中央全面部署抗震救援工作后，中央电视台也于5月18日组织举办了抗震救灾大型文艺晚会——《爱的奉献》。晚会一开始，罗京就神色凝重肃穆、眼含泪水却毅然坚定地呼出了"中央电视台"的台号。"此时此刻，伸出你的援手就是握住一个生命，就是支撑一个家庭，就是治愈我们共同的伤痛。因为，我们都是一家人。"大家看到了他不被悲戚所动摇的沉稳，听到了他饱含深情的呼吁，感受到了他坚信我们可以战胜地震灾害的勇气和信心，在他的感召下，大家化悲痛为力量，坚定意志，众志成城，为重建家园慷慨捐赠。四川广电集团主持人管理工作室主管钟晓霞告诉去采访的记者，2008年5月12日，她曾和几位同事一起到北京见罗京、李瑞英，商谈到四川培训主持人的事情，"结果地震了。5月13日，我们在梅地亚的茶室与罗京、李瑞英见面，这是我第一次坐下来跟罗京聊天。当天他穿T恤、短裤、运动鞋，特别随和阳光。一见我们急忙关切地询问四川灾区的情况，说很想去四川，想慰问奋战在前线的主持人，说只要有可能一定会来"。当"心连心"艺术团为赴四川灾区的演出召集主持人时，身体已有不适的罗京毫不犹豫地请缨前往。汶川地震期间，罗京一直坚守岗位，听从指挥，还跟随国家领导人到灾区现场进行了新闻现场报道。那次他从汶川灾区返京，飞机下午5点才到北京，到达后他马上就到人民大会堂去配音，配完音已经是晚上7点，而《爱的奉献》特别节目是晚上8点钟直播，他7点30分赶到办公室。他刚从地震灾区回来，浑身都是土，他洗了个头，换了身西服，打了条领带，就急匆匆地赶到台里的一号演播厅。他迅速地先把第一段主持词背了下来，然后再在节目过程中背后面的内容。其实，在筹备这场赈灾晚会时，当被问到是否可以去参加时他是可以说"不"、婉言拒绝的，因为他也一直在忙着相关工作，他完全可以说背词时间太紧张，担心直播会背错，也可以说身体需要休息，已经感到体力不支，但是，就在他身体已经疲惫不堪的情况下，他依旧没有说"不"，他欣然接受了节目组交给他的大段的主持词。他当时所要承受的压力，对于没干过这样工作的人而言是无法想象的。但是责任感、使命感、公益心、敬业心，加上他对自己业务能力的充分自信，驱使着他不能因为自己的原因而说"不"。罗京的这种精神深深地影响着他身边的人，特别是影响着播音组的每一位同事。他在身体力行地告诉大家，作为公众熟知的播音员，在做好自己本职工作的同时，还应该有更强的社会责任感和勇往直前的精神。

作为《新闻联播》节目的主持人，罗京在节目中一向严肃沉稳，很少外露内心的情感。那一次，在四川主持抗震救灾大型募捐活动"爱的奉献"时，他却几度眼含泪水。他在号召全国人民进行捐款的同时，自己也为灾区人民捐出了相当份额的资助。在后来迎"七一"暨抗震救灾文艺晚会《向祖国报告》节目中，罗京再一次担任主持人，那一天，他非常妥帖地把握好了自己作为主持人在镜头前的语态。罗京和电视机前的观众一样,心中充满了悲痛与感动,但是他不能和观众一样痛哭失声,他以内心特殊的信念、勇气和毅力支撑着自己在舞台上质朴儒雅地表达,他十分清楚自己作为公众人物在那一刻所需要承担的责任和义务,他要将抗震救灾中的灾情报道及时、准确、公开、透明地让整个世界同步了解,同时,他更要化悲痛为力量,带领大家去体会前所未有的灵魂净化和精神升华。在那个举国同悲的时刻,所有人心中都蕴藏着无尽的悲哀,罗京用自己的表达方式鼓舞所有人战胜地震灾害的勇气和信心,鼓励大家众

志成城,努力走出悲伤的情绪。他的这种表达方式在受众中产生了强烈的共鸣。他的语气深沉有力、坚定自信,充满了感召力。作为主持人,他以最恰当的方式完成了历史赋予他的使命。

事实证明,一轮又一轮的磨难不仅没有压垮中华民族的脊梁,相反,众志成城、迎难而上、百折不挠已经成为中华民族重要的时代精神;而像罗京这样始终听从指挥、坚守岗位、从大局出发、全力奉献自己的品质,必将在时代的长河中熠熠生辉。

2008年，对于罗京而言，实在是奔波劳累的一年。年初体检查出白细胞偏低，妻子劝他去医院进一步检查，他却始终置之不理，一心扑在工作上，没能及时去医院确诊。在汶川地震前的一个多月，为了迎接8月初的奥运赛事，中央电视台新闻频道联合中国扶贫基金会全新推出一档大型电视公益行动"圆梦2008"，他第一时间报名，带头踊跃参加，这也是罗京对待公益节目的一贯态度。

"圆梦2008"紧扣奥运，沿圣火传递路线寻找贫困地区胸怀体育梦想的学子，面向全社会广泛募集资金，用于完善农村小学体育健身设施的建设，圆他们的体育梦想，同时讲述天赋体育少年的励志故事，通过一系列电视公益活动传递"全中国人的奥运"的理念，最终彰显人文奥运精神内涵。"圆梦2008"旨在以一种快乐的心态进行公益慈善活动，以"点燃你心中的圣火"为活动口号，在最基层传播奥运精神。正如解说词中所言："一块标准硬地篮球场地，一副篮球架，两副乒乓台，就能为偏僻山村的孩子们提供一个最起码的锻炼环境，圆梦2008，通过援建2008个阳光操场，让山里的孩子健康快乐成长。"为了帮助大山中的孩子们圆梦，罗京不畏艰辛困苦，跟随节目组沿圣火传递路线走进了福建龙岩长汀。

长汀县红山村有一个13岁的农家女孩，名叫郑福金，生活在大山深处，家境贫寒。由于买不起车票，每天只能自己步行十几里山路去上学，长年下来练就了一身长跑的本领。当节目组把郑福金的故事讲给罗京听后，他非常激动地说:"郑福金跟我的儿子正好同龄,很有必要让他知道郑福金这个故事,这对他和城里的孩子都是一种很好的教育。"于是,2008年春天,罗京和体操运动员桑兰携手来到大山深处,用真诚诉说感动,用爱心编织梦想,见证体育天赋少年向命运挑战的坚强,放飞大山里孩子的体育梦想。

福建省龙岩市委宣传部的谢海波回忆说:"4月27日晚,我们来到厦门高崎机场接机。罗京老师那沉稳、端庄、厚重、饱满而赋有磁性的男中音是我十分熟悉的,他这么一个大腕儿'国嗓'好伺候吗?我怀着忐忑不安的心情等候着罗京老师的出现。时间已过子夜了,北京飞来的航班早已到达,旅客们也纷纷离去了,怎么还不见罗京老师出现呢?焦急时刻我远远看见一张熟悉的面孔,对,那就是罗京老师,只见他穿着随意,牛仔裤、运动鞋、蓝T恤。他空着双手,似乎心事重重、郁闷不悦地朝我们走来。我急忙上前自报家门,他握着我的手说:'谢谢你们,让你们久等了。'并说找不着托运的行李了。经向航空公司查询，证实罗京老师的行李还落在北京机场，航空公司表示道歉说，发生这样的差错概率是很少的，并保证明天发过来。罗京老师苦笑并幽默地说：'这种概率怎么偏偏就这么巧落在我身上呢？'我得知罗京老师第一次来福建就碰上这件不开心的事，便向他表示歉意，只见他挥挥手说：'这事不能怪你们，跟你们没有任何关系，我急的是我们的行程很紧，我的服装和设备都在行李箱里，这会影响我们明天做节目。'这就是我和罗京老师的第一次接触，他那善解人意、随和自然、一心想着工作的敬业精神给我留下了深刻的印象。"[1]

出发当天正是罗京值《新闻联播》的班，所以他将航班选择在晚上9点以后。飞机降落时已接近午夜，考虑到此后的几天还要连续作战，为了节省体力，导演组只是简单阐述了节目宗旨和要求。没想到在安顿好桑兰后，罗京却提出"咱们再碰碰吧"，与节目组一起对节目的策划进行更加深入的探讨。讨论持续了两个小时，交谈中，罗京说，这是他近十几年来第一次走出去制作专题节目，他既兴奋，又很在意。他对电视新闻的分析和把握非常老道，并对这次节目的制作提出了建设性的意见。敬业、认真、专业，这是罗京给节目组留下的第一印象。

来到福建的第一天，罗京在日记中写道："这次福建

---

[1] 桑兰.与罗京老师圆梦2008[J].央视新闻周刊，2009（22）.

之行，我和桑兰任务艰巨。要带领圆梦团队帮大山里的孩子们实现梦想。长汀县，福建省西部最偏远的山区县，也是那位叫郑福金的女孩的家乡。从厦门坐车到福龙岩，再到长汀

县的红山乡，要六个多小时。大段的盘山路，我真担心桑兰的身体是否能吃得消。……我在想，她的加盟一定能给山里的孩子带来更多的精神财富。有了这种精神，还有什么梦是不可以圆的呢？"

"因为是高位截瘫，桑兰的生活出行都非常不便。护理上稍有疏失，甚至会有生命危险。尽管如此，只要条件允许，她从不拒绝公益活动的邀请。说到参与公益活动的心得，看着她兴奋的表情，作为一个健全人的我，在敬佩之余，也为自己没能更多地参与到公益活动中去而感到惭愧。"

由于舟车劳顿，罗京在被桑兰的精神打动之余，也时时关心着自己搭档的身体状况，提议中途稍做休整，并对桑兰关心有加。事后，旁人问起桑兰："和罗京在一起愉快吗？"桑兰的回答令人意外："他这人太逗了，一路上讲笑话，兴起时手舞足蹈，完全和主持《新闻联播》时两样，我看他主持娱乐节目更合适。"

罗京为消除桑兰赶路的疲惫，牺牲了自己的休息时间。桑兰回忆说："在我去这贫困山区的一路上，罗京老师都很照顾我，甚至我的身体情况他也时刻在关注着。在路上，因为我身体的原因，我频频地流鼻血，而每次他都非常紧张。他告诉所有的工作人员一定要注意我的身体情况，虽然这个活动是我自愿来的，但首先要保障我的身体。而这一次遇到罗京老师，似乎让我觉得他像哥哥一样照顾我，让我感激万分。有多少人知道我这样的苦？但那一句话、那一个关怀，似乎让我找到了所有的力量，我甚至能够忘却自己的伤痛！他很累！一路上我都在和他谈论那神秘的《新闻联播》，我虽然学习新闻，但对这背后的事情还是非常有兴趣，而他也不顾工作中的劳累，整个路途上一直给我讲那些背后的故事，他还激励我，让我更好地把所学变为所用。他和我聊他的儿子，聊现在的孩子，聊《新闻联播》中播音员的重要性，甚至他讲到过他的压力，的确那是个'神坛'，在众多人眼中都是高大的，但他用非常平实的话语将他这么多年的经历讲给我听。在去往长汀的山路上，几次他都睡着了，话题说到一半他已经进入梦乡，我知道他很累，他的确辛苦。他更是一个不折不扣的——好人！"[1]

罗京渴望尽快给予郑福金帮助和鼓励，他在日记中提道："期待着早日与她见面"。节目组的抵达也受到了当

---

[1] 桑兰.与罗京老师圆梦2008[J].央视新闻周刊，2009（22）.

地乡亲们的热烈欢迎。

"这是一个简陋得不能再简陋的体育场,凹凸不平,没有跑道,也没有任何地面体育设施。"这是罗京来到红山中学看望体育兴趣小组同学们时的感受。而就是这样一块简陋的场地,甚至还被附近的两所学校共用。罗京于是理解了为什么郑福金和当地孩子们的共同愿望都是拥有一块属于自己的操场。

此行意在为孩子们鼓劲、圆梦,于是罗京策划了一堂特殊的、令人难忘的体育课。他推着桑兰的轮椅,让郑福金的同学们围坐在桑兰的周围。罗京轻松幽默地和孩子们互动着,借由小小的玩笑告诉孩子们信心是一个运动员十分重要的品格,向孩子们讲述桑兰面临困难、挑战困难、不畏艰辛、不向困难低头、永不放弃、身残志坚的事迹,鼓励孩子们要胸怀梦想、立志成才。也许是喜欢上了这位有着不同人生阅历、充满爱心又坚强的姐姐,有些同学提议让桑兰姐姐教他们唱歌。《阳光总在风雨后》,这个歌名既是桑兰的人生信条,也是她对孩子们的鼓励与期许。

"看到孩子们快乐的笑脸,我忽然意识到,也许孩子们的要求并不高,你能够去关注他们,能够去和他们交流,能够知道他们的感受与梦想,能够鼓励他们去实现梦想,这已经让孩子们很满足了,这已经是在圆梦,已经是在做公益了。而这其实是每个普通人都可以轻而易举做

到的。当然我知道,此时此刻,面对着一张张笑脸,我和桑兰以及我们的圆梦团队所应做的,还远远不止这些,我们还会做更多的事情。眼前,是好好地把同学们的体育课上完。"罗京在日记里写道。

罗京问孩子们:"来一场足球比赛好不好?"这个提议立刻得到了孩子们的热烈响应。于是,在河滩边简陋的操场上,罗京脱下外套放在地上当球门,和这群山里的孩子们踢起了足球。桑兰一声哨响后,罗京和孩子们快乐地跑着笑着,一派欢声笑语。这场体育课的压轴戏由桑兰主持,她先是纠正了孩子们仰卧起坐的不规范动作,又把郑福金和她的老师叫到一边,为她5月2日的比赛,给她特殊的鼓励。郑福金穿着国家队的队服快乐地跑在凹凸不平的操场上,这已经是对她梦想的莫大鼓励了。"而我和我们的圆梦团队,还要更努力些。"罗京写道。

当了解到长汀县还有不少中小学校没有像样的运动场时,罗京要求节目组当即与中国扶贫基金会联系,当场

决定资助长汀县建10个篮球场。听到这个消息，孩子们的兴奋溢于言表。"他让我给孩子们讲讲运动员们的故事，他自己则像个大男孩一样带着孩子们赛跑、踢球。他和孩子们在一起，似乎让我找不到央视大腕儿的感觉。"桑兰笑着对旁人说道。

事后，罗京在一次谈话中说出了做助教的缘由："我希望被访者和我说话的时候不要保持距离，不管说的是什么，我想要挖出真实的感受。所以我跟他们一起打球、一起下田、一起吃饭，跟他们混熟一点，聊天的时候能够挖出一些东西。我们要通过沟通消除隔膜，我希望听到的是真实的想法。"

短短两三天时间，采访组的拍摄内容安排得满满的——给山村孩子上体育课，走访山村体育教师，调查缺少基础体育设施的学校状况，等等，罗京都全程介入了。真诚、真实、真心，这是罗京留给同事们最直接的感受。长汀县位于福建的偏僻地区，由于拍摄需要，采访组要在乡下过夜。红山村没有旅馆，乡政府只好腾出了简陋的办公室给他们住，罗京和桑兰毫不犹豫地说："没关

163

系,就住这儿。"这一幕打动了在场的每一个人。乡下的夜晚很早就安静下来了,这时候却听到一阵阵敲门声,门外传来的是罗京富有磁性的声音:"我沏了一壶茶,咱们再碰碰?"这一碰就又是碰到大半夜。

第二天,罗京一行来到离乡政府十多里外、车程四十分钟的中坪村,到郑福金家采访。由于身体原因,桑兰最终没能亲自造访郑福金的住处。

"在长汀的日子,每到吃饭或者赶路的时候,县里和市里的领导都会来客气地作陪。虽然贫困山区条件有限,但那里的领导都很热情,他们希望我们能够成为他们真正的客人,而我们下榻的旅馆和饭店与大都市比起来真的是天壤之别。每到一地,罗京老师都会坐在我这边的桌子上,告诉老黄照顾好我,让他们给我做可口的饭菜。而他则再三告诫接待人员,一切从简。但他对那些喜欢他的人们,永远都不会说'不',与他们一起合影,还拉着羞涩的饭店服务员合影,他知道那些人心中所想。到了镇里,我与他一起给孩子们上课,他却当起了我的助教,让我给孩子们讲讲运动员们的故事,他自己则像个大男孩一样带着孩子们赛跑、踢球。他是喜欢踢足球的,还是央视明星队的成员。从他的脚法看,他的确是一个不折不扣的球迷。他和孩子们在一起,似乎让我找不到央视'大碗儿'的感觉。长汀县的条件非常差,而且很冷。初春的山里一到晚上似乎像冬季一样寒冷。节目组本来考虑让我工作完成后返回龙岩,因为那里的住宿条件好。罗京老师也劝了我很多次,希望我回到那里。而他则是要住在长汀的,因为第二天他要代我去看望福金,那里还有十几里的山路,因为我行动不便,罗京老师再三做我的工作,他告诉我一定带上我的问候,去那里看看福金的家,同时让我好好休息。在长汀的那几日是我觉得最有意义的日子。罗京老师让我感受到很多,他的平和与他的爱,让我深受感动。在离开那所学校的时候,罗京老师与孩子们一起送我上车,我看到他向我们挥着手,我看到他对着我微笑,那个很少在电视中看到的——笑容罗京……他比我更加理解公益的真谛——不作秀,不夸张,就那样实实在在地想做件自己能做的、力所能及的事情。他喜欢孩子,更喜欢自己的儿子,甚至为自己的儿子骄傲……我,还有那些长汀县的孩子一定都会记得他的笑和他的好,而我也要更加激励自己继续向前。"[1]

在一次聊天中,罗京曾对桑兰解释自己对公益的理解:"我们只是强调公益,互通有无。我希望公益行动是一种常态化的感觉,而不是个案式的动作。我们希望唤起公益心,把公益变成自己的本能。在我的理解中,公德

---

[1] 桑兰.与罗京老师圆梦2008[J].央视新闻周刊,2009(22).

就是让大家遵守某些规则,但是如果上升到公益,就是我要主动去做,不仅是不要做什么,相反还要主动去维护,要去帮助别人。"

在和郑福金一同步行前往她家的路上,罗京跟着她,二人一前一后地走在绿荫葱葱的山间小路上。他一边轻松和蔼地与孩子交谈,一边了解她一家人的生活状况。在郑福金简陋的家中,罗京和他们一家拉起了家常,当得知福金父亲还在山下田里干农活时,罗京主动提出一起去帮忙。来到田间,罗京脱掉鞋子,挽起裤腿,踏进水田帮助郑爸爸干农活。"水很凉,我似乎更能体会到父亲为孩子成长所付出的辛苦,更能理解他对于孩子成长所寄予的期望。"罗京写道。他一边向郑福金的父亲讲述着自己和福金同龄的儿子,一边劝说他要支持福金到市里的体校学习训练,让女儿能圆自己的体育梦想。说到家

里的经济收入,老两口已经感到力不从心,但他们又坚定地表示,就算砸锅卖铁,也要供孩子上完学。两位父亲相视一笑,不论条件或环境,父母的望子成龙和无私奉献总是相似的。整整一个上午,罗京就没闲着,不是干这,就是干那。

很快到了午饭的时间,郑福金的母亲备好了午饭。郑家的伙食非常简单,白米饭加上晾干的咸萝卜干,碗盘摆

放在老旧的圆桌上，一家人围桌而坐，罗京吃得津津有味，坚决不让福金家为他额外加菜，和他们一起吃着农家菜干和一盘鸡蛋。这样简单的食物和淳朴的民风，一

方面让罗京的脸上露出发自内心的笑容，一方面又令他担忧，这样的饭菜无法给正在发育期还每天坚持长跑的郑福金提供足够的营养。

为了不耽误郑福金上课，节目组只让她请了半天假，午饭之后她就要赶回学校了。福金的父亲告诉罗京，每天从家到学校有十几里山路，为了省钱，福金舍不得坐车，每天凌晨5点就要出发跑到学校，山路是她的特殊跑道，每天跑着上下学是她的特殊训练方法。长期如此，福金越来越习惯跑步，也越来越喜欢跑步了。罗京听后心里五味杂陈，拉住福金的手，说："孩子，我也想试一试你的特殊跑道，体会体会你每天的训练感受。我跟你一起跑吧。"就这样，罗京与福金在大山里你追我赶地跑，一跑就是几里地，累得摄像呼哧带喘的，镜头怎么也追不上他们。

跑到山腰，罗京和福金并肩席地而坐。他问福

金,每天这样跑身体吃得消吗,会有头晕难受的时候吗,福金回答说,会。他又问,那会有坚持不下来的时候吗?孩子也回答说,会。罗京沉默了,半晌,他轻轻地问道,是怎么坚持下来的呢?小福金抱着膝盖望着远处,喏嚅道,因为想给家里减轻负担。"福金是个不善言说的孩子,但她很懂事,懂得用自己的努力去回报父母的恩德,去实现自己和家人的梦想。"罗京在日记里写道。

罗京一面亲切随和地对待孩子,一面把孩子受的苦记在了心里。于是,大家给他接风的宴席便生生地变成了忆苦饭。他严肃地说:"这顿饭,够那孩子一家过一年的吧?"这样的他怎么能不叫人心生敬意呢?他浑身散发着正气,随时都在影响着别人。

离开郑福金家时,罗京悄悄塞给郑福金母亲500元,郑福金父亲得知后,追赶着出来,打开车门把钱又塞进了汽车。看着远去的郑福金爸爸,罗京感慨道:"郑老伯真是个厚道老实的庄稼人。"

"4月29日,我去了郑福金的家,看到了她平时训练的跑道,感受到了她的家人们虽生活艰苦但积极乐观,尤其是郑福金的父亲,对女儿充满了自豪和期待。感谢你们给我创造了这个机会。"罗京写道。

当节目组要离开红山乡的时候,当地的乡亲们从村里纷纷赶来,要送送这群从北京来的明星。人们围拢在罗京身边,握手、签名、拍照,罗京始终微笑着,还抱起村民的孩子亲了亲。短短几天接触,罗京似乎把郑福金当成了自己的孩子,他拿出从北京带来的礼物送给她:有罗京妻子送的书包,还有罗京儿子送的MP3。临别时,看着泪眼汪汪的郑福金,罗京抚摸着她的肩膀,笑着说:"福金别哭,叔叔还会回来看你的。"

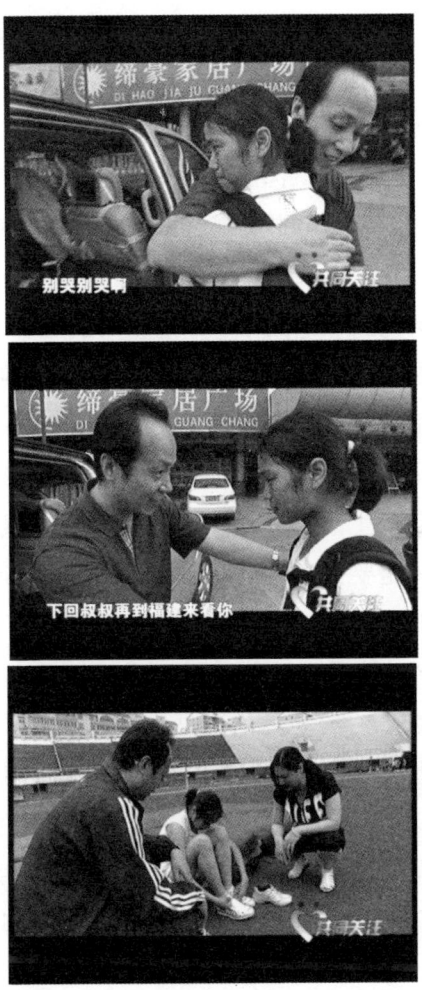

临走的那天，回到龙岩市，罗京说想去体校看看郑福金的训练，这是事先没有安排的。一到市里，罗京就直奔体育用品商店，专门为郑福金挑选了一双专业跑鞋，因为节目组之前曾向他透露，5月1日郑福金要第一次参加全市中学生田径比赛，比赛项目是800米和1500米中长跑。在体校场地上，罗京郑重地把跑鞋递给了郑福金。

之后，他站在看台上，看着这个与自己儿子同岁的农家女孩一遍遍从自己眼前跑过，眼中流露出慈父般的眼神。慈祥、柔情、细腻，这是罗京最打动人的魅力。

4月30日晚，因要赶第二天一早的航班飞北京，节目组一行人住在了厦门。在酒店大家讨论节目后期制作时，罗京悄悄把同行的谢海波叫到一边，郑重地表达了他想资助郑福金的意愿，并拿出2200元委托谢海波帮他办理郑福金一年的生活费，今后他每年都会寄来钱款并再三交代此事一定要保密。罗京希望有人能在他无法亲自陪伴郑福金时，替他多关心她的成长。罗京说："像福金这种贫困山区的孩子还很多，但今天我有缘碰上了，我尽点力资助她是应该的，也是值得的。"

5月1日，郑福金在龙岩市中学生田径运动会上分别摘取了800米和1500米比赛金牌。罗京得知这个消息后欣慰而快乐地大笑起来。在此后的日子里，罗京每每在电话里接到郑福金成绩的汇报都会充满感动。他对郑福金寄予厚望。

多年后,《共同关注》的策划李忠在回忆中提道:"之前只熟悉屏幕上的罗京,一个有着沉稳面容和极富磁性嗓音的《新闻联播》主持人。直到去年4月底,因制作大型公益节目《圆梦2008》,我才有机会与他共事。短短几日的相处,就彻底颠覆了他在我心中的印象,也正是基于这种取向,我们最终把《圆梦2008福建行》的节目标题改为《罗京日记》。"

罗京离开以后,罗京夫人刘继红同样没有间断对郑福金的资助,因为她了解罗京,并且她和罗京是一样的人。在郑福金人生的重要阶段,她还会打电话去慰问。刘继红说,如今,当年的小福金已经长大成人,成家立业,并且已经成了准妈妈。截至2018年,郑福金曾两次和哥哥一起前来北京看望刘继红,并和她一起去陵园看望罗京,她理解罗京没有办法兑现再去福建看她的诺言,但是她一定要来北京看看这位给予过她帮助的好人。

与名利、光环、鲜花和赞誉相比较,"好人"大概是一个简单得不能再简单的评价,而对一名公众人物而言,这恐怕是对他最高的褒奖,其中的分量不言自明。亲人说他好,因为他孝顺、爱家、有责任心;同事说他好,因为他业务过硬、为人正直、善解人意;观众说他好,源于他洁身自好、热心公益的良好公众形象。罗京为人低调,而他对待公益活动的态度却是有求必应。

"我希望公益行动是一种常态化的感觉,而不是个案式的动作。我们希望唤起公益心,把公益变成自己的本能。"——这就是罗京对公益的理解,朴素而真诚。

播音风格

播音是具有鲜明时代特征的创作艺术。不同时代的政治、经济以及人们的实践活动和社会思潮、价值观念、审美追求等都会对播音创作风格的形成产生强烈的影响。

所谓播音风格,指"播音员在播音创作中所体现出来的创作个性和艺术特色。它以运动的状态贯穿播音创作的全过程,又以相对稳定的状态凝结在播音作品中……所以播音风格是播音员在长期艰苦的播音创作实践中逐渐积累形成的。"[1]早在1992年,针对当时实践中出现的具有风格差异的代表作,张颂教授就提出:"风格化,是播音艺术成熟的标志。"[2]"播音风格的实质是播音创作的多种形态的表现。播音风格,从广义上讲,包括播音创作中所体现出来的时代风格、民族风格、阶级风

---

[1] 姚喜双.播音导论教程[M].北京:中国广播电视出版社,2001:149.
[2] 张颂.研究播音理论是一项紧迫的任务[M]//张颂,乔石.论播音艺术.北京:北京广播学院出版社,1992:25.

格、节目和稿件的风格、播音员的风格。"① "一个播音员要具有属于自己的播音风格,必然具有一种区别于其他播音员的特质,这种特质是其经过长期的播音实践后逐渐形成于骨子里的、独有的特质。"②

人民广播80年的光辉实践,造就了一批批具有特色的优秀播音员。他们的播音风格,有的雄浑豪放,有的大气稳健,有的细致严谨,有的端庄大方,有的遒劲潇洒,有的铿锵酣畅……播音风格本身就具有多样性和可变性。正如我们所看到的,"同一时代的播音员具有不同的播音风格,同一播音员在不同时代风格也会有变化;同一篇稿件不同的播音员播会有不同的风格,同一播音员播不同的稿件风格也会有变化"③。以上这些都反映了播音风格的多样性和可变性特征。在1983年至2008年的26年播音主持生涯中,罗京主持过的最具有代表性

的节目就是《新闻联播》。可以说,《新闻联播》见证了罗京播音风格的形成和发展。因此,其播音风格的形成自然离不开《新闻联播》的节目特色,离不开改革开放的历史背景,离不开他自身的性格……

---

① 播音导论教程[M].北京:中国广播电视出版社,2001:149.
② 姚喜双,杨成.谈罗京的播音风格[J].现代传播,2010(1).
③ 姚喜双.播音风格探[M].北京:中国文联出版社,1992(33).

姚喜双是罗京79级播音班的同学,也是罗京生活中非常要好的朋友。他的专著《播音风格探》专门针对播音风格进行了系统、全面的研究。罗京去世后,他成为率先研究罗京播音风格的人。他以独特的视角科学严谨地概括了罗京的播音风格,并以访谈的方式回忆了罗京的播音生涯,探讨了罗京在播音创作中体现出的个性特色,还从主观和客观两个方面分析了罗京播音风格形成的诸多因素。罗京的"持重"风格就是姚喜双老师首先提出的。

中国广播电视协会会长李丹说:"罗京的主持风格不但字正腔圆、庄重大气,他的声音里同样有活力、有朝气。他既继承了老一辈播音员、主持人的风格,又融入了新的时代气息,再加上他独特的人格、性格魅力,从而形成了鲜明的'罗京风格'。"[1]

在26年的新闻播报生涯中,罗京在对稿件的处理上,尤其是在一些重大事件的报道中,例如邓小平同志逝世、我国驻南使馆被炸、香港回归、"十七大"召开、奥运会开幕式……无论是赞颂、缅怀,还是抨击、谴责,罗京对于自己声音起伏变化的调整和思想感情运动的掌控都十分得当,他以出色的专业素养将蕴含在稿件中的观点、态度清晰准确地传递给观众并产生了良好的反响。无论是"以事醒人""以情感人",还是"以理服人""以美愉人",罗京的播音创作成果最终都能够和受众达到"信息

---

[1] 罗京播音主持艺术论析[J].电视研究,2009(9).

共享""认知共识""愉悦共鸣"的地步,上升到语言传播的审美空间。他在继承了新中国人民广播爱憎分明、刚柔相济、严谨生动、亲切朴实的播音风格的基础上又有所创新。内在性格特点和外部成长环境使他在播报中形成了持重稳健、刚劲昂扬、庄重严肃、质朴儒雅的风格。

一、罗京播音风格的形成

风格的形成,既有它的外部原因,也有它的内部原因。时代、民族、经济、制度,以及传播平台、地域和节目等,这些都构成了播音风格形成的外部原因;此外,还有内部原因,包括个人的生活经历、性格特征、业务条件、价值取向、审美追求等,这些都是播音员在长期艰苦的创作实践中得来的。

1. 时代背景

从时代的角度看,罗京顺应了我国改革开放的时代背景,从1979年开始学习播音到2009年离开我们,整整30年,而中国改革开放的30年,也刚好是罗京在播音领域学习和工作的30年。30年间,中国不仅经济飞速发展,国外的一些新鲜事物也开始不断流入并影响人们的生活,这些有利的条件促使我国的新闻媒体事业迅速发展壮大,并且顺应时代的变化飞速地发展,进入一个新的高峰时期。在人们生活水平不断提高和科技迅猛发展的背景下，电视几乎成为每家每户必备的家庭生活用品之一。与齐越、夏青、方明等老一辈播音员相比较，罗京成长在一个社会不断进步发展和人民生活水平不断提高的时代。在各种新鲜事物的冲击和先进思想的影响下，在信息接触渠道越发便捷发达的情况下，罗京获得了更多更好的为播音事业作贡献的机会。同时，科技的发展、卫星的出现也推动了电视技术的创新发展，电视由黑白变为彩色，信号制式也在不断更新换代……这些都为广大人民群众听到或者收看到罗京的新闻节目打下了坚实的基础。此外，随着科技的发展，信息互动更加活跃，电视新闻主播已经能够随时收到受众的反馈意见，这又进一步促使罗京的播音经验在实践中得到不断积累和完善，从而获得更多受众的认可。可以说，罗京是顺应时代而生，同时被时代所造就的。也可以说，他的播音正是时代的写照，他所经历的时代刚好是我国电视事业大发展、逐步走向成熟的时代。他的风格所体现出来的特点，正是我们这个民族的风格内涵的体现，充分体现出了我们中华民族的堂堂大国之声，体现出了中国老百姓喜闻乐见的中国作风和中国气派。

2. 民族特性

播音风格不仅受时代的影响,还根植于民族的土壤。中华民族是一个勤劳、智慧、勇敢、顽强、坚定、自信、豪迈、大度的民族,中华民族的传统心理特点是内敛、谦虚、礼让、低调,中华儿女受传统孔孟思想的影响,大都为人诚恳、吃苦耐劳、善于奉献、乐于助人。在传统意识的熏陶下,任何艺术风格都带有传统的气息。许多老一辈播音员的播音风格之所以能够形成并被大家所接受和认同,正是因为那些风格展现了中华民族顽强不屈的民族精神和蓬勃向上的民族性格,体现了中国几千年的傲立风范。同样,这种风格和气节也潜移默化地影响着罗京的播音风格。罗京播音的风格正是受到民族特性的影响而形成的。他的风格不仅体现了民族精神和民族性格,还符合中华民族的审美需求,因此能为广大人民群众所喜爱,既具有生命力,又能"镌刻上民族性的烙印"[①]。不管是作为采访各国政要的新闻记者,还是作为一名普普通通的群众,罗京始终不卑不亢、坚定乐观、谦逊大度、勇敢智慧,这些都是与我们中华民族的传统密不可分的。

总之,中华民族悠久的历史与深厚的文化积淀,带给罗京持重稳健的气质;中华民族自信、豪迈的气度又促使

---

① 普希金.短论抄[M]//文学的战斗传统.上海:新文艺出版社,1953:42.

罗京在播音主持中愈加大气磅礴、刚劲昂扬；中华民族在抵御外敌侵犯的历史长河中素来不畏艰难险阻的民族气节流淌到罗京的播音血液之中，又给了他庄重严肃的气质。在我国五千年灿烂传统文化的熏陶下，罗京在生活中亲切有礼，在工作中谦逊待人，逐渐形成了质朴儒雅的风格。罗京的播音风格正是与这种民族传统、审美追求一脉相承的，这些美好的东西融入他的血液里，使他养成了独有的气质。久而久之，这种持重稳健、刚劲昂扬、严肃质朴、庄重儒雅的风格便必然在他的播音创作风格中沉淀下来。

3. 政治环境

不同的政治立场和观点也是影响播音主持风格形成的重要因素之一。在阶级社会里，任何艺术风格都会受到一定阶级的审美要求和审美理念的影响和制约，播音风格也不例外。由于播音工作具有广播电视的新闻属性，播音员也是党的宣传员，所以播音风格自然具有阶级性，播音风格中蕴含的政治性也很明显。齐越先生曾说："世界上有各种各样的播音员，我是中国人民的播音员，中国共产党的播音员，我引以为豪。"在这种立场的影响下，罗京的播音风格也具备了相应的特质，他在采访和演讲中也曾不止一次地强调自己是党和人民的喉舌，要传递党的信息和人民的心声。随着我国国际地位的逐步提高，国家的影响力逐渐增强，这使得罗京的头脑里一直具有很强烈的国家意识，在播报时，他始终保持着一种为党宣传、为人民宣传的姿态。

正是这种信仰和姿态使得罗京不管在怎样的情况下都能圆满地完成党、国家交给的任务。罗京对一些重要稿件的态度把握和分寸拿捏十分到位，不仅能让广大受众理解稿件所要传达的信息，还能让信息的内容更加令人信服。

4. 节目定位

中国地域广阔，拥有56个民族，具有典型的地域特征。不同的地域具有不同的民俗特点、生活情趣和艺术审美，这在无形中会影响播音员、主持人风格的形成。"如江南一带的电视台、电台中播音员的风格较为亲切、细腻、柔和，而北方的媒体中，播音员、主持人的风格则较为大气、刚直。"①罗京在北京长大，北京丰富的文化资源和深厚的历史沉淀带给他很大的影响。北方人稳重、大方的性格也为罗京日后播音风格的形成提供了条件。作为我国政治、经济、文化的中心，北京为罗京提供了大量的信息，使他充实了自己的生活，也使他的风格特色愈加明显。相对于地方台而言，中央电视台是国内第一大台，无论是技术条件还是创作班底都是独一无二的；同时，中央电视台对播音员的专业能力也有

---

① 姚喜双.播音导论教程[M].北京：中国广播电视出版社，2001：191-192.

更高的要求。这些势必都会对罗京的播音风格产生一定的影响。

中央电视台的《新闻联播》是国内最权威、最重要的新闻播报类节目,势必要求播音员在节目中呈现出严谨、端庄的大台风范,对播音员、主持人的播出状态、识读能力和心理素质都有更加严格的标准。《新闻联播》播出时间为30分钟左右,播音员口播的部分(常态新闻)只有三四分钟,如果再考虑男女对播的因素,每人每档节目的口播量就更少了。这样的播音是容易还是简单呢?我们都知道,书法中笔画少的字远远比笔画多的字难写。同理,《新闻联播》的口播难就难在要在短短的一句导语或串联词中体现出一种把握和指向。罗京的魅力就在于在不动声色中传达出一种精神、一种理解。这样的工作环境更进一步促进了罗京持重的播音风格的形成。有稿播音需要播音员在文字语言的基础上对稿件进行二度创作,播音员要将自己的播音风格与稿件的风格有机地结合起来,通过稿件播读传递出符合栏目定位的恰切情感。由于《新闻联播》是我国电视新闻播报的最高平台,经常会遇到重大新闻事件的播报,因此,结合稿件内容,罗京在播报中所表现出来的风格特点自然会呈现出庄重严肃的一面。

此外,《新闻联播》栏目从创建之初就一直在蓬勃健康地发展,电视台老一代的播音员们如沈力、赵忠祥等出色的业务能力也都为罗京做出了榜样,这对罗京个人播音风格的形成有所助益。

作为视听结合的媒体节目,《新闻联播》展现给受众的不仅仅是有声语言,还有视觉上的内容。所以,它要求播音员、主持人在通过节目传递信息的过程中要同时兼顾自己的有声语言和副语言。不同播音员、主持人的外表、谈吐、举止都会通过屏幕让观众产生不同的感受,这也是播音员、主持人形成各自不同风格的一个重要因素。

除了上述客观原因外,罗京播音风格的形成还有很多重要的主观原因,包括其生活经历、性格特征、审美追求和业务条件。

5. 生活经历

播音员生活在社会当中,因此社会生活的时空会时时刻刻作用于他们,他们自然会被瞬息万变的社会生活所影响。所以,播音员的生活经历自然也会潜移默化地影响到他们播音主持风格的形成。比如"齐越3岁丧母,自幼在家里受后母的虐待和歧视,养成了富于反抗的倔强的性格;人民革命和人民解放战争的实践,培养了他爱憎分明、坚韧刚毅的精神,所以他的播音中体现出坚定豪放的风格特征"[①]。

罗京的父母都是四川人,他们20世纪50年代才来到北京,罗京是家中的第二个孩子,他上面还有一个哥哥,这让他从小懂得分享。罗京是奶奶带大的,奶奶

---

① 姚喜双.播音导论教程[M].北京:中国广播电视出版社,2001:194-195.

是懂得生活和热爱生活的人，因此他的生活被奶奶打理得有条不紊。上大学的时候他经常穿一件绿色的衣服，虽然衣服被奶奶洗得有些泛白，但是奶奶用钩针在这件衣服的领子上钩织了白色衬领，这让罗京在衣服的衬托下显得十分利落、干净。罗京的任何一件白色衣服，即便穿旧了、穿破了，也不会泛黄，就是因为奶奶总是会认真地手洗并用碱水蒸煮。受奶奶的影响，罗京做事也是井井有条的。他的书本永远摆放得整整齐齐、很有秩序，同学向他借书时，他能准确地告诉对方自己的书放在课桌的哪个位置。作为班长，他总会合理地规划学习时间，利用做好功课的间隙为同学们跑前跑后地服务，送信，送报纸，送饭票等。这些都为他今后的播音风格打下了基础。毕业后，每年春节，79级播音班的同学都会聚会，不管台里的工作有多忙，罗京都会参加，在饭桌上，大家谈笑风生，一起怀念大学的美好时光，交流各自目前的生活状态……从这些细节上我们可以看出，罗京是个对生活细致、有追求的人，对工作认真负责的人，这必然会反映到他在播音创作时对细节的处理上。高标准、严要求造就了罗京26年播音几乎无差错的传奇。

此外，罗京是土生土长的北京人，无论是从他的个人成长还是从他所接受的教育来看，他都拥有一个很好的语言环境。他从小接受普通话教育，字音准确，免去了大量纠正发音的过程。此外，身处作为政治文化中心的北京,他能接受的信息量也很大,这使得罗京的眼界和思想很开阔、很自信。

罗京从小到大严谨的生活方式和朴实的生活作风,后来反映到了他所从事的《新闻联播》的播音工作中,对他日后质朴儒雅的播音风格的形成也起到了至关重要的作用。

6. 性格特征

"性格气质,是人的一种生理心理素质的综合,是人类高级神经活动特性的有机结合,是先天素质与后天陶冶交互作用的'合金'。性格气质具有独特性和稳定性。它是播音员进行播音创作的心理和生理方面的内在动力,它构成了播音员审美个性的生理心理基础,它主要通过情感、情绪的途径作用于播音员的语言表达方式。"[1]不同的性格特征自然决定着播音员不同的语言表达方式,也会直接促使其形成不同的播音风格。

罗京从小是一个有些内敛、容易害羞的人,凡事都喜欢默默无闻地站在众人的身后,总是不争不抢,不显山不露水。相对于凸显自己,他更乐于衬托他人,从他在大学开学时联欢会上的表演就可以看出他的害羞和内向。罗京做事很有计划性,素来都能保持头脑清醒、心中有数,

---

[1] 姚喜双.播音导论教程[M].北京:中国广播电视出版社,2001:194.

近乎是个完美主义者。从他在大学期间一口饭一口菜搭配着吃的事儿就可以看出他很有计划性。此外，罗京还有一股不服输的精神，虽然刚刚考进大学时专业成绩拖了后腿，他却能够通过持之以恒的练习变成班里的专业优等生。罗京外表虽然严肃但是内心热情、浪漫，是一个文艺青年。他从小喜爱京剧、热爱体育，一直是学校的文艺骨干。每个周末，同学们去舞会跳舞，他就会坐在旁边观看，边欣赏边学习；平日里，同学们晚自习学习累了，他会弹上一曲悠扬的音乐为大家放松；平时，同学们在一起聊天，罗京就会搬一个小板凳坐在旁边听大家聊，对于大家聊天的内容和每个人的观点，他心里都十分有数。等到上课大家讨论问题的时候，他经常会很执着地阐述自己的观点，并且会细致地讲解自己的看法，直到讲清楚为止。但他并不固执，他也会虚心听取别人的意见和观点，因为他特别懂得包容。他坚定、认真、谦和、严肃的性格特征，对其日后工作中庄重严肃、质朴儒雅的播音风格的形成起到了一定的辅助作用。

7. 审美追求

播音是播音员对文字稿件作品的二度创作，播音风格的形成过程，从某一个角度来说也是对播音的美的创造和追求过程。播音员、主持人不同的审美追求，对其播音风格的形成具有重要影响，因此播音风格与播音员、主持人自身的审美追求是密不可分的。审美追求除了以个人的性格气质、生活实践为基础之外,还融入了不同文化素质、思想修养等方面的重要特征。比如,齐越在播音创作中十分强调真实,"真"是齐越播读稿件的核心。在齐越的访谈记录中有他说的这样一句话:"对所播稿件要动真心,对广大听众要动真情。"①

罗京从小就喜欢京剧,喜欢看,也喜欢唱。他在播音创作的过程中,将京剧这种传统文化艺术形式中的端庄、严谨、规整、稳重提炼出来运用到了自己的播音创作之中,使得这些特质和自己的沉稳作风恰切地融合到了一起,最终促成了他在播音创作上持重稳健、刚劲昂扬的风格的形成。与此同时,缘于自身的兴趣爱好,罗京的京剧唱得很好。正因如此,他也深受戏曲名家勤奋学习、刻苦练功的态度的影响。他将这种学习态度用到了自己的学习工作中并一直坚持了下来,从而为其持重稳健的播音风格打下了坚实的基础。所以说,罗京播音主持风格的形成不是偶然的,而是由他的审美追求所决定的。

罗京不仅追求严谨,同时也追求完美,罗京在工作中对于完美的追求可以说达到了细致入微的程度。从他常年在主播台桌下放一本最新版的《现代汉语词典》的做法中我们就可以看到他一丝不苟的严肃精神,从被他翻烂了的无数本字典中我们可以看到他高度的敬业精神。

---

① 姚喜双.播音导论教程[M].北京:中国广播电视出版社,2001:169.

他的播音创作不仅富有使命感和责任感，更因其严肃认真的态度而充满了真实性和可信性。

8. 业务条件

业务条件主要指个人的嗓音条件和形象条件，每个人的声音条件、形象条件是形成不同播音风格的基础。对于罗京鲜明播音风格的形成，最具有决定性作用的应该就是他出众的业务能力。

罗京是一个专业素质很好的播音员。从生理条件上讲，罗京的音质干净、明亮、清新、纯正，且共鸣突出。通过长期对姊妹艺术京剧的借鉴学习，他继承了传统艺术良好的发声方式，因而他的声音更加刚健、磁性、稳健、集中，他的表达也因此而更加规整且富有感染力。当然，罗京能够清醒地意识到，拥有好的生理条件并不意味着自己就可以毫不费力地成为一名优秀的播音员。只有遵循播音的创作规律，练好基本功，将生理条件和恰切的情感有机地结合起来才会使语言创作更具生命力。罗京在大学期间出了名地用功，在学习创作准备阶段，针对备稿的训练，别的同学往往练习准备一篇稿件，他却练习、准备三篇。对于吐字发音这种基础性的用声训练，罗京更是格外重视，他心里特别明白基本功的重要性，他经常会找一个没人的地方，一个人不停地练习，直到自己满意为止。正是有了这种勤奋刻苦、认真严谨的训练，罗京在走上《新闻联播》工作岗位后才会有优异的表现。

除了上课、上班以外，罗京在日常生活中也始终保持科学的用声状态，从不懈怠。根据不同稿件的需要，罗京会对自己的用声进行调整，以适应不同语境下风格各异的话语样式。对于不同体裁的稿件、不同类型的节目，他处理得都很到位，充分展现出了他扎实的专业功底。

罗京的成功在于他不断地提升自我，去适应飞速发展的广播电视事业。他曾讲过，专业能力不是一蹴而就的，是长期培养而来的。工作后，罗京下班回到家也总是会关注各类电视节目，他看电视不是看热闹而是看门道，这让他从中汲取了很多的营养。罗京做事非常认真、非常踏实，这是成就他专业实力的核心。

罗京出色的业务能力在单位得到了领导和同事的一致认可，特别是在对一些紧急重大稿件的处理上，无论是对态度的把握、分寸的拿捏，还是临场的应变，他都能够在最短时间内做到完美无瑕。在无数的紧急关头，罗京都凭借着自己深厚的基本功和良好的播音状态，将重要的内容准确无误、鲜明生动地传送到千家万户。正是他出色的业务条件在很大程度上促成了他持重稳健的播音风格。

二、罗京播音风格的特点

在长达26年的播音工作中，罗京继承了爱憎分明、刚柔相济、严谨生动、亲切朴实的播音风格,他特有的鼻音中洋溢着的坚定与锐利,他内在的性格特点和外部的成长环境使他形成了独特鲜明的个性气质。伴随着稳健、明亮的音质,他在播报中呈现出的持重稳健、刚劲昂扬、庄重严肃、质朴儒雅的风格也跟着沉淀了下来。

1. 持重稳健

罗京播音风格的核心定义首先可以说是"持重稳健"这四个字,因为它体现了罗京在工作中沉稳的风范、清醒的意识和冷静的头脑,可以凸显他出众的业务能力,这四个字贯穿了他整个播音生涯的始终。罗京从事《新闻联播》播音工作26年期间,几乎没有出现过差错和失误。播音时,他对于稿件整体基调、节奏和分寸的把控力,对于情感的自制力令人折服,无论面临怎样急、难、险、重的稿件,他都能够出色地在电视荧屏上展现出一种气定神闲的庄重可信,表现出一个大国播音员的风度,体现出央视作为一个大台的风度。

任何一篇新闻稿件的播读,都需要播音员在充分了解稿件内容的基础上,主动地将语言表达的内外部技巧恰切地结合起来并将它们运用到表达中,再将内容准确、鲜明、生动地传达出去。从播音专业的理论和实践两方面来看,"持重稳健"首先要求播音员在把握好整体基调的同时拿捏好分寸。基调指全篇总的感情色彩和分量,色彩尚好把握,而分量就体现在分寸的拿捏之间。

"分寸"二字说起来容易,却是节目中最难把握的。凡事总要有个度,而这度中所包含的分寸感却是一个玄而又玄、看不见又摸不着的界定。在播音创作中,分寸感经常被提及,可是它就像宋玉眼中的美人,增之一分太长,减之一分则太短,完全要凭借创作者的审美感觉去把握。孔夫子曾在两千多年前将"中庸"二字作为人生的最高准则。"中庸"一词中的"中",即"折中,无过,也无不及"的调和。"中庸"不只是孔夫子发明的、中国人独有的为人处世之道,古希腊哲学家亚里士多德也曾提出"中庸"一说,他的中庸之道不是庸俗一流,不是模棱两可和苟且的折中,而是一种不偏不倚的毅力和综合的意志。"在和谐的秩序里是极度的紧张,回旋着力量,满而不溢。"

宗白华先生所介绍的希腊哲学家的艺术理论,也许正好可以作为"分寸感"的注解。在播音创作中,"无过头"和"无不及"就是度之最精准、最恰到好处的创作空间,是拿捏到位的最恰当的表述,但是这个"度"存在于播音员的意识之间、感觉之中。罗京在创作中对其的掌握可谓恰到好处,而这,离不开他个人的修为。

以罗京播报的邓小平逝世讣告为例。1997年2月20日,罗京在《新闻联播》中播出的邓小平同志逝世的讣告,可以让观众明显地感受到其持重稳健的风格。相对于罗京之前播报的国家领导人的讣告,在这个讣告的播报表达过程中,观众能够感受到罗京播报的语速更加缓慢,同时语气上也处理得更加沉重。罗京以坚定的眼神、严肃的表情、悲伤庄重的语气传达了对一代伟人逝世的悲痛。讣告开播前有长达一分多钟的哀乐铺垫,罗京一开口就将所有人带入了那种举国皆悲的氛围当中。三句话、三个句群、三个层次、三个递进,罗京以恰当的语气、语势和分寸,节奏精准地传达出了讣告的内容和精神,层次清晰、脉络分明。在播报这条讣告时,罗京虽然心中充满了悲痛之情,但是他仍能以高度的职业素养、稳健的心理状态从一个客观的角度进行播报。讣告的基调是悲痛庄重的,但是还需要做到哀而不伤。罗京在确定了讣告悲痛、庄重的基调之后,在播报时通过对自己语气、语势、语速、节奏和情绪的调度与控制,对通篇布局把握拿捏到位,运用缓慢的语速和节奏,语调深沉哀痛,既充满了内在情感张力,又不满不溢,表达精准到位。

罗京稳健的专业作风让他能够在情绪激动的情况下正确使用胸腹联合式呼吸法发声播报,以气息带动声音,在气息扎实稳健、具有支撑力的前提下进行气息的快吸慢呼,使整个发声过程成为一个长叹气的过程。但这个过程又不仅仅是气息的运用,他还将内心积淀的悲痛之情恰到好处地融入了表达之中,完美地做到了情、声、气有机结合的稳定状态。这充分体现了罗京播音时所具备的持重与稳健的特点。播报时,罗京的心情经由"悲痛"转化为"悲壮",分寸的拿捏之间展示出了技高一筹的专业素养。

罗京深知,作为新闻工作者,自己要在节目中从一个客观的角度播报内容。即使内心充满悲痛,也要在节目中通过庄重的声音,以准确的基调和恰当的分寸将信息传达给受众。就这样,罗京让我们在他稳健庄重的声音中感受到一代伟人逝世的悲痛。在语言速度控制方面,讣告的播报速度要比正常新闻播报的速度慢。即使是快速播报,传达至受众的耳中时,仍应是一个平稳的视听状态。因此,在语速相对较慢的讣告里,播音员必须准确地突出重音、驾驭停连,这样才能鲜明地突出新闻内容的重点,将情感更为精准地表达出来。例如,对讣告中的"邓小平""1997年2月19日21时08分""北京"等词语,罗京都进行了着重强调,加重了语气。全篇讣告语流平缓、重音突出、态度鲜明、基调准确、感情饱满、节奏稳健。罗京以其持重稳健的表达，将中国人民的悲痛之情准确地传递了出去。仅仅通过罗京播报的声音、语调和眼神，人们就能够感受到无比心痛和惋惜之情。正是这种对于整体基调情感和分寸节奏的准确拿捏，使罗京的持重风格在节目中表现得淋漓尽致。

郎永淳在追忆罗京的时候说，罗京在邓小平同志逝世的时候，是连夜赶到台里的，在演播台上一播就是48个小时。在这种挑战生理极限的非常状态下，罗京的每一次播报依然情绪饱满、饱含深情，每篇报道带给观众的都是对邓小平同志的无限怀念。我想这48小时的播报可以作为罗京的代表作，也是我们晚辈学习、努力的方向。

2. 刚劲昂扬

罗京的播音风格还体现在"刚劲昂扬"这四个字上。

例如1999年10月1日，在我国50周年国庆阅兵的直播中，罗京用声音将解说词与自己的所见所感结合起来，展现了新中国50年的沧桑巨变。在这50年中，尤其在改革开放后，中国顺应了历史的变化，找到了适合自己的改革开放道路，中国变得越来越强大，人民的物质生活和精神生活变得更加丰富多彩。"轰鸣的礼炮是共和国顽强穿越的滚滚风雷，我们从英雄的历史出发，向辉煌的未来前进，步伐坚定有力,传达着保卫祖国安宁的神圣。"[1]罗京经历了从1978年开始的改革开放,经历了新时期的变化,经历了现代化的发展,这不同时期的变化与发展给罗京带来了深刻的体会和感悟。正因如此,罗京在解说时感同身受,他的表达字字珠玑、气宇轩昂,他的表达令大家对祖国的赞美歌颂之情油然而生。在解说中国人民解放军方队时,罗京用声洪亮、表达流畅、声音优美、情感充沛,他的表达昂扬稳健且质朴、真诚,自然而然地凸显了中国人民解放军军队的浩然大气和保家卫国的决心。他的表达让中华民族的大国气派浑然天成,同时,在真挚的情感表达中又真切地体现出了他对军人的敬佩之情。在解说各省市人民代表方队时,解说词里有这样一句:"我们目前的经济总量已经跃居世界第七位,人民生活水平已经步入小康。"播读这句话时罗京运用了语言表达内部技巧中的情景再现法,用设身处地的方法联想当下丰富的物质生活和精神生活来充分调动自己的情感表达,同时,语气准确到位,他采用了柔和的音色和较高的音高,字音弹发,饱满灵动,语气上扬,语速偏快,借用情、声、气三者的相互配合,把情感表达得更加真挚丰盈,也使得语言表达更加刚劲昂扬。在解说到农民代表方队的时候,他说:"20年来我们用占世界7%的耕地解决了占世界22%人口的温饱问题,主要农作物产品的产量居世界第一位。"罗

---

[1] 本段解说词均摘自罗京播音解说的《50周年国庆阅兵》节目。

京再次快速运用情景再现的内部技巧，展现了淳朴农民劳动的艰辛以及他们为社会作出巨大贡献所付出的汗水和所取得的成绩。罗京充分运用情、气、声，准确无误、情绪饱满地表达出了新闻内容的主旨。如若细细体味罗京的新闻播报，我们可以发现，除了独具特色的音质外，罗京的音量收放自如、气息扎实稳健、停连设置有序、重点鲜明突出、语流表达顺畅，收到了气韵贯通、神情兼备的效果。

从建国50周年的国庆阅兵直播中我们可以看出，罗京播报的字数虽然不多，但他在整个播报过程中十分注意层次的转换，表达层次清晰、脉络分明，将新闻内容的主旨在层次的变化间自然流畅地凸显了出来，简洁的文字中传达出巨大的信息量。罗京以出色的专业素养映衬了大气磅礴的庆典，将我国改革开放的画卷活灵活现地展现在大家眼前，他刚劲昂扬的表达使每一位观众都受到了鼓舞，同时也让每一位观众自然而然地感受到了祖国的强大和生生不息。

再如，在十届人大二次会议的直播中，罗京播读道："已经过去的2003年是不平凡的一年，在这一年里，面对繁杂多变的国际形势和国内繁重艰巨的建设任务，面对各种突发事件和自然灾害，全国各族人民在以胡锦涛总书记为代表的党中央的坚强领导下，高举邓小平理论和"三个代表"重要思想伟大理论旗帜，全面贯彻十六大精神，万众一心、团结奋斗，取得了改革开放和现代化建设的新成就。我国经济发展、民族团结、社会稳定,全面建设小康社会开局良好。2004年是我国改革和发展十分关键的一年,是我们奋进在全面建设小康社会征程上的重要一年。十届人大二次会议的召开,承前启后、继往开来,具有不同寻常的深远意义。"[①]在这短短一分多钟的开场直播中,罗京带着满心的喜悦与自信,以高亢激昂的基调展现了中国2003年的全面发展,带给观众无比的自信和力量。在播报这段新闻时,罗京将"不平凡""建设任务""胡锦涛总书记""邓小平理论和'三个代表'重要思想""十六大精神""万众一心、团结奋斗"等词语以对比的方式在表达中加以强调和突出,以坚定的眼神和刚劲昂扬的声音传送了出来。罗京的声音明亮高昂,吐字刚劲有力、重点突出、停连得当、态度鲜明、基调准确,贴切地将语言表达的内外部技巧融合在稿件的表达中,使得这段新闻通过他的播音带给观众巨大的鼓舞,让大家信心倍增。

  罗京刚劲昂扬的播音风格还体现在他对于解说的独特表达上,例如在《十六大党章电视教材》中的解说,他从多方面展现了伟大祖国的蓬勃发展,让观众从画面和声音的结合中再一次感受到了伟大祖国无限的魅力。其中有这样一段内容:"人们不会忘记,十一届三中全会以来,我们党经过艰辛探索,找到了建设中国特色社会主义

---

① 转写自罗京主持十届人大二次会议现场直播视频资料。

的正确道路。经过全党和全国各族人民的共同努力,我们胜利实现了现代化建设'三步走'战略的第一步、第二步目标,人民生活总体上达到小康水平。这是社会主义制度的伟大胜利,是中华民族发展史上一个新的里程碑。在世界社会主义运动发生严重曲折、国际风云急剧变幻的局面中,我们党砥柱中流、岿然不动,社会主义的中国展现出蓬勃的生机和活力,中华民族的伟大复兴展现出灿烂的前景。"

文稿的最后一句话——"在世界社会主义运动发生严重曲折、国际风云急剧变幻的局面中,我们党砥柱中流、岿然不动,社会主义的中国展现出蓬勃的生机和活力,中华民族的伟大复兴展现出灿烂的前景。"如果单纯从字面意思来看,这句话是在说中国共产党顺应时代的发展,推进了中国社会主义蓬勃发展,但实际上播读时还需要表现出其内涵,即中国共产党勇于在逆境中寻求出路,具有开拓创新的毅力和走中国特色社会主义道路的创新理念。所以,在表达这段内容时,如果仅仅看到文字表面的意思,表达出来的态度可能就会显得偏于直白,语气也会相对平缓。但是罗京却以其出色的专业素养挖掘出了语句背后的含义,以恰如其分的态度和语气将语句的内在含义充分表现了出来。罗京对这句话的处理重音突出、停连清楚,用外部技巧充分映衬出了内在语的含义,以他的语言张力贴切地表达出了应有的情感,突出了我们党的形象及其走过的艰辛历程,刚劲昂扬,极富感染力。

　　此外,从语言表达的外部技巧应用来看,罗京联系播出背景,在明确专题片的播出目的和整个基调的前提下,整个表达层次清晰、主题鲜明、重点突出。在实际表达过程中,他通过对停连、重音、语气、节奏的把控将内外部技巧完美地结合起来,以刚劲昂扬的风格将其旋律优美地展现了出来。在文稿重音的处理上,罗京把握得十分准确。例如在第一段话中,突出"我们""人民""中华民族""里程碑"等词语;在解说"经过全党和全国各族人民的共同努力,我们胜利实现了现代化建设'三步走'战略的第一步、第二步目标,人民生活总体上达到小康水平"时,他在"共同努力"一词后稍做停顿,声断气不断,与"我们"相接,这样的停顿方式起到了强调重点的作用,充分凸显了句中的中心词"我们";文稿中最后一句"在世界社会主义运动发生严重曲折、国际风云急剧变幻的局面中,我们党砥柱中流、岿然不动,社会主义的中国展现出蓬勃的生机和活力,中华民族的伟大复兴展现出灿烂的前景",罗京在"岿然不动"的后面恰当地偷气,起到了一个强调的作用,然后一气呵成,使得整个语句的意思表达得更加深刻、清晰、明了。罗京在表达中呈现出了语言的连贯性、语气的准确性、重音的明晰性、停连的合理性、节奏的恰当性,再加上面部表情的配合,让观众在视听的双重刺激下感受到了祖国的飞速发展和变化。可以说,罗京用自己刚劲昂扬的表达状态向受众传达了民族自信的信息。

再如奥运会开幕式,罗京在2008年8月9日的《新闻联播》中满怀激情地解说了奥运会开幕式:"夜幕下,'鸟巢'造型的国家体育场华灯灿烂、流光溢彩。可容纳9万多人的体育场内座无虚席、群情激动。19时51分,在欢快的乐曲声中,胡锦涛、江泽民、罗格等走上主席台,向观众挥手致意。一道耀眼的光环,照亮古老的日晷。体育场中央,随着一声声强劲有力的击打,2008尊中国古代打击乐器缶,发出动人心魄的声音。缶上白色灯光依次闪亮,组合出倒计时数字,在雷鸣般的击缶声中,全场观众随着数字的变换一起大声呼喊,在一片欢呼声中,迎来了开幕式正式开始的时刻——20时整。2008名演员击缶而歌,吟诵着'有朋自远方来,不亦乐乎',表达对世界各地奥运健儿和嘉宾的欢迎。五彩的烟火沿北京南北中轴线次第绽放,呈现出象征第二十九届奥运会的29个巨大脚印,一个个燃烧的脚印穿过夜空,一路向北,在国家体育场上空幻化成飞泻而下的繁星,在地面上汇聚成闪闪发光的奥运五环,被空中轻盈起舞的飞天仙子缓缓提起。充满浪漫情调和独特创意的奥运五环展现方式,让现场观众深受感染和震撼。"[1]这段新闻是罗京带病坚持配音的,他并没有去奥运会开幕式的现场,但是他能够依据稿件内容展开充分的联想,产生具体的心理感受,同时结合自身

---

[1] 黄俊英.历史铭记这一刻: 北京奥运! [J].观察与思考, 2008(16): 12-15.

的经验和体会进一步丰富对词语的表现力,在解说时充分调动听觉、视觉等全方位感官系统,仿佛自己就在现场一样,带领观众不仅在视觉上,更在听觉上一起沉浸在奥运会开幕的宏大气势当中,让观众感受到身为中国人的无比骄傲与自豪。在这里,也许文字表达是苍白无力的,无法再现声画作品的原貌和神韵,但通过视频回放,大家可以看到罗京的表达自然流畅、刚劲昂扬,他以细腻而又蓬勃的情感,将情、声、气三者结合得相得益彰。他运用恰当的情景再现和对象感调动技巧,使自己的配音更加生动形象、气势磅礴、刚柔并济、气韵灵动,淋漓尽致地表现了北京奥运会开幕式气势磅礴、美轮美奂的场景,体现了中华民族悠久的历史和博大精深的文化内涵。

3. 庄重严肃

罗京最初是以"冷面小生"的印象引人注意的,甚至有人还提出"罗京,你会不会笑"的质疑。当初也有不少业内的播音员/主持人学习这样的"冷峻"播音,在"纯客观报道"理论的误导下最终走向了失败。可是我们看到,罗京却以庄重、严肃的播音,一步一步走向了事业的巅峰。罗京的"冷面"是严肃的表达方式,并非没有感情。这种"严肃"恰到好处地保持了传播者与传播资讯之间的合适距离。当然,这中间的"分寸"罗京拿捏得比较准确且日趋成熟。庄重来自节目平台,严肃的语言形态暗含了时代所赋予的语境。罗京是一个勤于学习、善于思考的人,他懂得时代所赋予他的历史使命。很多人之所以学不成罗京,关键在于他们只学了罗京的皮毛,但缺乏真正的思考,缺乏必要的心理依据,让人觉得仅仅是耍"酷"而已。当然,还有一些盲目追求"纯客观报道"的"牺牲者",也是由于缺乏思考而没有找到真正的出路。作为党的宣传员,罗京传达的是中国政府的声音,是中国共产党的声音,他继承了齐越、夏青、铁城、方明等老一辈播音员的传统播音风格,并在其基础上赋予了新的时代精神。是时代造就了罗京这样的播音员,而罗京的用心思考则使他顺应了时代的主旋律,在播音中保持清醒的头脑,从而呈现出了庄重严肃的风格。正如张颂先生所说:"罗京体现出《新闻联播》播音员最基本的素质——头脑清醒。"[1]

  罗京是一位思考者,他头脑清醒,知道自己的分量。在探讨业务时,他非常反感把播音主持专业吹上天的理念,同时也十分反对贬低播音主持作用的荒谬说法。在他看来,播音主持就是媒体传播中的一环,其作用显而易见,既不应该被忽略,也不应该被夸大。罗京深知,《新闻联播》的重要性源自平台,节目主持人的话语权是由党、国家和人民赋予的。在党、国家和人民这样的命题

---

[1] 揭秘四代《新闻联播》播音员[J]. 每月简报,2009(10):39.

下,罗京非常清楚自己身为播音员/主持人应处的位置。所以,他常常提到政治意识、大局意识、责任意识。节目的定位决定了他在播音创作中必须庄重严肃,必须根据节目内容掌握好分寸。罗京播过许多领导人的讣告,看似一样的文体和基调,他却会努力让观众从他的表达中感受到不同。因为在《新闻联播》中播出的讣告,代表了党、国家和人民的评价,这里存在着对不同"分寸"和"火候"的拿捏问题,例如前面提到的黄菊同志和邓小平同志的讣告。《新闻联播》是新闻播音行业的一面旗帜,从罗京的播音中,我们可以发现,他始终具有全局的视野和统领大局的高度,也有甘做传播链条上一环的清醒认知。严肃是一种基本的新闻态度,严肃的播音主持风格是罗京成为时政新闻主播,特别是像《新闻联播》这样重要的时政新闻主播不可或缺的风格呈现。

新闻传播最核心、最基础的社会价值与专业价值就是对"真实"的追求。真实的基础是传播者严肃的基本态度。唯有严肃,新闻传播才能在更高的程度上保真。即便是在娱乐至死的年代,用户消费新闻的快感仍然建立在满足新闻内容知情权的基础上。如果新闻没有真实,其价值何在呢?美国传媒专家尼尔·波兹曼告诉我们:"如果一个民族分心于繁杂琐事,如果文化生活被重新定义为娱乐的周而复始,如果严肃的公众对话变成了幼稚的婴儿语言,总之人民蜕化为被动的受众,而一切公共事务形同杂耍,那么这个民族就会发现自己危在旦夕,文化灭亡的命运就会在劫难逃。"罗京庄重严肃的播音风格很好地诠释了这一命题。同时，在工作中秉承严肃认真、一丝不苟的敬业精神也正是罗京在播音中呈现出庄重严肃风格的核心所在。

4. 质朴儒雅

纵观历史，许多优秀的播音员/主持人都给人们留下了亲切的感觉，但是每个人所呈现出的亲切感又有所不同。赵忠祥在《动物世界》里的解说，亲切细腻的情感表达无处不在，让人如同身临其境；葛兰在《人物通讯》中把形象塑造得栩栩如生，让人倍感亲近；沈力的《为您服务》从点滴细节做起，细致到让受众感动；罗京的播报和主持则以质朴儒雅见长，将他忘我的精神体现在整个节目的境界中。

例如在《2007全国道德模范颁奖晚会》上，罗京朗诵了诗歌《大爱无声》："是你们用人间的大爱，诠释生活的真谛。用人间的至孝，显示超越平凡的勇气。无论天荒地老，无论沧海桑田。是你们的一颗颗赤子之心见证了中华文明五千年血脉相随的荣光。向你们致敬！"[1]这段文字内容充满了由衷的赞美之情，表达了对"模范"们的襟怀理想和光辉业绩的由衷敬佩和赞扬。朗诵这段诗歌的时候，罗京的声音刚中有柔，吐字力度强而不溢，在朴实

---

① 揭秘四代《新闻联播》播音员[J].每月简报，2009(10)：39.

的播音状态和优雅的神情中体现了他的质朴和儒雅。同时，罗京把对"大爱"的理解融入了诗歌的意境当中，他在特意强调"中华文明五千年血脉相随的荣光"这句话时，采用了明亮的实声，吐字力度均匀，再配上他质朴、儒雅的形象和播音状态，使得"大爱"显得更加温暖无私，更加令人信服。

再例如2008年迎"七一"暨抗震救灾文艺晚会《向祖国报告》，由罗京、李瑞英、白岩松、董卿等七位主持人共同主持。当时，整场晚会的节目样态非常新颖——利用新闻事件来串接晚会，多种语言样态结合，主题明确，感人至深。由于是特殊历史时期，罗京作为主持人之一，在整个节目的主持过程中非常妥帖地把握了自己作为主持人在镜头前的语态。他出场的第一句话就是："向祖国报告，大地震发生后，灾区65 000个党组织、170多万共产党员始终坚守在抗震救灾的第一线，在各救援队、抢险队中有60%以上是共产党员，有61名共产党员在抗震救灾中光荣牺牲。"而后又有："向祖国报告！17 000多名公安消防特勤、公安特警、公安边防、医务人员，从全国各地紧急开赴灾区，展开了中国公安史上调集警力最多、涉及范围最广、集结速度最快的紧急救援行动。""向祖国报告！地震发生后，全国各地先后派出由10 630名专业人员组成的近千支医疗卫生救援队，调集了1 648台救护、防疫和监督车辆奔赴救灾第一线，在灾区迅速展开医疗卫生防疫工作。""向祖国报告！大地震发生后，灾区各教育机构和学校迅速启动复课工作,就地建校、异地授课、送课到家,对学生进行心理抚慰和开展卫生防疫教育。""向祖国报告!抗震救灾已取得重大阶段性成果,6月12号唐家山堰塞湖的黄色警报被解除。截止到目前,中央财政向灾区投入496.11亿元,地方财政投入51.06亿元。全国接收国内外各界捐赠款物总计552.70亿元,实际到账款物547.93亿元,已向灾区拨付捐赠款物合计198.23亿元。""向祖国报告!一方有难八方支援,自力更生艰苦奋斗,充分发挥社会主义制度集中力量办大事的优越性,党中央国务院决定,建立对口支援机制,按照一省帮一重灾县的原则,组织有关省市对口支援灾区,准备用三年左右时间初步完成重建。"……

看到有人遇难牺牲、有人奔赴灾区、有人慷慨捐赠……每一次"向祖国报告",罗京都和我们一样,心中充满了悲痛与感动,但是他不能和我们一样痛哭失声,他以内心特殊的信念、勇气和毅力支撑着自己在舞台上质朴儒雅地表达,他十分清楚自己作为公众人物此时此刻所需承担的责任和义务,他要将抗震救灾中的灾情及时、准确、公开、透明地让整个世界同步了解,同时,他更要化悲痛为力量,带领大家去体会前所未有的灵魂净化和精神升华。

2008年汶川特大地震,不论是规模空前的生死大营救,还是历经险阻的千里大救援,不论是处处涌动的爱心大奉献,还是一方有难八方支援的社会主义大协作,这一切，都让全世界看到了中华民族风雨同舟、生死与共的强大合力，看到了在中国共产党的领导下全体中国人民抗震救灾、重建家园的精神和决心。罗京通过自己的专业表达大力弘扬了抗震救灾精神，大力宣传了在抗震救灾当中涌现出的先进思想和模范事迹，并以饱满的情绪去感染大家，使之转化为自力更生、艰苦奋斗、重建家园的坚定意志。在那个举国同悲的时刻，所有人心中都蕴藏着无尽的悲哀，罗京用自己的表达方式鼓舞了所有人战胜地震灾害的勇气，坚定了他们的信心，他鼓励大家众志成城、努力走出悲伤的情绪，在受众中产生了强烈的共鸣。他的表达质朴而不失儒雅，语气深沉有力、坚定自信，充满感召力。

在抗震救灾晚会上，罗京、李瑞英等朗诵了诗歌《感动》，"当5·12大地震发生后，你的坚强和你坚强的行动，让我们热泪盈眶，扫除了曾经有过的一切的疑虑和困惑，永志难忘。今天我们要把你的事迹传播八方，3亿中国少年儿童，因你们骄傲、为你们荣光。灾难终将过去，还给你们的一定是明媚的阳光。"[①]在《感动》的演讲中，罗京运用专业的表达凸显了灾区儿童的坚强。在这段朗诵中，罗京不再是《新闻联播》里那个严肃的播音员，而是一个质朴儒雅的家长。他运用独特的形象感受和逻辑感受，通过自己的语言把对灾区孩子的爱与对灾区孩子

---

① 转写自罗京播音视频《感动》。

顽强精神的赞颂表现得十分细腻。在朗诵中，罗京运用情景再现等内部技巧，重现大地震后灾区的情况，展现出了人们在亲人离别时所遭受的身体和精神上的双重痛苦，在此基础上，他更表现出了灾后人们顽强不屈、努力抗击自然灾害的精神力量。表达中，他触景生情，悲伤和感动中更充满理想和希望。他的诗歌朗诵从大局出发，言为心声且浸而不入，用整体的感情旋律将《感动》的意蕴表达得恰到好处。例如，在"当5·12大地震发生后，你的坚强和你坚强的行动，让我们热泪盈眶，扫除了曾经有过的一切的疑虑和困惑，永志难忘"这句话中，"坚强""永志难忘"等词都被罗京作为重音做了加重处理，配合着他质朴儒雅的神情和语势的变化，敬佩和疼惜之情被充分表达了出来。

质朴和儒雅不仅体现在罗京的语言艺术创作中，更体现在他生活的点滴之中。有人说，罗京播音中所体现的从容可以感染身边的人，也可以传达给观众，他的播音创作是"信、达、雅"的集合。

在《新闻联播》的播音中，罗京在某种程度上可以说已经达到了一种"忘我"的境界，他努力让观众注意新闻内容，关注新闻的主旨，而忽略他自身的存在。在参加《艺术人生》节目接受采访时他曾说，"我希望当我退休的时候，大家不是只记住了我们这些播音员的形象，而是能数出几次重大的事件是经由我们的报道留下了深刻印象的，我会感到非常幸运。"素有"播音王子"之称的罗京,在播报的过程中始终以质朴儒雅的状态呈现在观众眼前,在直播过程中无论发生什么紧急、棘手的突发险情,他都泰然自若、气定神闲、从容以对,在播报情绪的把控上、气息的控制上、语言的表达上,都始终如一。

罗京精神

罗京精神

在新中国的电视新闻播音史上,罗京可以称得上是一位起到引领作用的重要人物。自1983年开始播音的罗京,是我国播音史上一位承前启后的优秀播音工作者,是一位勇于探索、不断创新的实践者,是一个求知求真、细致严谨的思考者。他是播音界的典范、前辈和老师。他的播音创作,在继承齐越、夏青、方明、林如等老一辈播音艺术家之长的同时,也借鉴了丰富的姊妹艺术的精华,进而形成了独特的播音风格。他在以传统文化为底蕴的基础上,强调以传播经典体现时代精神,以真诚质朴凸显艺术境界,在播音创作中结合不同历史时期的时代背景,充分展现出了汉语之美。

正如时任中共中央政治局常委李长春曾给予罗京的评价:"罗京同志是我国优秀的播音员,政治坚定、德艺双馨,为全国亿万电视观众所熟悉和喜爱。罗京同志在26年的播音实践中,兢兢业业,在自己的岗位上为国家做出了贡献,为中央电视台的品牌建设付出了辛勤与汗水。"[①]

---

① 罗京播音主持艺术论析座谈会[J].电视研究,2009,9:45.

回首罗京26年的播音创作历程,作为社会进步的受益者、目击者、传播者,罗京将自己的亲身经历与其创作的作品紧密结合在一起,把自己纳入整个社会生活当中,与国家、社会融为一体,用声音记录历史,以真情实感带动每一次创作,用3000多期《新闻联播》的经典播音创作展示和传播了汉语语言所承载的中华优秀文化,从而在中国乃至世界都产生了较大的文化影响力。

罗京主张播音创作应该坚持正确的创作道路,紧跟时代脉搏,博采众长,在借鉴的基础上不断发展,在继承的基础上不断创新。在工作岗位上,罗京始终坚持着播音的传统,即:"一、坚定的党性和党的政策的立场,爱憎分明的饱满的感情和特有的新闻敏感;二、和人民群众息息相通,热爱他们,关注他们,急他们所急,想他们所想,努力融入播音创作中,经常深入生活,学习社会;三、苦练基本功,努力提高政治思想、科学文化、编播业务的水平;四、严肃认真,一丝不苟,兢兢业业,精益求精,发挥主动性、创造性,保证播出的高效率和高质量;五、团结协作,艰苦奋斗。"[①]从他的身上,我们可以看到一名优秀播音员的成长历程,并从他的播音创作中得到诸多启示。

[①] 张颂.播音语言通论——危机与对策[M].北京:北京广播学院出版社,2002:32.

罗京精神

一、胸怀大局，立场坚定

罗京之所以能够成为电视新闻播音工作中一颗璀璨的明星，首先在于他的自身条件比较优越，他语音纯正、形象标准、业务能力突出，这种业务能力体现在他的字句表达之间，更体现在他对稿件基调的整体把握和对稿件播读目的的明确上，因为播音员必须胸怀大局、言为心声。在大学就读期间，他就养成了很好的阅读习惯并具有较强的阅读能力，他学习、掌握了播音需要遵循的规律与原则，深知播音不仅仅是念念稿子那么简单，还要在每一次播音前充分做好创作准备工作，心里要明白稿件说的是什么内容，要了解稿件内容的层次，要联系当下的时代背景，知道表达的目的何在，对于稿件之外的许多东西也要详尽掌握。在明确是什么、为什么、对谁播之后还要解决怎样播的问题，也就是后来张颂老师在中国播音创作基础理论研究中总结出来的"播音的正确创作道路"[①]。这是播音创作的起点，也是罗京从事播音工作26年来一直坚持的创作道路，更是罗京能够在播音工作岗位获得成功的坚实基石。

实践证明，它是播音创作的前提，是提高播音质量的重要保证。罗京的播音始终坚持正确的创作道路，在创

---

① 张颂.播音创作基础[M].北京：中国传媒大学出版社，2004：2.

作中尤其具备大局观念，十分明确自身的角色定位，同时又非常重视备稿，这也是他在播音创作的道路上行走得如此畅达致远的重要原因。

作为中国中央电视台的新闻播音员，他们必须了解世界局势，了解当下的政治背景和经济环境，面对新闻稿件，播音员首先要树立大局观，要把握全局，通观事物发展过程中的各种矛盾以及矛盾的各个方面：既看到世界多极化加速推进的大势，又重视大国关系深入调整的态势；既看到经济全球化持续发展的大势，又洞察世界经济格局深刻演变的动向；既把握国际环境总体稳定的大势，又看清国际安全挑战错综复杂的局面；既看到各种文明交流互鉴的大势，又重视不同思想文化相互激荡的现实。面对纷繁的稿件内容，播音员在创作中要善于从纷繁复杂的现象中抓住本质，从全局中把握主要矛盾和矛盾的主要方面，分清主流和支流，看到长远趋势，明确播讲目的，展现大国风貌。

康辉还记得，2007年，罗京曾在他进入联播组时嘱咐说："从现在开始，你不要再仅仅执着于一条新闻或某几句话怎么处理。在《新闻联播》的平台上，更重要的是要培养起一种浩然之气。你坐在这个地方，要让人感觉这是中国的一种气派，要有一种霸气。"康辉回忆说罗京在他职业生涯的三个不同阶段对他说过三次嘱咐的话，这是最后一次，每一句话都分量千斤、掷地有声。

二、继承借鉴，勇于创新

罗京的播音创作创造性地汲取了延安时期播音创作的精髓，较为全面地吸收了前辈之长，坚守了延安精神。从他参加过的大量节目来看，他的播音又不是一成不变的，而是随着改革开放的进程，不断地吸取有益的养分，不断地拓展自己的业务范畴，不断地丰富自己的语言状态。罗京的播音业务中，有传承，有坚守，也有拓展，有创新，他充分发挥了自身的优势，同时又结合不同历史时期的时代背景，充实新的内容，在继承、借鉴的基础上不断创新发展，将民族语言的美充分地展现出来。

罗京与齐越、夏青等老一辈播音主持艺术家有很多相似的地方，比如说齐越老师是我们党的"十三大"代表，罗京是我们党的"十七大"代表；他们在播音风格上也有很多相同的地方，如果说齐越的播音雄浑豪放，夏青的播音严谨端庄，方明的播音潇洒遒劲，铁城的播音铿锵酣畅，那么罗京的播音则持重稳健。他们虽然有个性上的差别，但在总体上都体现出了浩然正气、分寸恰当这样一个共同的特点，都融入了爱憎分明、刚柔相济、严谨生动、亲切朴实的播音风格。罗京牢记着齐越老师讲的播音的"三个出发点"，即从文字内容和播音形式出发，从党的宣传员的身份出发，从播音员的具体条件出发。他专注于提高自己播音主持艺术的新闻敏感、道德修养、文化水准和语言功力，在"以事醒人、以理服人、以情感人、以美悦人"的传播中，充分发挥有声语言和形体语言创作主体的聪明才智，端庄而自然，严肃而大方，激情而沉稳，严谨而洒脱，没有一点媚俗的"时弊"。齐越老师有他的"播音三戒"：一戒自我表现，二戒随心所欲，三戒千篇一律；罗京则有他的"播音三决"：存在决定意识，内容决定形式，实力决定效果。

罗京认为"存在决定意识"，这说明罗京继承了前辈的身份定位。罗京对播音业务有自己的看法，关于播音与主持、说新闻与播新闻等一系列学术问题，他都有自己独到的见解。他认为，我们的电台、电视台要体现党的方针政策，是党的宣传员。对于党和国家而言，播音员不仅肩负着传播任务，还肩负着宣传任务。电视台是党的宣传机关，不是反映个人思想的阵地，也不是只反映中央电视台思想的阵地。所以，如果想从事中国的新闻事业，第一点就必须明白"存在决定意识"。就是说个人存在于什么样的环境，就需要有什么样的思想意识。从事新闻事业，必须要有一个观念，就是要理解自身的工作环境、工作性质，要时时刻刻提醒自己站在这个角度去考虑问题，考虑自己要说的话。简而言之，就是脑子里要有政治。

罗京还认为"内容决定形式"，这说明他和老一辈播音工作者一样遵循播音创作规律。

齐越老师讲过，要从内容出发，对不同的稿件要进行不同的分析，不能都是一道汤、一个样、一个调。夏青老师也讲过,备稿要做到三个"一遍"和三个"一万"。三个"一遍",即拿了稿件以后要先粗看一遍,再细看一遍,再粗看一遍。第一遍一定要粗看,要宏观把握,了解概况,细看就陷进去了,就可能一叶障目,从而不能很好地整体把握;第二遍要细看,看看有什么不认识的字,把不认识的字音注出来;第三遍再粗看一遍,即又回到整体把握环节,这叫三个"一遍"。三个"一万"指的是广义备稿,即力争读万卷书,行万里路,交一万个朋友。

罗京提出"内容决定形式",就是说首先要从稿件的内容和形式出发,从稿件的特点和要求出发,有什么样的内容就要求有什么样的形式。《新闻联播》中的稿件以政令、社论或党的方针政策等居多,相对来讲是比较严肃和比较规整的,来不得半点马虎。拿到稿子以后,一个字都不能动,因为稿件内容是经过专家或相关部门严格审核和润色的,播音员不能随意改动。这种书面语言,就需要正规庄重的话语样式,不可能把国家领导人的活动播得很随意,或者任意使用那种诙谐的、幽默的语言来播,那是不符合节目性质的。《新闻联播》本身就带有严肃性。相对来说,文学的、艺术的、生活的、体育的或者少儿的节目内容,则可以选择比较灵活的话语样式。这并不表明新闻播音员的水平低,只会照稿子念,不会自我发挥,这是由节目内容所决定的。内容变了,形式才会跟着变。所以说播音员/主持人无所谓能力高低的问题,只是内容与表达方式不同而已。播《新闻联播》这样的内容,就决定了他们必须用播报这样的语言表达样式,而其他的内容则可以用其他的话语样式。不同的内容要有不同的表达形式,这正是播音的创作规律。

罗京认为"实力决定效果",这刚好印证了他在专业能力方面继承了老一辈播音工作者基本功过硬的特质。明确了内容,确定了形式,业务实力将最终决定播音创作的效果。播音员对内容的理解得如何?了解得是否全面?对节目形式掌握得是否准确?这些都能通过其播音创作表现出来。播音员对自身语言、形象的综合把握能力,对内部技巧和外部技巧的运用能力等都会直接影响播出效果。因此,播音员要研究自己所在岗位的语言运用规律、特点,尽量将它们发挥到极致,这样才能收到较好的效果。

罗京从不人云亦云,他善于思考,十分明确提高自身实力的重要性。从上学的时候起,罗京就开始苦练基本功,工作以后也一直坚持不懈。在他看来,超过两天不练习专业基本功是不可想象的。他身体力行地为现在的学生做出了榜样——要扎实地练习基本功才能在工作中自如地应对各种各样的复杂状况。当然,这个基本功不局限于吐字发声的练习,同时也包括对自己心理素质的训练。比如说:齐越在战争年代,毛主席指示不能播错一个字,他真的做到了一个字也没有播错;夏青在第一届政协会上宣读中华人民共和国第一部宪法,也是一个字不错,非常成功,受到了周总理的表扬;罗京在重大紧急情况下接手直播中临时递到手中的长达十分钟的花脸稿,也没出半点儿差错,受到了领导和同事们的高度赞扬。所以说在基本功方面的扎实稳健,罗京和老一辈播音工作者是一脉相承的。

同时,罗京的职业感和责任感也是对前辈优良传统的继承。他吃苦耐劳、不断学习、一丝不苟的敬业精神和齐越、夏青等前辈一样。上学的时候,罗京通过练声等方法锤炼语言基本功,工作后则通过每天随时观看各类节目来进一步帮助自己提高自身的稳重性和对事物的把控能力、分析能力。李瑞英说,平时有些不认识的字,查不清楚,他和罗京就会去问方明老师。过去中央人民广播台的夏青老师被人们称为"活字典",现在的方明老师也是,罗京和李瑞英也继承了前辈们每天翻查字典的习惯,不断强化自己的语言文字应用能力。这是一个积攒实力的必经过程,正是因为有了这样的实力,他们才有了我们看到的出色的工作成果。

此外,罗京还传承了团结协作的精神。这其中包括与播音员、编辑记者、摄像灯光等同行之间的协作。齐越写过一篇文章叫作《编播之间》,文章中说,现在播音员和编辑进了城之后都互不往来,但是在战争年代,他们都是互相提携、互相帮助的。当时的稿纸用的是马粪纸,稿纸正面便于书写但是反光,编辑为了让播音员看稿子的时候不被晃眼睛,为了便于播音员看稿子,他们就翻过来在反面写,写稿子时很费劲,可见他们首先考虑的是播音员的播音。有时候播音的错可能源于编辑的内容写错了，有的播音员认为，反正不是自己写的，是编辑写错的，不能算自己的责任。但是齐越说，这也是播音员的责任，播音员是新闻播报工作的最终把关者，播错了就会给党的宣传工作造成损失。所以播音员必须认真负责，即便编辑写错了，也可以堵住漏洞，避免差错。大家应该多为同行着想，团结协作，共同完成好任务。在实际工作中，罗京与编辑、记者和同行们团结协作的范例数不胜数。可以说罗京为电视新闻节目播出质量的提升倾尽了心血，他不仅经常为了让编辑记者节省编辑时间而帮他们出谋划策，还曾从播音员的角度针对节目组的视频、录音、灯光和摄像等工作提出过不少意见和建议。帮助节目组成员提高业务水平、改进工作流程是他工作中的一大乐事。可见，罗京鼓励同行、团结协作的精神和齐越、夏青他们也是一脉相承的。

在继承、借鉴和发展创新方面，罗京和齐越、夏青、方明一样，都很善于借鉴不同的艺术来丰富自己。比如说，齐越经常组织学生出去参加朗诵会，他也经常请一些著名话剧演员来给学生讲台词课；夏青会吟唱，他在讲台上经常吟唱古诗词，为大家示范；方明借鉴合唱老师教给他的咽音练习法改善自己的发声状况；罗京学唱京剧，巧妙地将京剧这种传统艺术形式中的端庄、严谨、规整、稳重提炼出来运用到自己的播音上，使得这些特质与自己沉稳的作风恰切地融合到了一起，最终形成了持重稳健的风格。他们都吸取了我们民族传统艺术的特点，这就是借鉴。同时，他们也发展创新。夏青说自己是学采访的，如果有机会，他也要试一试主持节目，试一试用评论员的方式来主持一个节目。齐越当年也鼓励学生大胆创新，他鼓励敬一丹研究主持人，这在当年是开先河之举。罗京也是如此，他特别喜欢电台的播音，因此特别想体验一下电台的播音，他说自己也可以做一档节目，自己评述、主持。在这方面，他也在不断地探索和创新。因此，对他们的印象，绝不能仅仅停留在对传统的继承上，他们在继承的过程中又在不断地创新。这么多年来《新闻联播》本身也在不断地探索、不断地创新，如果把现在的《新闻联播》和40年前的《新闻联播》对比一下，我们就会发现它有很大的变化：不仅在语态方面有着明显的时代印记和鲜明的变化，单从语速上看，如今《新闻联播》主播的语速已经达到了280—300字/分钟，而20世纪五六十年代，国内新闻节目播音员的语速是160–180字/分钟，到80年代时变成了220—240字/分钟。现在的观众如果回过头去看50年前的新闻节目，可能会觉得跟放慢镜头一样。可见他们也是一直在努力跟随时代的步伐而不断地调整进步、不断地发展创新。

　　罗京还特别鼓励播音组的年轻同事们在继承的基础上勇于创新。康辉曾回忆说罗京在他职业生涯中的三个不同阶段对他有过三次嘱咐，对他的人生发展产生了重要的影响，其中有一次就是在电视新闻的表现形式开始呈现出多元化的时候。由于当时各种各样新的形态层出不穷,康辉也有机会尝试着做了一些直播报道,开始尝试在"播"别人写的话的同时加上"说"自己的话,把"播"与"说"的语言表达方式更圆通地融合起来。但是,对于这样的尝试对自己今后的职业生涯有何意义,康辉当时并不十分清楚。有一次他和罗京聊起这个话题,罗京对他说:"你是组里比较早也比较多做这类节目的,这条路你要坚持走下去,这会是今后电视新闻的一种趋势。"果然,后来中央电视台直播节目日益增多。看到今天的新闻频道,看到今天的电视直播常态化,不得不钦佩罗京当年的敏锐。今天回头看,康辉说罗京当时给予他的这种肯定和鼓励正是他能一直在这个领域坚持尝试下去并不断成熟的重要动力。如果没有那时开始的变化,他不一定有足够的信心应对今日的变化。如今的时代,变化的周期只会越来越短,变化的方式只会越来越多,要想让自己不成为"被拍死在沙滩上的前浪",就必须保持前瞻的眼光与先行一步的行动。康辉的回忆,恰恰印证了罗京推崇继承借鉴、创新发展的观念。罗京也以自身的实践极好地诠释了这一点。

三、注重实践,一专多能

在罗京26年的播音生涯中,他不仅圆满完成了许多重大新闻事件的报道工作,还在日常的播音工作中创作出了许多杰出的作品,荣获了很多奖项。

罗京非常注重专业实践，只要有机会，他从不会错过任何一种形式的专业实践。除了大家熟悉的《新闻联播》外，罗京早年还主持过多种类型的新闻节目，并且还主持和参与过访谈节目、文学节目和综艺节目……在每一种题材的创作中他都表现得非常出色，我们可以从他丰富多彩的专业实践中获得诸多启示。

正所谓"没有调查就没有发言权"，一些"理论家"们的文章认为"播音就是正襟危坐，就是字正腔圆，别的什么也没有，脱开稿子就不会讲话"。这种评价是对播音岗位上的同志们的误评。在播音专业领域，不同的节目对应不同的语境，特定的语境要求播音员/主持人使用与之相匹配的话语样式[①]：宣读式、讲解式、谈话式、朗诵式。每一种样式又可以分为"高雅郑重、平实正规、通俗灵动、消闲自在"[②]四种格调，这四种格调大致涵盖了由"正式"到"随意"的基本层级，并无高下之分，主要用来满足不同栏目的需要。话语样式与格调综合起来，就有了十六种类型。例如在朗诵式里，就既可以有高雅郑重的朗诵，也可以有平实正规的朗诵，还可以有通俗灵动的朗诵和消闲自在的朗诵，具体采用哪一种，需要播音员/主持人根据具体的语言环境来决定。因此，播音员/主持人在传播过

---

① 张颂.播音创作基础：第三版[M].北京：中国传媒大学出版社，2011：143.
② 张颂.播音创作基础：第三版[M].北京：中国传媒大学出版社，2011：147.

程中常常需要根据传播内容、传播目的、传播对象、传播时空、栏目特点等因素运用适当的话语样式与格调。比如新闻播报、谈话节目、专题片解说、综艺晚会……都会运用不同的话语样式与格调。

话语样式外在表现为一定的声音形式,但这个声音形式不是空壳,它不仅仅有物理属性,还有社会属性,里面包含着丰富的内涵。因此,不同语境往往需要播音员/主持人运用不一样的话语样式来表现。当然,在同一种类型的节目中,由于具体节目的风格要求不同,对播音员/主持人的要求也会不同。例如《新闻联播》和《朝闻天下》都是新闻播报类节目,前者更注重稳重大气,后者则更强调通俗灵动。即使是同一内容,在不同的栏目里播出,也会因栏目风格不同而在话语格调方面做相应的调整。当然,同一栏目中的话语格调也并非是一成不变的,相对而言,时政类新闻庄重感较强,文体类新闻则更偏于通俗灵动,但总体要有稳定性和统一性,不能出格。正因为如此,《新闻联播》的节目风格和节目内容决定了罗京在节目中相对稳定的话语样式和格调,始终没有太大的变化。如果看过罗京主持的谈话类节目,你就会惊异地发现原来罗京还可以在节目中意气风发、诙谐幽默地与嘉宾畅谈;如果看过罗京主持的科教类节目,你就会被他娓娓道来的动人讲解所深深吸引……这也解释了为何每当别人问他是不是不会笑时,罗京都会回答说是摄像机镜头不让他笑。

事实上，从专业的角度来讲，看似简单、单一的宣读式新闻播报反而是对播音员基本功要求最高、最难以驾驭的一种话语样式，而《新闻联播》又是新闻栏目里对播音员/主持人要求最高的节目。正如在书法中笔画越少的字越难写一样，《新闻联播》就是新闻栏目中笔画最少的那一个。在调度手段极其有限的节目中，没有大篇幅的背景介绍和抒情文字，播音员却要在最短的时间内充分理解稿件并要从字音、语气、态度、表情等多方面进行精准的表达，难度之大可想而知。《新闻联播》口播难，难就难在要在短短的一句导语（或串连词）中体现出一种把握和指向。罗京的魅力就在于他能以从容自如的气场感染别人，能在不动声色中传达一种精神、一种理解。这看似简单，但对语言创作者来说却是一种苛求。央视主持人沙晨曾在《央视新闻周刊》里论述过罗京这种"戴着镣铐舞蹈"的工作性质，我们可以说罗京在26年的《新闻联播》里舞到了他能做到的最美。

张颂老师曾在罗京播音主持艺术论析座谈会上指出：

> 罗京的艺术、语言造诣之所以高，根本原因在于他勤学苦练，具备了很深的文化功底和语言功力，所以他才能够在主播台上游刃有余、从容面对。在有声语言的传播中，有文字稿件是一种方式，打腹稿以后说出来是另一种方式，真正具有深厚语言造诣的人对这两种方式都能运用自

如。当然这需要经验的积累以及岗位的需要。罗京常年在《新闻联播》播音,这是岗位的需要,在这个岗位上他能达到最高的水平,形成自己的风格,这是非常不易的。罗京的播音风格可以概括为"庄重、儒雅、昂扬、稳健"这八个字。这种风格融入了他鲜明的人格色彩,融入了新中国的播音风格,即爱憎分明、刚柔相济、严谨生动、亲切朴实。在此基础上,经过多年的实践,他又将这种风格发扬为中国老百姓喜闻乐见的中国作风和中国气派。

我曾经在《当代工人》栏目中看到,面对与《新闻联播》完全不同的节目形态,罗京以不同的语言样态和主持风格,与嘉宾展开了生动自然的对话,展示了他的有声语言的另一面。播音艺术需要有较高的审美层次,罗京在这一点上做得非常出色,契合了当前受众对电视播音艺术的审美期待。我认为他的风格就是庄重、儒雅、昂扬、刚劲。这样的风格得来不易,要分析起来有很多种原因。在中央电视台《新闻联播》这样一个节目,他如果没有呕心沥血,没有披荆斩棘的勇气和胆量,没有坚持不懈、始终如一的意志,是达不到这个高峰的。有人说罗京的主持显得呆板,让罗京要笑一笑。我说,罗京你不能笑,该

罗京精神

笑的时候笑，不该笑的时候不能笑，这是我们职业的守则。我认为"庄重"本身就包含着深切的亲切感。中央领导同志在大会上作报告，和到民间去访问，与老百姓交谈，都是很庄重的，说的话很负责任，难道不亲切吗？

正如张颂老师所言，在不同的栏目中，罗京完全可以他鲜为人知的一面展现出他非凡的主持风采。例如在《当代工人》的特殊栏目《我们都有一双手》中，罗京采用悠闲自在的谈话式对嘉宾进行了精彩的采访，一扫导演组拍摄前对他的担心。面对与《新闻联播》完全不同的节目形态，罗京以不同的语言样态和主持风格与袁隆平等嘉宾展开了生动自然的对话，以致节目录制结束后导演组感叹式地评价："罗京啊！罗京，你真是罗京老师！"

罗京在节目中采访袁隆平先生

罗京曾说："我觉得作为一个播音员和主持人，能力和经历要尽量广泛。一专多能，不管什么类型的都是好事，所以我把生活中一些喜好都作为一种储存，业余爱好和工作结合在一起。"

正所谓"艺术是相通的""文体是一家"。的确,罗京的业余生活都与职业需要紧密相关。他不仅是一个京剧票友,还是一名运动健将。除了唱京戏、踢足球、打篮球,罗京还在工作过程中自主学习了电视编导艺术、摄影摄像艺术、灯光艺术、化妆艺术、音响导演艺术、舞台设计艺术……正如同事们所看到的那样,罗京习惯于勤奋刻苦地钻研和学习。罗京说:"播音员主要是把稿件的内容生动表达出来,文字的东西永远需要在电视里通过声音体现出来,那是一种综合素质的体现,除了专业的技巧以外,很多是从你的阅历和知识储备等方面表现出来的。"

罗京特别向播音组的同事们强调在工作中自主学习的重要性。康辉至今还非常清晰地记得罗京在他刚进组时对他的第一次嘱咐:"在学校里,有老师天天带着你们,告诉你们该做什么、怎么做。工作的情况完全不同,你一定要学会自主学习。而且学习不能仅仅局限于播音业务,而是要学与电视新闻工作相关的所有东西。"

罗京之所以被大家熟知,是因为他出色的播音,但他还有很多鲜少露面的职业技能,比如策划一个完整的电视节目,为一台晚会撰稿,甚至扛起摄像机去拍摄……罗京这种随时充电和学习电视新闻所需的一切技能的能力,是新闻播音这个行业当中很多人所无法企及的。所以说,罗京之所以能成为一个行业的翘楚,绝非偶然。

罗京精神

吴方曾回忆说，罗京跟他们时政组报道时间久了，自己也慢慢学会了许多"活儿"，有时看他们编辑太忙，他拿到稿子就自己戴上耳机，在编辑机上打点、配音，然后再核对稿子，俨然一个准编辑！工作中罗京不会简单地"照本宣科"，他经常会提出自己的见解，积极参与稿件的创作。2005年在上海举行的"上合组织成立五周年领导人峰会"期间，东道主精心安排了一次各国元首夜游黄浦江观看激光焰火表演的活动。新华社的消息通稿写得中规中矩，没有特色，而电视画面却美轮美奂、精彩纷呈。领导决定看着画面重新写稿，突出电视特色。这时候罗京就主动凑到编辑记者身边，发表自己的见解和建议，他的一些主张还被采纳进了新闻稿，让新闻增色不少。这条新闻后来获得了部门好新闻评奖的短消息一等奖。

20世纪90年代初，作为主创成员的罗京从策划、撰稿、作词到演出，全方位参与了《现在开始播音》文艺晚会的节目录制，这个晚会在当时受到了社会各界的高度好评。

1997年7月香港回归之际，他参与编排和主持的《百年梦归》节目曾引起轰动。

罗京曾多次参加中央电视台的《春节联欢晚会》《春节戏曲晚会》和《神舟戏坛》的演出，为大家表演京剧戏曲《空城计》《淮河营》《沙家浜》《武家坡》等名段，还曾应邀参加过不同频道的节目录制，例如《欢乐中国行》

《新年新诗会》《演艺竞技场》《子午书简》《小崔说事》《国庆七天乐》《元旦乐三天》《中国明星足球队》《童心里的歌》《新闻袋袋裤》《国庆50周年阅兵》《CCTV朗诵大赛》《十六大党章电视教材》《全国道德模范颁奖晚会》《抗震救灾大型募捐》《圆梦奥运2008》《奥林匹克运动会开幕式》……

罗京 现在开始播音

罗京精神

除了在台里参与录制不同类型的节目，工作早期，罗京还受命在更为广阔的社会大舞台上做过大型活动的主持。例如1989年他曾在合肥舰上主持过"东海魂"军事知识竞赛活动，给海军官宾们留下了深刻的印象。

1989年5月8日，海军东海舰队和11家出版社在合肥舰上联合举办"东海魂"读书活动军事知识竞赛，罗京接到任务前往录制新闻报道并担任活动的主持人。这是人民共和国的一艘功勋舰。1985年11月，人民海军组建36年后首次派舰对巴基斯坦、斯里兰卡和孟加拉国南亚三国进行访问，派出的就是由合肥舰和一艘综合补给船组成的特混编队。

当天清晨6点，伴随着蓝天白云，停靠在定海码头的合肥舰整装待发，前甲板舰炮下方，红底白字横匾上，"书魂·军魂·东海魂"熠熠生辉。罗京早早就赶到了码头，6:30准时开始录像报道，当时28岁的罗京看上去端庄俊朗，很有风度。

7:00左右，合肥舰朝外海徐徐航行。罗京当时站在军舰的甲板上，低头默默看着手中的几张纸，认真地为主持竞赛做着准备。他神情严肃，没有说话，可每当有战士从他身边走过打招呼,他总会抬头向战士投去亲切的笑容。

8:00左右,军舰已经越过12海里进入公海,在碧波万顷的海面上,知识竞赛活动正式开始。罗京一改自己在《新闻联播》节目中庄严的神情,采用了不同的话语样式。他在主持过程中非常活跃,不时用风趣幽默的语言调节气氛,使参加比赛的男兵女兵们都感到十分轻松。

当参赛者对答如流时,罗京会投上一个赞许的目光,还会带领大家一起鼓掌;当参赛者一时答不上问题时,罗京会非常自然地送上鼓励的话语给他们加油。其间,罗京还请电视台的导演为战士们表演了小品,战士们度过了非常难忘的一天。

知识竞赛活动结束后,军舰返航,参加活动的嘉宾们开始参观,罗京也饶有兴趣地开始参观军舰上的武器装备。其间,不时有水兵战士想和罗京合影,他都欣然同意并且特别配合,爽快地答应每一个人。摄影师陈科回忆那一天对罗京的印象:"我连续从几个角度拍照,罗京似乎一点没受干扰,不动声色地举着话筒播音。"感觉罗京"话不多,举止沉稳,却不失亲切大方"。

电视行业需要像罗京这样的复合型人才,这类"复合型人才有多方面要求与表现,在知识结构上应该是较宽的知识面和精深的专业的统一,在能力上应是理论研究能力和实践应用能力的统一。这样,复合型人才的特点就可以表述为'一专多能'"[①]。如此"一专多能"的生命力也将日益旺盛。

不过,对于罗京的"一专多能"要有正确的理解。罗京自己也曾表示,播音员/主持人首先要驾驭好自己的专业本领,再在时间和精力允许的条件下兼顾其他,特别是不要盲目追求全能,否则将会得不偿失。

"一专多能,一般是两层含义:一是以本专业为主,兼具相关的若干专业能力;二是在本专业诸项业务中,有一两项都到了相当高的水平。"[②]

首先,从第一个层面来看,以罗京为例,播音即是他的"专",采访、编辑、化妆、设备控制等则是他的"能"。

---

① 张颂.播音主持艺术论[M].北京:中国传媒大学出版社,2009:13.
② 张颂.播音主持艺术论[M].北京:中国传媒大学出版社,2009:13.

这里的"专",罗京做到了精益求精;这里的"能",罗京已尽可能地做到了"通",一旦工作需要,他是能救急补场的。这一方面有利于平常的互助合作,另一方面在关键时刻自己也可以完成节目。从这个层面来说,播音员/主持人应该"一专多能"。

不过,随着历史车轮的推进,社会越是进步,社会分工应该越细致明确,特别是电视传播是一项综合性、群体性很强的工作,十分讲究配合默契和通力合作。老话"术业有专攻"其实十分适用于电视行业,电视工作具有很强的合作性,每一个工种都有其存在的必要性和价值。记者负责采访,编辑负责编稿,一般都有明确分工,而采访学、编辑学和播音学都不是"不学而能"的:采访有采访学,编辑有编辑学,播音有播音学,各学科都有自身具体的要求和规律,而且有严格的科学界定。同时,各学科又都有自己的特色与难度,要经过长时间的学习、训练和工作实践才能够做到得心应手。采访不是找到被采访对象简单地聊一聊就行,编辑也不是简单地写稿改稿,播音更不是简单地念念文字。每个专业都不是孤立的,在实际工作中必然会有所关联。只不过对于播音员/主持人而言,在实际工作中,"以播为主,是专业职责,以采为主是记者,以编为主是编辑,变主为辅,就是改行"[①]。当然,"专"亦可变,"能"亦可展,自不待言。

---

① 张颂.播音语言通论——危机与对策[M].北京:北京广播学院出版社,2002:166.

其次，从另一个层面来看，在播音的范畴内，"专"指某一个或几个类型的节目，其他类型的节目则称为"能"，相对于"专"而言没有那么突出和擅长。仍以罗京为例，"专"主要指新闻节目播音，其他类型的节目和文学作品罗京虽然也都能够很好地胜任，但相对于新闻播音而言，就显得没有那么突出和擅长了，因此称其为"能"。就像有的人深度采访是专长，有的人体育解说是专长，有的人小说演播是专长……还可以再细分。但是，对于播音员而言，无论专什么类型的节目，大家对于所有节目的播音都应该不外行，其播音质量都应该能够有一定的保证。在26年的播音创作生涯中，罗京从未舍弃过对专业的精益求精。正因为如此，作为播音员，罗京既擅长新闻播音创作，也能很好地驾驭文体播音主持，其"一专多能"的生命力也随着他阅历的日渐丰富而日益旺盛。在罗京参加的播音创作中，无论什么性质、类型的，他都能够很好地驾驭，堪称业界"一专多能"的典范。

四、勤学苦练，一丝不苟

任何事物的发展都需要一个过程，罗京出色的播音业务能力也不是一蹴而就的，他出色的业务能力来自他天赋的聪明，更源于他勤奋刻苦的钻研和学习。他对新闻稿件的把握能力极强，一篇稿件来了之后，他能在很短的时间内找准基调，突出重点，节奏鲜明、语气贴切地表达出来，具有很强的"罗京风格"。但他并没有因此而自傲自大，也没有止步于做个简单的"播音工匠"，而是珍惜每一次实践的机会，把每一次播音当作一次创作，投入激情，投入感悟，用他的声音去引领观众、打动观众。在专业学习方面，罗京从大学时代起就没有放松过。早在大三的时候，罗京就开始对着报纸大量练习长篇幅的新闻稿件播读。工作后，他更是吃苦耐劳，自主学习，从不放过任何一个学习和锻炼的机会。

播音主持这类实践性很强的专业离不开大量的创作实践。在播音创作实践领域，罗京早期的工作覆盖面相对广泛，几乎所有类型的内容他都能够驾轻就熟，这主要得益于他从一开始进入播音工作领域就坚持积极主动地投入到创作实践中，特别是在早期播音员紧缺的时候，哪儿有需要他都会积极配合响应，从不挑三拣四，无论自己多忙多累，只要编辑记者有需求，罗京都会想办法克服自身的困难，有求必应。因此那个时候他主持过多种类型的节目，得到了大量的锻炼。他的播音创作之所以非常到位，和他早期参与过大量的播音创作实践密不可分。实践得越多，经验就越丰富，掌握稿件就越快，驾驭稿件的能力就越强，把握得也越准确。到了节目日趋稳定成熟的时候，特别是在新闻中心需要承担的节目工作量增大以后，罗京的主要播音创作实践工作便都体现在了《新闻联播》中。

《新闻联播》在1996年之前还都是录播，面对自己的创作内容，罗京每一次都十分认真地对待新闻播音稿件，他会下足了功夫去实践，自然也收到了良好的效果。实践效果好，编辑记者自然愿意找他，这反过来又为他提供了更多的实践机会。就这样，日积月累，罗京给自己创造了更多更好的机会，形成了良性循环。随着实践机会的增多，罗京的播音创作水平也在提高，进而得到了更多的赏识，也得到了更多的实践机会，进步得也越来越快。正是由于之前参与了大量的工作实践，积累了非常丰富的经验，1996年1月1日《新闻联播》正式开始实行直播时，他以完美的表现赢得了大家的一致赞赏。

播音创作具有很强的实践性，只有经过多种不同类型稿件的创作实践，播出过不同特色的节目，才能熟练地应对播音创作的不同素材。的确，播音创作和其他门类的艺术创作一样，都有一个熟能生巧的过程，如果没有大量的实践，播音员/主持人创作的作品便很难达到高水准，更难以打造出精品，只有经过大量的播音创作实践才能日趋走向成熟，而大量的创作实践本身就包含着许多千锤百炼的内容。除了操练表达技巧外，还有很多创作规律需要播音员/主持人在创作实践的过程中逐一掌握，进而熟练地加以应用。也只有经过大量的创作实践操练，播音员/主持人才能够提升自身认识问题、理解问题的能力，进而驾驭不同类型的稿件，掌握不同类型的播音创作方法，更深刻地了解和掌握播音创作的内在规律。所以说,播音员/主持人要积极主动地加强实践。一定要好好把握工作岗位上的实践机会,在校学习阶段也一定要在老师的指导下多多练习,这样才能收到良好的创作效果,为即将到来的机会做好准备,做到"战之能胜"。

当然,实践数量并非一定与播音创作的质量成正比,在实践的同时,我们既要加大实践的强度与力度,还要加大实践的宽度与深度,进而提高实践的质量。关键在于我们的实践要遵从播音创作理论的指导,并自觉从实践中总结、提炼出带有规律性的东西,再结合自身的特点进一步指导实践。

当下,许多学习播音主持艺术的学生过于重视实践,甚至在"实践"与"学习"哪个更重要中做选择。这其实是对这个问题的误解。实践,决不应该是盲目的,如果违背了创作规律,只追求数量,在质量上却止步不前甚至退步,那么在播音创作上就很难取得成绩,甚至还会在语言表达上养成一些痼疾,难以改变。

罗京曾在一个讲座上说:"一个播音员也好或者一个主持人也好,他的播读能力如何,或者他对稿件内容的体现能力如何,取决于这四个方面:第一点,你的表现要做到完整,就是能够完整地体现稿件的内容或者你自己的思想。第二点,我们讲应该是准确,准确的概念应该建立在,就是说首先应该是准确体现稿件中的相关的内容,同时,准确地表达你自己要表达的思想感情。这个准确,牵扯到一个程度的问题,就是说准确到什么程度,这与你理解到什么程度是有直接的关系的。第三点,在完整、准确的基础之上,那么作为一个播音员、主持人,在稿件的播读或者稿件的体现方面要做到完整准确。接下来是鲜明,这种鲜明,就是体现在你的态度、你的语言的这种色彩对不对,或者说你对整体架构的把握的一致性上。那么最后一点,就是鲜明以后,最后一点就是要生动,就是要如何在大家能够听清、听懂的基础上,使大家能够愿意听,能够受到感染。因此,完整、准确、鲜明、生动,是我们在播读一个稿件或表达一个内容的时候,所必须具备的一个基本的一个要求。"

由此可见,罗京的播音创作理念是"根正苗红"的学院派。正因为他坚持了正确的创作道路,牢牢地把握住了播音创作的规律,他才能够在播音创作的道路上走得如此畅达致远。

从大学时代开始,罗京对专业的追求就没有放松过,参加工作后,他还经常回到学校和老师切磋、探讨业务。罗京的品性与态度就体现在平日工作的一点一滴中。在同事们的印象中,从来没听罗京说过"好像这个字是读××吧",不明确的时候他永远都会查一下。善于学习是罗京在校期间就养成的良好习惯,他从来都是忙里偷闲,一边工作一边学,从不偷懒。为了锤炼自己的语言文字功力,他曾翻烂了五版《现代汉语词典》。

对于主播念错别字的处罚,大家盛传一个字罚50元,其实早就涨价了。中央电视台一直非常严格地要求播音员注意准确读音，也一直有监审督查在抓错别字，还会在每个季度核查每个频道或者部门，包括屏幕上的错别字和主持人口播的错别字。以新闻中心为例，如果一个季度出现60—90个错别字，每个字扣当事人300元；如果一个季度出现90—120个，每个字扣当事人400元；超过120字以上，每个字扣当事人500元。除了扣当事人，还会扣部门的奖金，有时甚至一个字会扣到1万元。

所谓"业精于勤"，规范的字音是业务精湛的基本保障，罗京正是通过积极利用各种工具书和不断扩大自己的阅读量来锤炼自己的业务能力的。当然，我们所看到的罗京的"语言功力，绝不仅仅是语言的功力。语言功力的长进，只在'语言'上下功夫是不行的，语言的蕴藉与表现，要达到有深度、厚度和力度，一定要在政治、思想、文化、艺术诸方面花气力，否则，专不可能'精'，能也不会'通'。"[1]孔子曾说，"学，然后知不足。"西方谚语也有云："越学越无知。"两句话的意思都旨在强调学习的重要性，即人通过学习会发现自己的不足。在此基础上，学习还可以使人做到谦虚谨慎。正所谓"学无止境"，即便已经在业界获得了诸多的荣誉，罗京仍然在不断加强自身的全面学习。

---

[1] 张颂.播音语言通论——危机与对策[M].北京：北京广播学院出版社，2002：170.

有些播音员/主持人之所以成了流星，逐渐被人们遗忘，就是因为他们没有坚持学习，无法突破瓶颈，无法做到由量变到质变，在艺术创作领域有所突破。靠有声语言工作的播音员/主持人，无论是在工作中还是在平时的生活中，都要善于全面学习，这样才能不断提高自身的综合素质。媒体平台的节目各式各样、不一而足，有新闻节目、科教节目、体育节目、文艺节目、生活节目等，各种节目下还有细分，比如播报节目、评论节目、访谈节目、体验节目、服务节目等，各种节目都会涉及相关的知识。例如：在旅游节目中，播音员/主持人在介绍秀美景色的同时还会涉及这一地区相关的历史、地理、经济、文化、饮食等方面的知识；在家居装修节目中，播音员/主持人在介绍装饰款式、装修材料的同时，还要将审美常识、生活方式等信息传递给受众；在体育节目中，播音员/主持人则要充分了解相关的体育常识和体育人物。因此，播音员/主持人不仅要有扎实的基本功，对自身专业有透彻的把握，同时还要对事物的发展有很强的预见性、评价力和判断力，有的节目还要求播音员/主持人能够运用个性化、通俗化的语言进行富有感染力和吸引力的表达。这就需要播音员/主持人具有深厚的专业素养和深厚的文化内涵。

单就罗京所主持的《新闻联播》而言，该节目不仅要求罗京对新闻本身的含义要有所了解，还要求他对新闻背后的政治、文化和历史背景等知识有所掌握，只有如此，他才能成功地驾驭节目。从罗京的播音创作实践中我们可以看到,《新闻联播》能够通过他的创作表达实现与受众的"信息共享""认知共识""愉悦共鸣"①,这在很大程度上都得益于罗京扎实的专业素养和深厚的文化底蕴。

播音员/主持人是大众传播工作者,因此必须具有丰富的人文社会科学常识,具备良好的政治素养和科学素养,具有哲学思想,懂得经济常识,知晓法律知识、文学知识、地理知识、历史知识等,这样才能够如虎添翼,保持睿智的头脑、深邃的思维和能言善辩的口才。当然,全面的学习不拘泥于课堂和书本,还包括丰富的人生阅历。俗话说,读万卷书,行万里路。不同的地域、不同的景观、不同的人民、不同的文化、不同的历史背景等都会让人从中学习、体味到直观而丰富的知识。对于播音员/主持人而言,经历越丰富,意味着越成熟,他们的语言表达也会越客观、冷静,越充满智慧和信心。新闻工作者的文化追求应该体现为博古通今、学贯中西。这也是罗京的播音创作精神给我们的重要启示。

五、爱岗敬业,精益求精

从1983年在中央电视台主持《新闻联播》开始,罗京将毕生的精力都奉献给了自己所钟爱的

---

① 张颂.播音主持艺术论[M].北京:中国传媒大学出版社,2009:20.

播音事业。他从全国4100万名专业技术人员中脱颖而出，入选国家人事部的全国50名"杰出专业技术人才"榜单，荣获"全国十佳岗位能手"称号，还被国家语委授予"全国语音文字工作先进工作者"称号，连续五年被评为"中央电视台最佳播音主持人""中央电视台十佳节目主持人"……罗京出色的工作表现和成绩反映了他的能力，更反映了他的态度与精神。应该说罗京的成绩很大程度上源于他严于律己、从不懈怠的职业精神和一丝不苟、精益求精的工作态度。

有人可能以为，专业能力的核心是天赋，但事实上，罗京的专业实力首先源于他的专业态度和职业精神。中国文联原副主席、中央电视台原台长杨伟光生前评价罗京的工作时曾说罗京"非常地认真、严谨、有责任心。我很信任他，把最重要的东西交给他播我很放心，他总能出色地完成。"

作为"首席国嘴"，他严格的自律和非凡的职业精神是一般人很难想象的。除了日常工作，罗京还承担着报道重大政治活动和随国家领导人出访的任务。每一次出访，罗京都会守在一旁，静静地等待编辑的稿件通过层层审批，配完音后才开始吃饭、休息。很多次，他都跟着大家一起熬夜等候。最初大家以为是时差的关系，后来才知道，他是怕半夜起来声带不开、声音不好而影响配音质量。听到这个细节后，反思自己，有多少播音员会这样做呢？作为一位有着丰富播音经验的人，罗京仍然很注意这样的工作细节，不禁令人心生敬佩。工作中，他对小事、对细节的关注、认真，正是成就他事业的前提之一。

很多人羡慕播音员/主持人的工作，尤其是有些行外人，他们认为电视台新闻播音员的工作既风光又轻松，平时也不需要坐班，每天只要播那么半个小时就没事了，有大把自由清闲的时间，只要口齿伶俐、普通话好、形象漂亮、气质端庄，简单地念念稿子就能轻松地胜任了。

殊不知每一个职业都有不为人知的艰辛的一面。电视新闻播音员知名度虽高，可是他们在人前的光鲜同他们背后付出的艰辛劳动是成正比的。

抛开平时知识能力的积累不谈，单从工作流程来看，由于工作需要，新闻播音员必须保持同大家不一样的作息时间：值早班，需要播音员早晨三四点起床开始准备前往单位，因为到了单位还要赶在节目录制前做好相应的备稿、沟通、换服装、化妆、演播室系统调试等一系列准备工作；值晚班，在观众最自在、最放松的时候，他们却要保持最紧张、最亢奋的精神状态投入到工作中，为大家盘点一摊的新闻。下班的时候，已是午夜。等到真正从那种工作状态中舒缓下来进入梦乡，往往已经是晨曦初上了。

以《新闻联播》为例，主播必须确保提前三个小时到岗准备，即在下午4:00前到岗，风雨无阻。到岗后，主播们开始看串联单，不过串联单只有部分内容，有时甚至到6:30，内容完整的串联单还没进演播厅。一旦遇到特殊情况，稿件内容到得就更晚了。按照要求，主播们不仅要了解串联单的内容，还要看已经制作出来的新闻视频。主播们的化妆时间是下午5:00左右，通常女主播先化。化完妆穿好服装后，在6:00左右开始录制一些涉及时政的内容。两位主播在6:40分进演播室，配合音频视频、灯光、摄影师调试。《新闻联播》节目播出后，两位主播和配音主播还不能下班，他们要等到晚上9:00新闻频道的重播后才能下班，以备临时更改的内容。也就是说，一般主播们下午4:00到岗，晚上9:30才下班。

无论遇到什么情况，主播们都要坚持每天情绪平和地走进直播间，坚持每天以饱满的精神面貌面对观众，坚持每天冷静地处理在直播中插播的各类突发事件，不是一天、一个星期，而是日复一日、年复一年，长年累月，天天如此。在这样的重压之下，罗京一干就是26年。应该用"坚忍"两个字来形容吧，我想任何一个优秀的新闻播音员都担当得起这两个字。

"在我的经历中，没有哪一种职业像电视工作者一样担负着如此众多的责任，要对党、对人民负责，对国家负责，对民族负责，对公众负责……正因如此，对你的任何一种要求都不能说是过分，对你的任何一种期待都不能说是苛刻。"这就是罗京对责任和压力的理解，也是他留给我们的宝贵遗产。

贺红梅的记忆中珍藏着这样一个片段。1990年刚参加工作不久，她在外面剪了头发，刚走到办公室门口碰到了罗京，罗京本已经走进办公室了，但看到她后又转身回来。他看着贺红梅的头发问到："剪头发了？"贺红梅觉得罗京的表情有些异样，心里特别忐忑地说："后面修了修。"罗京沉思了片刻，严肃地对她说："你知道吗？我们的头发不能随着性子剪，头发是国家的，不属于自己，上电视的人一切都不属于自己，属于国家，记着啊！"从此贺红梅记住了这句话，后来每当她见到罗京，都会下意识地摸摸头发，以至于这个动作成了一种习惯。从表面上来看，"头发是国家的"这句话仅仅是一种职业要求。但是通过多年的播音实践，通过罗京的言传身教，贺红梅渐渐悟出了其中真正的内涵，那就是新闻播音从业人员的职业精神——大局意识、正气、庄重、真实、准确。罗京用他的生命完美地诠释了这种精神，这也应该是年轻一代播音员要不断学习的榜样和永远追求的目标。

曾任职于新闻中心的徐少兵回忆说，1995年他和罗京一起随领导人出访之前并没有和罗京直接打过交道，当时罗京已经有10多年的新闻报道经验并且早就是个腕儿了，他原以为罗京会有架子，没曾想却是个"搬运工"，20多天的共事彻底颠覆了他对罗京最初的印象。后来他曾和罗京一起国外、国内地出差几十次，经常会聊到电视新闻改革的事。印象最深的是2005年国庆期间，他们随领导人去天津考察，晚上一起散步时，罗京和他畅谈了自己对于电视新闻改革的观点和许多想法，内容涉及时政新闻采访报道、新闻栏目设置和改革以及主持人培养和使用等,整整聊了两个多小时,他有关新闻改革的一系列思想给了徐少兵很大的启迪,他思考的是怎样让观众更加爱看时政新闻。2005年年底,徐少兵和罗京一起被评为全国优秀新闻工作者,徐少兵说是罗京的精神在影响着他、鼓舞着他。和罗京相识十几年,在他印象中,罗京对工作从来都一丝不苟,就连出个现场,他也要一遍不行再来一遍,直到满意为止。录稿子就更不用说了!在一般人看来早就可以过的,在他那儿就是不行。他的认真劲儿时刻在鞭策着、鼓舞着身边的同事在实际工作中做得更出色。

罗京永远处于时刻待命的职业状态,如果播音组里有谁误了班,几乎所有人的第一反应都是给罗京打电话。同事们曾经在早上5:00看到罗京赶到办公室——因为突发事件而上《朝闻天下》,也曾经在晚上11:00看到罗京还在办公室等着为国外传回来的稿子配音。罗京对自己的要求比对所有人都更严格,正因为有他这样的榜样,播音组里才有了一批和他一样时刻准备、随叫随到的播音员。

新闻中心播音员长啸回忆说,2007年6月2日晚,他刚好在值新闻频道的晚间通宵新闻班,他晚上8:00到岗,大概9:00多一点,罗京就到了办公室。他很诧异,问罗京有什么事,罗京回答说"候播待岗",别的什么也没说。长啸知道纪律,也就没多问。等到凌晨时分,中共中央、全国人大常委会、国务院、全国政协关于黄菊同志的讣告来了,他才知道罗京当天晚上的任务。讣告拿到手后,罗京跟他解释说,当晚8:00多接到通知,本来可以10:00出门的,但是怕路上堵或有其他意外,所以早早就出门了,还是早做准备的好。拿到稿件,罗京准备了一会儿就去录音间实录了。回来后他告诉长啸自己录了三个版本,一版记录速度,一版稍慢,一版稍快,等台领导来选定,以便录像时心中有数。录音完毕回到办公室,罗京就开始准备西装,熨烫领带,还问长啸有没有黑色领带,长啸当时说没有,罗京叮嘱他备两条应急。后来果然在汶川地震的三天哀悼日中用到了。罗京的准备极其细致,因为不知道什么时候正式对外首播,所以录像应该越早越好。夜半,没有化妆师,罗京就自己动手描眉擦粉。长啸在地方台经常自己化妆,问罗京要不要帮忙,罗京笑着说:"我也会呐,因为我以前上早班都是自己化妆,人哪,还真应该多学会一点本事呢!"

黄菊逝世的消息在中央电视台首播的时间是2007年6月2日早晨7:00,以后每一个整点都放在头条,一直滚动播出。但是,罗京从头一天晚上9:00就开始周密准备了,这从一个侧面折射出了罗京严谨缜密、一丝不苟的工作态度。当天《朝闻天下》是文静、赵普值班,"早7点"和"早8点"时段安排播出时遇到点小麻烦:因为是直播,总不能他们两位主持人报一个头开一个篇,然后突然"大变活人"冒出一个罗京来,于是到7:00和8:00直播的时候,前半个小时就变成罗京一个人在演播室直播了。这也是《朝闻天下》历史上罗京做的唯一示范作品，弥足珍贵。

对于所有从事新闻播音的人来说，中央电视台的新闻播音部仿佛是圣殿；对于中央电视台的所有工作人员来说，新闻播音部是中央电视台的业务前沿、核心区；对于所有电视观众来说，新闻播音部是中央电视台最耀眼的明珠。而实际上，这里的播音员每天都在做着紧张、严肃、高标准的工作。

作为一名电视新闻节目主持人，《新闻联播》的播音员无时无处不在承受着压力，要保持形象，要保持精力，要保持声音，而且稿件越是送得晚送得急，越需要播音员把好最后一道关。遇到紧急情况，罗京每次都能够出色地完成任务。罗京能让许多电视观众在看新闻的时候感到踏实、严谨、可信。为了做到这一点，他在工作和生活中从来没有轻松过。罗京说："从事这个职业首先应该有脚踏实地的精神，因为日复一日重复同样的程序，保持一种对工作的热情、严谨的工作状态，是对我们的一种严格要求。《新闻联播》节目对老百姓确实有相当大的影响力，它所担负的使命非常重要，又是中央电视台的一个主要的节目。再有，多年来观众对这个节目形成了一种思维定式，对节目的要求也在不断地提升，我虽然干了这么多年，始终感到相当大的压力。因为这个节目是直播的状态，紧张是经常出现的。在工作的时候始终要保持注意力和良好的工作状态，随时应付任务或者突发的节目内容,每天上班的时候都是如履薄冰的感觉,尤其是重大新闻发生的时候。"

新闻是新的,新闻是客观的,技术上不能出错,这对播音员而言本来就压力不小,更何况罗京的标准绝不仅仅是技术上不出错,他还要播得完整、播得准确、播得可信、播得艺术。为此,他需要做到许多普通人不需要做到的事。他的着装、发型都是相对固定的,因为在他的理解中,他的形象改变不是自己的问题,而是电视宣传形象的一部分,无论自身状态是好是差,他都要调动自己最大的能量完成日常的工作,保持外在表现的稳定。这也让观众把他和他播报的新闻一起记了下来。

当一位新闻播音员的播出被当作艺术来欣赏的时候,那一定是他达到了一种境界,他把他的工作艺术地展现给了观众,展现给了他身边的人。罗京就是这样一个人。从他的播音创作中我们能够感受到他实实在在的一面。在《新闻联播》的播音中,他努力让观众注意新闻内容,关注新闻的主旨,而忽略播音员的存在。

罗京在工作中一直秉承严肃认真的态度,他认为新闻主播台不是播音员/主持人个人的秀场,播音员/主持人对于新闻播报或主持的基本态度首先应该是客观公正。如果新闻播报失去了严肃的基本法则,如果播音员/主持人过度解读了新闻内容、过于个性化,反而会抑制受众的多元感受。只有"严肃"的主播态度可以最大限度地减少个人意识对新闻传播的不当介入、歪曲与干预。新闻主播看似单一的严肃风格恰恰可以满足受众对新闻消费的多元化需求。这是罗京严肃的播音风格之所以受到国家领导人、业界同行、社会各界电视观众所普遍喜爱的关键所在。

罗京的播音实践告诉我们,播音语态是人类言语的高级语态。播音能力犹如歌唱行业中的专业唱法,业界一些人对播音语态的业务歧视,犹如卡拉OK高手、甚至五音不全的人歧视帕瓦罗蒂、多明戈一样,是非常可笑的。罗京曾谈到,之所以有的播音员无法驾驭新闻公报的口播稿,是因为其播音基本功无法支持"宣读"的语态和技巧,语态的细微调整与基本功的支撑不足,播出来的节目自然让人感觉软绵绵的。新闻播报要求播音员/主持人根据新闻内容不断变换各种语态:或威严、或亲切、或思辨、或昂扬……播音主持艺术博大精深。强调播音基本功训练并不是否定口语、半口语的主播风格,而是希望播音员/主持人能多掌握一些语态能力和表达技巧,以便使自己的播音主持创作更加自由。那种将播音能力和口语能力对立起来的艺术观点如果是外行的善意表达,完全可以微笑作答;如果是业界人士的刻意追求,则令人担心。

一位大学生说,她在小学三年级时听过罗京给小学生录的《谁是最可爱的人》,她感觉罗京的声音就是国家的声音。当时找罗京录音的老师跟他说,小朋友们听了他的声音会更爱解放军。于是罗京一气呵成,连读三

罗京精神

遍,并挑出其中最好的一个版本,交出了一份令人满意的答卷。找罗京录音的老师那时候还纳闷,没录错干嘛要录三遍,现在想来,那就是罗京做事、做人严肃认真的标准。

罗京获得过很多奖项,每次在获奖后发表感言,他说得最多的两个字就是"责任"。那是他对职业的理解,对信念的理解,更是他对人生的理解。作为播音组的副组长,作为前辈,他深知自己不仅肩负着确保自己节目播出质量的责任,同时还肩负着培养后辈的责任,对于后辈,他毫不吝啬自己的精力与时间,示范提醒也罢,批评讲解也好,他总是那么细致入微地传、帮、带,尽自己的最大努力帮助他们快速成长。

作为主抓业务的播音组副组长，罗京对播音员的业务成长可谓用心良苦，以致有些年轻的同事起初会有点怕他，因为他很严肃，指出问题时不留情面。渐渐地大家发现，罗京很会提点人，他不用说多，就一句话，一下子点到问题所在。这恰恰是他对后辈最大的关心。他言传身教，将自己的经验毫无保留地传授给了年轻同志，为中国新闻事业培养了大量的播音人才。

新闻中心的播音员刘羽回忆说，自己到中央电视台工作了一年多以后，有一阵子，突然觉得配音很吃力，出镜就更紧张了，气息和口腔控制都找不到感觉，好像还不如实习时播得好，但自己一直找不到原因。一天下午，罗京走进办公室，那天恰好是她值配音班，她就试探性地上前问道："罗老师，您最近听我配音了吗？帮我说说吧。"没想到罗京不假思索地说："我正想找你呢，你最近嘴好像特别涩，配音也不连贯，你刚工作的时候不这样啊……"一番话把刘羽说得呆住了，原来罗京在看似不经意间，一直在留心年轻播音员一点一滴的变化，优点缺点，进步退步，他都看在眼里。接着罗京语重心长地说："你们工作后，往往就疏忽了练声，很多人工作时间长了，反而不如上学时业务好。这个工作不能偷懒，三天不练，就能听得出来。"在罗京的点拨下刘羽如梦初醒，赶紧翻出大学时的练声材料。直到现在，她都特别感激罗京那次"毫不留情"的教导，他的严厉和真诚，让她不敢有半点偷懒，而同时，他作为播音前辈的细心和对年轻一代的关爱，也一直温暖、激励着她。渐渐地，刘羽发现，罗京的话虽不多，但每当他们向他请教业务上的问题，他就会滔滔不绝起来，毫不吝惜地把自己的经验传授给他们，那个时候，他仿佛有说不完的话。在播音组这些年，凡遇新闻大事，罗京必在，而他在文艺、体育、公益事业上，又似乎一项也没落下。有好几次刘羽值大夜班，都碰到了罗京有时带着妆、有时虽没化妆但一脸疲倦地走进办公室的情形，要么是文艺中心的事，要么是人民大会堂配音……常常相互打声招呼，他洗完脸，说声"上夜班辛苦啊"，就匆匆回去了，因为第二天还有工作等着他。

中央电视台新闻中心播音员张璐回忆说自己刚到组里时，她和一起新来的几个播音员内心都非常紧张，面对陌生的工作环境、令人仰视的大腕儿前辈、永远紧急的稿件……他们感到非常忐忑。这一切都被罗京看在眼里。每逢下午配音班，如果赶上罗京的《新闻联播》班，他就会从小屋出来坐到大办公室里和几位小朋友聊天。说是聊天，其实像极了播音专业的"上小课"。他会结合自己的工作经验，对他们每个人提出的问题有针对性地分别作答，回答得详细认真、耐心细致。任何专业问题到了罗京那里，他总能举重若轻，令人欣然释怀。他还教大家学会训练自己的机智，拿到比较急的稿件如果来不及备稿，首先就要做到眼快嘴慢，当读到这一行时，眼神儿应该已经瞄到下一行甚至下两行了。他告诉他们，直播的时候即使内心紧张也不能让人看出来，要做到内紧外松，面部表情不要转换得太快太明显，喜怒哀乐不要太形于色，否则观众会不舒服……"小课"期间，经常会有一些记者气喘吁吁地跑来找他配音，大家就跑去观摩，此时无论稿件多长、多么拗口，他几乎都是气定神闲地一遍通过，很少重来。指导张璐他们时，罗京最爱说的两句"口头禅"就是话头儿"说老实话"和每句话结尾的"你知道吧"。为了帮助新人成长，罗京刻意早到很多，有时候这温馨的"小课"一上就是一下午，这一个个下午给后辈们留下了令人愉快而难忘的回忆。

中央电视台新闻中心播音员贺红梅回忆自己到台里工作两年以后的1991年，当时她已经配了一些时政新闻了，但是刚开始时她对稿件总是把握不住。有一次值班，配音的时候她觉得声音发紧，而且发颤，气息不匀，音调也控制不住，忽高忽低的。播出时她就在办公室的电视旁边听，觉得很难受。罗京也在办公室，起初她担心罗京会批评她，可发现他笑了。他问贺红梅："紧张闹得吧？"贺红梅点头说是，觉得找不到调。于是罗京拿起桌上的一张报纸，开始念上面的时政消息，读了几句放下报纸对她说："你的问题是想得太多了，其实我们播音专业里所谓的基调，用俗话说就是新闻给人的感觉。具体来说就是高兴的、庄重的、悲伤的……这个基调不是你想出来的，也不是播的时候设计出来的，而是你心里的，叫'心存基调'。而要做到这一点，你得平时多了解新闻内容和类型。这是个语言技巧积累的过程，别着急。"贺红梅听了茫然地点了点头，虽然当时也不是很明白，之后却在工作中慢慢体会到了这句话，"心存基调"也成了她从事这个职业所追求的目标。

中央电视台新闻中心播音员康辉刚刚踏上工作岗位的时候，因为刚刚接触电视新闻工作，感觉既兴奋又茫然，有的是热情，缺的是方向。罗京告诉他："从现在开始，你要学会自主学习。"并进而跟康辉解释说他已经是一个职业的电视播音员了，不可能再像在学校里那样，有老师每天手把手地教他、带他、督促他，他必须具备一种观察的眼光、一种学习的能力，带着自己在实践中观察到的所有问题去自主学习。这些话对于一个刚刚踏入这个职业门槛的年轻人来说，不啻为一把打开大门的钥匙！康辉说在他逐渐成长为一个成熟的电视新闻工作者的道路上，他越发体会到了罗京那些话的重要和珍贵。是罗京教会了他：只有自己学会发现问题、学会解决问题，才能拥有一种持续成长的动力，才不会陷入圭臬或亦步亦趋。后来加入《新闻联播》工作团队之后，康辉似乎已经站在了所有学习播音专业的人梦寐以求的最高峰，而这个平台除了带来更耀目的光环外，还意味着什么呢？当他正在思索时，罗京对他说："你的平台不一样了，你现在要更加注意在工作中培养一种气度，培养一种气场，培养一种传递中国最强有力声音的气派。"这些话又一次使康辉认清了方向。在这个时候，罗京关注的是康辉的职业发展，而不再仅仅局限于一些具体的技术细节，他从一个人更长远的发展角度来关照后辈。"中国气派"的确是《新闻联播》播音员应该追求的目标。在康辉心里，罗京是他职业生涯的引领者，而且是永远的引领者。

中央电视台新闻中心播音员长啸回忆说2007年他刚到台里不久，有一次在办公室碰到罗京，罗京对他说听说他的专题解说很有味道，想请他挑几张光盘让自己学习学习。罗京当时说得很轻松，长啸却听得很惶恐。后来他复制了一些光盘送给罗京，没想到很快就得到了罗京的较高评价，罗京还主动向好几个同仁肯定和推荐长啸，这相当于在长啸的职业生涯中给了他一把大大的助力，令长啸终生难忘。

2007年，基层党组织推选参加党的"十七大"党代表候选人，从基层支部、中央电视台、广电总局再到中央直属机关工作委员会，层层推荐，罗京都以高票当选。在"十七大"召开期间，他白天出席大会，晚上赶回台里上《新闻联播》，然后再赶回会场参加小组讨论。其间还抽空参加了少儿频道《新闻袋袋裤》栏目针对"十七大"制作的特别节目，给更小的晚辈们答疑解惑。我们知道，"十七大"会议召开期间罗京的工作节奏非常紧张，他应该是非常疲惫的，但是从罗京和小记者的访谈对话中，我们可以看到他非常耐心地用一种易于小朋友理解和接受的方式和语气在给他们答疑解惑，并且在潜移默化中引导小朋友建立正确的价值观和人生观，可谓是和蔼可亲、爱心满满。罗京就是这样一个人，无论多忙，他都会在乎他人的感受。

　　新闻中心的播音员朱广权回忆说，2006年4月，他被派到青海电视台进行为期半年的锻炼，虽说青海一地景色粗豪、大美不言，况且工作繁忙，他也无暇顾及其他，但对家人和同事的想念总是在所难免的。6月30日中午，朱广权突然接到罗京从2400公里之外的北京发来的一条短信："我下午5点多到西宁，请你吃饭。"虽然这条短信极其简短、平淡，但当时朱广权的心还是被这一个个字符不可救药地渗透和温暖了，他仿佛感受到了生命的丰满。罗京居然大老远跑来西宁特意请他……当时他的理智告诉自己，这"特意"肯定是不可能的。于是他赶紧给罗京拨了个电话。"罗老师，您是要来西宁出差？""对。""您几点的飞机？用不用去机场接您？""不用。我到了给你打电话。"罗京的声音清脆、充满磁性。"那您住在哪儿？到了我好去找您？""我到了给你打电话。"罗京亲切地重复着，话语简短、语气笃定。"也没个准点？也不用接？"放下电话朱广权在心里嘀咕着……突然，朱广权狠狠地拍了一下自己的脑门，他马上意识到，罗京应该是跟随重要领导来青海参加7月1日青藏线的开通仪式的，他是在严格遵守纪律，不透露自己的行程。朱广权不禁暗自责备自己的鲁莽，并敬佩罗京一丝不苟的严谨。见面时，罗京给了朱广权一个紧紧的拥抱，并细致地询问了朱广权在西宁的生活和工作情况，叮嘱他要用心学习，地方台的分工没有中央台那么细致,可以在那里多了解一些各工种的工作情况。罗京告诉他机会只垂青那些有准备的人,新闻的深度和深入生活的深度是成正比的。这些谈话,不是领导对下属、老师对学生,而是许久不见的同事在拉家常,既有师长的关怀和爱护,又有朋友一样的惦念和问候。听着罗京眉飞色舞地讲他自己当年学习摄像的经历,原本因为不知道谈什么话题才好而略显局促的朱广权也渐渐放松下来。这是朱广权第一次单独和罗京吃饭聊天,也成了唯一的一次。后来他才得知,罗京一行人只在西宁停留了一个晚上,当晚,当地的接待部门为他们安排了高压氧舱增氧,以避免高原反应,当然还有其他的宴请活动。但是罗京拒绝了所有的安排,甚至冒着高原缺氧的风险,一下飞机就专程找到他这个无足轻重的小同事吃饭。朱广权说罗京这种百忙之中完全可以省略掉的周到和细致所带给他的感动和温暖,是他至今都无法用言语表达的。

曾经,罗京是播音组公认身体最好的人。他锻炼身体,踢足球,冬天只穿一条单裤,却神奇地从不感冒。一个特别冷的冬日,他回到母校北京广播学院参加齐越先生纪念铜像的揭幕活动。没想到,那次活动要在极冷的寒风里站一个多小时,可他仍然是单裤、夹克的装扮。走过学校西配楼时,大风差点把人吹跑,当时他一定冷得要命,但风采依然,毫无畏缩的神色,更没有提出先走一步。组里怕冷的女生往往揶揄:"莫非罗老师是钢筋铁骨？"那次好像是他唯一一次感冒请病假，还成了组里的新闻。组里的女生们开玩笑地议论："哟，原来罗老师他也会生病……"他甚至在得知自己生病需要手术的时候还坚持作为第140号火炬传递手参与了2008年奥运圣火在北京的传递，做完一期化疗后，身体刚刚有些好转他又第一时间赶回单位主持节目。

新闻中心的播音员海霞说起罗京，最为难忘的一次莫过于她第一次上直播那天罗京处处就合她的事。播音组的同事们对罗京，首先是"尊"。尊重罗京，尊重他对工作一丝不苟的敬业精神。罗京曾说，"越是年龄大了，经验多了，我们在工作的时候越是要小心，越是要细致，以此来弥补自己随着时间的推移而渐渐消退的工作热情。"罗京每一次工作都一丝不苟，对每一篇稿件都一丝不苟。一丝不苟是罗京26年来对工作一以贯之的态度，这种精神也在时刻影响着大家。

同事们对罗京除了"尊"，还有"敬"，这是一种由衷的敬佩。作为朝夕相处的同事，大家敬佩罗京扎实、深厚的业务功力，更敬佩他为人处世的态度。26年新闻播音，无论是直播、录播，他都很少出错，对此有人评价罗京从未出过一次错。但是罗京不愿造神，他自己说过："我不可能不紧张，也不可能没有失误，但是我们这个工作就要求你要有控制，你要自己把自己控制在最恰当的状态上。"所以，实际上，他是用非常严格的自我控制把工作中遇到的差错减到了最小，无论遇到什么样的失误,他都会以从容的态度,将失误化解于无形中。在白岩松回忆罗京的文章《把声音变成历史》中,白岩松曾提道:"有一个例外,十几年前,他儿子出生的那一天,他少见地出错,然后重录,以至于同事都记得:那一天,是他生命中天大的事儿。"当然,因为是录播,罗京的这次失误并没有呈现在观众的视野中。即便有过偶尔的失误,大家看到的也是他从未丧失的从容。大家公认他的业务能力强,康辉说:"能够在26年的3000多次播出中达到这样的工作状态,一定不仅仅取决于他的能力,一定是更取决于他的态度,取决于他对这份工作高度认真负责的态度。我认为,这种态度就是他的职业精神中最为精华的部分。"

对于一个常年坚守在新闻播出第一线的新闻播音员来说,要做到从不出错可以说是非常艰难、非常辛苦的,而罗京永远是随叫随到、随到随播,在《新闻联播》几次最高级别的重大突发事件直播中,他都以出色的专业能力化险为夷,足以让同事"依赖",让领导放心。可以说,在罗京26年的职业生涯中,即使他不当班,他脑子里的那根弦也永远都是紧绷着的。他用自己高超的专业水准、扎实的业务功力,用一个新闻播音员的职业责任感,赢得了方方面面的尊重和敬佩。连续五年,他当选中央电视台"十佳播音员/主持人",这与他几十年如一日的积累是分不开的。正所谓"台上一分钟,台下十年功",张颂老师说过:"播音员在话筒前、在镜头前的每一分钟都是整个生命的体现。"而罗京的每一分钟节目都是拿自己的整个生命来塑造的。

除了"尊"和"敬",播音组的同事们也"爱"罗京,大家都发自内心地爱他。他是闻名全国的人,但是这么大的"腕儿"却一点架子都没有。虽然他在节目中看似"冷峻",但在生活中对谁都是笑呵呵的。大家都管播音组的人叫"铁打的营盘流水的兵",除了观众在屏幕上看到的播音员以外,每年还会有从各地来的播音员、各所学校的实习生到组里学习。无论是谁,大家都很珍惜在这里的学习机会,抓紧一切时间向罗京等前辈们学习、求教,而无论是谁向罗京求教,或是请罗京帮忙指点,哪怕只是一个很基础的小问题,罗京都会非常耐心、非常细致地帮他分析、解答,甚至别人只问了他一个问题,他也会把与此相关的很多知识都毫无保留讲出来。26年中的一点一滴,让大家深深感受到了他的博学、他的热心、他的平和、他的无私。对于罗京,大家尊重他、敬佩他,也爱他,但同时也很"怕"他。为什么会怕他呢?因为他的业务能力太强了,但凡谁有一点点偷懒、一点点小小的疏漏、不足,都逃不过他的耳朵,逃不过他的眼睛。海峡回忆说有时候她和罗京一起值班,恰好有此前一天她的配音,罗京就会一边认真准备自己的稿件,一边听她的配音。他会忽然提醒海霞说:"你这个重音不对啊。"小到一个轻重、一个断句的失误,大到节目的基调、分寸把握、心理状态的微调,他都一览无余,然后他会以一种非常善意的方式提醒组员,还会帮着分析出现问题的原因,与此相似的问题还有什么,今后要注意的类似问题……他不仅会让大家认识到自己单方面的一个疏漏,而且还会教大家了解这一类问题。无论什么时候,他都会非常热心、非常细致地帮助身边的人。

罗京对于培育自己成长的母校北京广播学院(2004年更名为中国传媒大学)很有感情,他经常在百忙之中抽空返回母校,义务为在校的学生做讲座。他会毫无保留地把自己在实践中的体会,结合所学的理论,讲给同学们听,以帮助他们更好地提高学习成绩。罗京在讲座中要求同学们在学生时代一定要扎扎实实地打好专业基础,增强吐字发声的基本功,同时提醒同学们一定要先做好一个人,做一个好人。

罗京对工作的认真精神,对同事负责的精神,对观众的尊重精神,对工作的敬业精神,对业务一丝不苟的精神,都是非常值得我们学习的。此外,罗京非常值得我们去挖掘、去继承的另一个精神遗产就是他为播音员/主持

人的职业标准增添的一些独特而又很重要的东西,还有他对整个职业群体的关注和思考。

　　罗京是中国广播电视协会播音主持委员会的发起者、推动者和领导者之一,为委员会的重组建立、培育和发展作出了不可磨灭的贡献。可以说,没有他,就没有委员会今天的成绩。罗京同时也是升格后的中国播音主持"金话筒"奖的创建者之一,为奖项的获批和初期运作贡献了智慧和力量。罗京是个有思想的人,在播音实践中一直不断探索、学习和完善自我,有自己的播音观点和业务思想。因此,他在播音业务上也在不断地进步。对播音员/主持人的再培训也是罗京对播音事业的一种思考,为了提高播音员/主持人的语言应用水平,罗京特别重视培训工作。同时罗京对新人的培养和提拔也有他自己独特的见解。罗京生前一直很重视播音员/主持人队伍建设,他曾想与姚喜双一起开展播音员/主持人的再培训工作,希望借此提高播音员/主持人的语言应用水平与功力。

康辉认为,播音员/主持人的职业标准可以简单地概括为四个字,即罗京和无数老师曾提到过的"中国气派"。播音员/主持人要庄重、大气,传递堂堂正正的中国声音。这个职业标准并不是罗京一个人树立起来的,它历经了很多前辈不懈的努力,而罗京用他26年的职业生涯,用他的一生,为这个标准增添了很多具有罗京风格的独特元素,他的"高昂、清越、寓激情于沉着之中,无论遇到何种情况都能把得住"的特质,是后人取之不尽的财富。而他长期以来对整个职业群体发展的思考与关注,更给予了后人极大的启示。比如"如何才能更系统地为大家创造一个更加广阔的创作平台?如何才能更好地规划这个职业的未来?如何让这个职业的准入、考核、奖励都有更加严格的标准和制度?如何让所有的从业者在商品社会这样一个大环境和我们要承担的宣传任务这样一个环境中去寻找一个最佳的平衡点?"……这些,也正是还活着的人,尤其是我们这些后辈要继续努力去做到、做好的事情,只有做到、做好,我们才不会在罗京事业未竟的遗憾上添加遗憾。

罗京,既是播音创作的实践者,又是播音业务理论的研究者和教育者,他的播音学习与创作历经了中国改革开放的30年。其间,他曾两次登上天安门城楼进行播音,30多次跟随国家领导人出访报道。3000多次的主持,他以高度的敬业精神,为全国观众开启了一扇了解世界的固定窗口。他的播音作品多次荣获政府大奖,他圆满地完成了多次重大新闻事件的播音工作,受到同事和广大受众的一致好评;他的播音创作观充分揭示了播音创作的实质,他的思维方式和艺术把握充分阐释了播音艺术的精髓。他无疑是播音这个行业的典范。

罗京最后一次向公众发声是2008年12月25日"金话筒"奖颁奖晚会上与现场的连线。斯人已逝,遗惠不止,芳香永存。对于罗京为中国广播电视事业、为播音主持专业、为全社会所做出的贡献,我们永远不应忘记,后人将会沿着他的足迹继续前进。

在亿万观众的记忆深处,罗京所留下的成绩与记忆、口碑与风范,对于后来人而言是一座高山,无论用多少溢美之词都不为过。在罗京播音主持艺术研讨会上,沈力老师说,无论做人还是做事,罗京身上表现出来的就是一个字:"正"。罗京继承了老一代播音工作者的优良传统,始终不忘自己是一名新闻工作者,是党的宣传员。他的一言一行、一举一动代表了党的利益、国家的利益、人民的利益。罗京在屏幕上不苟言笑,但是你能从他播音的字里行间感受到他对党的忠诚,对祖国、对人民的热爱,感受到他坚定的立场。老百姓之所以称他为"国嘴",说他是"国脸",正是基于这样的原因。

无论是在电视荧屏上,还是在日常生活、业界研讨会、讲座培训班上,罗京都给大家留下了深刻的印象。罗京是一个非常全面、非常理性的人,他是播音界不可多得的人才,他出色的业务能力、忘我的工作精神、严谨的治学态度,让我们永远铭记,也会鞭策全国的播音员/主持人在今后的工作中不断提升自己。他的精神不会因为他的离开而被遗忘,他的事迹一定会载入中国广播电视行业的史册,中国播音主持史上一定会留下他闪光的一页。

众人眼中的罗京

众人眼中的罗京

　　2009年6月15日,中国演艺名人公众形象满意度调查组委会发布消息,本土权威调查机构联信于2009年6月10—12日在全国范围内对罗京公众形象进行了满意度调查。通过街头拦截方式获得的3168份问卷结果显示:九成以上观众对罗京有极高口碑,非常满意罗京的公众形象。

　　在艺人道德修养方面,96%的受访观众对罗京表示满意。在自我规范、完善满意程度、人文精神满意程度、职业道德满意程度、文明礼貌满意程度、诚实守信满意程度、遵纪守法满意程度六项指标上,罗京均获得100%的满意度评价。这样高的满意率在此项调查举办三届以来尚属首次。92%的受访者认同罗京"国脸"的美誉,认为他的价值不仅在于脸,还在于声,更在于人。

　　罗京处世低调,尽管他在20多年的时间里早已被广大观众所熟悉,但他从不张扬,没有负面消息,没有绯闻,只是认真地做好每天的工作。他生病、去世,如一颗重磅炸弹,深深地震惊了大家,不仅有与他共事的同事们,更有千千万万喜爱他的观众。在送别仪式上,全国各地数以万计的观众自发地来了。有一位70多岁的老人,凌晨4点就从顺义赶来,就为送罗京最后一程;还有一位老大爷,在地铁口发放自己出钱印制的罗京的生平介绍……

一个人一辈子,用20多年把一件事情做到炉火纯青,成为行业楷模,实属不易。仅从追悼会那天的万人送别场面就可以知道,人们是多么喜欢他、爱他、怀念他。无论是家人、朋友、师长、同学,还是领导、同事、校友、观众,对于罗京的溘然离世,所有人都感到极其不舍。每个人心中的罗京,都是一个业务精、人品好、值得怀念的好人。

诚然,罗京之逝,除了是一张"国脸"的谢幕,一个好人的离去,更是一次不期而至的民意调查。可谓是金杯银杯不如老百姓的口碑。斯人已逝,追思无穷。不是我们有意抬高他,也不是等他逝去我们才心存怀念,而是他的人格、才干、业绩、奉献打动了芸芸众生,让他赢得了无数尊重。罗京的音容笑貌早已在民众的心灵上扎根,他的名字也必定在中国电视播音的历史上被人铭记。

播音界泰斗张颂先生在"罗京播音主持艺术学术研讨会"上说:

> 在人心浮躁、物欲横流的社会氛围里,什么人能够坚持正确的人生、正确的创作?这样的人,其中有一位就是罗京。因为他长期的刻苦努

力、严格自律、宽以待人,以极强的社会责任感和高度的事业心,兢兢业业在《新闻联播》主播这样一个特殊的岗位上工作,才成就了他48年的闪光的一生。尽管他英年早逝,但是他已经成为我们的一个楷模。最可贵的是他在播音艺术上走出了一条既有继承又有创新的崭新的风格之路。

中国广播电视协会会长、中国广播电视协会播音主持委员会会长李丹说:

"德若水之源,才若水之波;德若木之根,才若木之枝。"罗京之所以被亿万观众所喜爱,首要的还是他金子般的品德素养和人格魅力。这包括政治品德、伦理道德、职业道德和心理品德等方面,内容非常丰富,具体的事例相关的报道提到了很多。罗京同志对事业忠诚,对名利淡泊,对朋友和同事坦诚。他一生独钟播音一行,不走穴,不跨行,一身干净,两袖清风,特别热衷公益事业。正是这种品德和人格,打造了芸芸众生的"崇拜",(让他)赢得了无限的尊重。为罗京送行那天的场景回忆起来至今令人震撼。我看到那一双双失魂落魄的眼神,身不由己任人挤来挤去的身影。那份深情,令人感动。我们广播电视界有哪个人能够受到那样的业内外、全社会的爱戴!

罗京让人们称颂的还有他那以金子般的嗓音为代表的过硬的业务水平。从1983年到2008年的26年间,罗京以其亮丽稳重的金嗓子、专业流畅的播报、庄重冷静的形象,赢得了亿万电视观众的热爱,其电视形象与感染力深入人心。什么时候有重要活动报道,什么时候就有罗京,这已经成了广大电视观众的一种收视习惯。从业务水平来说,罗京可以说是塑造了播音主持行业的"金标准"。

中央电视台副台长孙玉胜在《再复制一个罗京不那么容易》一文中说:

作为亲爱的同事,罗京办事最让人放心,他总是精确完美地完成嘱托。说罗京是一代天骄,并不为过。过去我们都提新闻立台——这几年提得少了——现在我们又重新提出这一口号。罗京是中央电视台新闻的重要表达者,是中央电视台的重要符号和标志。近几年中国发生的重大事情,都是由他的声音播发出来的。他的离去对中央电视台而言也是一个重大损失。后来者能否超越罗京,从目前情况看还需要时间的打磨历练。再复制一个罗京不那么容易。除了专业修养之外,罗京为人处世的态度更值得钦佩。他从来就没有高高在上、盛气凌人的作风。作为名人,他身上有一种难得的平常心。罗京是公众人物,在公众形象方面他没有任何污点,尤其没有绯闻和传说。"德艺双馨"这个词语用在他身上是恰如其分的。对于罗京之所以有公众性的悼念,我想不仅仅因为他是个好人,一个人身后能够被人提及、被人怀念,肯定是因为他对这个社会做出了自己的贡献。

中央电视台副台长罗明在《难忘罗京 生如夏花般灿烂》一文中说:

罗京走了,但他也留给了我们很多很多。今天,我们追忆罗京,感受更多的是一种前行的力量与感动。

难忘罗京,生如夏花般灿烂。

罗京大学同窗、中国传媒大学播音与主持艺术学院院长鲁景超在《哭小班长罗京》一文中说:

一位年轻记者采访我,他反复问一个问题:"你们跟罗老师认识这么久,难道就没有发现他有过想换换工作的意思吗?我肯定地回答:"没有,绝对没有。"年轻人表示不可思议:"他怎么能在一个岗位上一干就是25年呢？"我说："你不能理解他，也不能理解我们这一代人对于自己所从事的播音工作的执着感情。"1983年，作为我们当中的优秀代表，罗经进入了中央电视台担任《新闻联播》节目主播。26年来，他准确、庄重、大气地完成了不同历史阶段"传达政令，传播信息"的重任，用具有中国气派的声音和形象，让中国了解世界，让世界了解中国，在党和政府与人民群众之间，在中国和世界之间架起一道电波虹桥。曾经有人问我："罗京的声音中为什么有一种特殊的魅力？"我说："因为他始终是在用一颗善良和公正的心播音，用真挚和美好的感情播音，用全部热血和生命播音！"

罗京大学同窗、教育部语用司原司长姚喜双在《同窗共语三十载 情同手足难释怀》一文中说：

他（罗京）在播音业务上有自己的看法，关于播音与主持、说新闻与播新闻等一系列学术问题，他都有自己独到的见解。我们的电台、电视台要体现党的方针政策，是党的宣传员。电视台是党的宣传机关，不是让你用这个阵地来反映个人的思想，也不是只反映中央电视台的思想。所以，如果你想从事中国的新闻事业，第一点你必须明白"存在决定意识",就是说你存在什么样的环境,你需要什么样的思想意识。从事新闻事业,必须要有一个观念,就是理解我们的工作环境、工作性质。要了解"存在决定意识",要时刻提醒自己,要站在这个角度去考虑问题,考虑自己要说的话,不管是你自己照本宣科地讲,还是自己想的,如果是自己想的,就更需要注意,否则你自己的观点或者其他的东西夹杂太多,那就容易出问题。按照我们的行话就是说:脑子里要有政治。第二点就是"内容决定样式"。《新闻联播》中政令、社论或党的方针政策等居多,相对来讲是比较严肃的、比较规整的,来不得半点马虎的。稿子来了以后,一个字是一个字,其中的"的""地""得"都是不能动的,它是经过专家和相应部门进行了严格润色的,以播音员个人的能力根本不能改动。这种书面语言,就需要用正规庄重的或者有些人认为的死板的语言去播,我们不可能把国家领导人的活动播得很随意,或者用那种很诙谐的、幽默的语言来播,那是不可能的。因为它本身就带有严肃性。第三点是"实力决定效果",明确了内容,确定了形式,业务实力将最终决定体现的效果。你对内容的理解程度如何,了解得是否全面,对这种形式掌握得怎么样，自己的语言、声音、形象的综合把握能力、内部技巧与外部技巧运用得好坏，都会直接影响播出效果。因此，要研究自己所在岗位的语言运用规律、特点，尽量将它们发挥到极致，这样才能收到好的效果。

罗京大学同窗、哈尔滨师范大学传媒学院谢继繁在《忆同学少年》一文中说：

从此，你伴随着改革开放的步伐，与民族的发展声声相连，与国家的富强声声相连。你用高超的艺术，在播音实践中，在《新闻联播》中实现了前辈们爱憎分明的教诲。每当看到这些，当年校园里，我们深夜还聚在一起分析鲁迅的作品，经常大声朗诵"横眉冷对千夫指，俯首甘为孺子牛"的情景，又浮现在眼前。你在长期的播音实践中形成的稳重、深厚、坚定、信任感，给人以鼓舞，给人以力量，给人以大国风范的享受。毕业后，你的足迹伴随着国家的发展，遍及五洲四海，无数次出色地完成了随同国家领导人出访的任务。同学们在关注你的同时，为国家骄傲，为你骄傲。

在近代百多年的历史中，最近的三十年，是我们国家最辉煌的三十年，是民族走向伟大复兴、卓见成效的三十年。你的声音、你的工作与此紧紧相连。你的声音记录了历史的辉煌。这些，怎能不令我们骄傲！

三十年的岁月，我们从青春到中年，我们从发奋学习到成熟地工作，我们从心灵的追求到责任的深化。我们成熟了！无愧于当年校园里的岁月。你的言行、你的点点滴滴，就像一棵树，一棵深深植根在沃土的大树，根深叶茂！

罗京大学同窗、中央电视台新闻中心播音组原组长李瑞英在《忆罗京》一文中说：

在中央电视台，一个播音员想要让自己的播音境界提升到一定程度其实并不是很难。中央电视台给了我们一个广阔的舞台，起点比起地方台的播音员更高，机会也更多，这是我们的幸运。幸运的人虽说很多，但像罗京那样能够用真实的体会、用文字去很清楚地表达出专业理念的人并不多。他担任着中国广播电视协会播音主持委员会的副理事长，在"金话筒"评奖体系标准的建立上也建立了不可磨灭的功勋。正是因为他的执着，我们一起努力，播音员播报类节目才被纳入了"金话筒"的主持人评奖系列。

罗京即使在病床上还在一直关注着台里这些年轻播音员的日常播报工作。他对年轻人说，等我好了以后，我真的可以给你们上课了，我天天在病床上，我只看新闻频道，我发现你们的语速太快了，不能为了快而快。我跟他说，你出院以后如果在一线干不动了，你可以当老师，我们可以办培训学校，我们委员会可以到地方台，到老少边穷地区，去办培训班。其实我们要做的事还非常非常多，但是他走了，走得太匆忙了。

在播音组我们俩负责排班。我们商量好，无论任何人落了班，我们俩都有义务去替班。所以在这个问题上，需要男播的时候我首先肯定去找他，无论哪档新闻他都不会犹豫，只要他能来他肯定就来。尽管有的时候我和邢老师也对他唠叨，不能什么事谁的事你都答应，什么样的出差你都豪言壮语答应去，有的时候可以答应，有的时候，我就经常提醒他，要勇于说"不"，要说"我真的去不了""来不及"，但是他总是说不出口。

我觉得罗京简直是一个铁打的人，从来没被困难压倒过。大家养成了一种习惯：遇上重大新闻、重大稿件，一定要交给最有把握的人，女的是邢老师，男的是罗京。无论哪位女播跟他一块上班，重大稿子肯定都交给他播报，都觉得是天经地义的，就觉得他能顶住。其实现在回头想想，谁不紧张！谁也不是365天每时每刻精力都那么旺盛，状态都那么好，他也许哪天状态非常不好，身体不舒服了，没有休息好，但他不会说，他会坚持把自己最好的状态留给荧屏。

罗京的精神是值得我们同行好好学习的，他的政治觉悟、思想觉悟、专业水准和心理素质炼就了这样一个钢铁战士。

中国传媒大学79级播音班全体同学《罗京，你永远在我们身边》：

罗京，每年初五咱都聚会，是雷打不动的。其他时间找你，你也都在，除非你出差。你怎么今天不回电话了？你走了，也不吭一声，我们和你怎么联系啊？

5号早晨，咱们同学都接到电话了，说什么也不能相信！咱初五的时候不是商量好了，今年暑假去大西北，品尝咱同学种的番薯新品种吗？都说好了，以你的时间安排，我们随你，你怎么走了！

我们今天去医院，比你大的比你小的，都热泪盈眶，你看见一定会撇着嘴奚落我们，就像今年初五，你一副镇定从容的样子，劝我们放心，别大惊小怪的。

你的几个姐姐，哭了；你的同宿舍的哥们哭了；你的还在外地的同学们，一个个打来电话，都不愿意相信这是真的，我们也不愿亲口告诉他们，播音员的嗓子都沙哑了。

你太小了，在咱班的年龄倒数第三，你一直是我们的弟弟啊……

外地同学发来短信，说想再见你一面，很想你，你听见了吗？

咱班是历届播音班"最黏"的、关系最密的，每次都讨论"将来老了在一起住养老院，"你怎么走了？养老院里，谁给我们唱《三岔口》啊？！……

当年刚入校的时候，你的身影像一只可爱的小鹿，活泼矫健，高高的鼻梁，清秀的脸庞，一双炯炯有神的大眼睛透着灵动而聪慧的神采。每次，咱班男生参加学校的篮球、排球比赛，女生都会围在球场边上给你们加油。你每次比赛都穿那身咖啡色的运动服，在球场上特抢眼。匀称的身材、灵巧的动作吸引了全班女生的目光。比你大的姐姐们虽然爱慕，可确实不敢表白。

你还会弹钢琴，课间10分钟，你一般都是坐在钢琴旁弹上几首优雅的曲子。你更喜欢唱京剧，你用京剧唱腔唱的《北京颂歌》总是给同学们带来一片欢笑。至今，这声音似乎还在我们的耳畔回响。

三十年前，你上专业小课的时候，播稿就从来不出错。我们知道，你这是天赋加勤奋。不夸张地说，这一点谁也比不上你。很多公众感觉你是个冷峻严肃的人，其实我们都知道，你有着一颗最柔软善良的心。你遇事冷静，乐于帮助别人，而且直率坦诚，从不虚伪掩饰，同学们有什么事都愿意找你商量。三十年来，不管你是咱班的"小官"，还是成为公众人物，你都是那么随和沉稳，始终如一，从不改变。超强的能力、完美的品格让咱班同学心服口服。

罗京 现在开始播音

虽然是四年同窗，但这深深的同学情已经整整30年了。全班同学都有着同一种感觉：你是咱79播音班的骄傲。一想到曾经和你是同窗，我们的脸上都会闪现出自豪和快慰的表情。

就在最后这次初五聚会的时候，我们都感觉，你显得比哪一次都快乐，笑得比哪一次都灿烂。我们知道，你是想让我们大家放心。你那颗坚强的心我们全都理解。其实，当走出那家聚会餐厅的时候，几个姐姐凝望着你的背影都流下了眼泪，姐姐们都默默地说："罗京弟弟，你快点好吧！"

在你住院的时候，咱们班同学总是相互通电话，大家想到医院看你。可大家又都知道，这时候你最需要安静，我们来了会给你添麻烦，所以就派代表问候你。我们就都发发短信，用最真诚的话语鼓励你，期盼你早日康复。

罗京，你是公众人物，在全国影响特别大。不管有多少人与你相识，可你在咱班同学的心里还是那个纯纯的好同学罗京，是那个看似严肃，其实特别随和的同窗好友、好同学罗京。咱班同学还是每年初五聚会。聚会的时候，我们都会给你留着座位。商量事儿的时候，还得让你拿主意。你可一定要来啊，因为你永远都在咱们79播音班同学的身边！

中央电视台总编室主任梁晓涛在《思念与感伤》一文中说：

罗京是名人，他的一举一动都在众人的注视之下。我们看到多少名人，就是因为公众带有挑剔感的超级关注，被挑出一些生活中的不妥细节。作为一个国家电视台收视率最高的节目的播音员，可以说特别不好当！在这方面，罗京堪称表率！他不仅是一个优秀的主播，更是一个好丈夫、一个好父亲！他儒雅、温和，热爱工作，热爱生活，几乎是中国人心中的一个"完人"，这一点，难能可贵！

中央电视台新闻中心主持人白岩松在怀念罗京的文章《把声音变成历史》一文中说：

罗京走了，悲伤与不舍，文字与外在的表情都无法真正表达。几天之间，无数的观众与同事去为他送行，要感谢，但猜想，以罗京的性格，又会脸红不安。外在的东西他不喜欢，然而内在的东西他一定会感受到。他应当为自己虽不长但足可录入历史的一生而安心。生前他不负人，走后，记忆也不会负他。如果声音是有生命的，那么我们可以提前知道他的"长寿"。悲伤中，也有一点是同行们要向罗京致敬的地方：一切都已在最美好的时刻定格,几乎没了再被修改的可能;而我们,在这个时代,在这个名利场里依然要前行。"寿多则辱",这"辱"既可能来自环境,也可能来自我们内心的欲望。如何面对后者,挣扎时,想想罗京吧!

中央电视台新闻中心播音员宝晓峰在《写在人间四月天》一文中说:

以往翻看日历的时候,我只是关注星期和日子,现在多了一个习惯,看一下农历的节气。2009年6月5日,芒种,是收割和播种的节令,2010年的芒种在6月6日。一日之差,天地相隔。仅以2009年6月5日罗京离去当日的小文抄录如下,以表思念。

我们遥远的他

写下第一个字的那一刻,我知道我们真的失去他了。

6月5日,芒种,阳光刺眼。透过发黄的百叶窗,分明感觉到空气中的燥热已经在清晨弥漫开来,迅速涌进了每一条缝隙。我坐在床上,身体和大脑处于静止状态。我反复告诉自己,这只是夜班后的疲劳状态而已,和平时没有分别。于是，我像平时一样整理床铺，我像平时一样路过他的衣柜，我像平时一样走出那间办公室，然后，我看到每一个熟识的面孔，在我们目光交错的一瞬间变得模糊。

这是我对那个清晨的记忆。

那个清晨，我们永远失去了我们的罗老师。

对媒体而言，罗老师的离开成为当天最大的新闻。那一天，我的同事在罗老师曾经工作过的主播台上播报了罗老师离去的消息，这种近乎残酷的方式是我们每一个人——罗老师的同事们，对他最好的怀念；那一天，我体会到了痛彻心扉的感觉，我知道，我们失去的不仅仅是一个前辈，更是我们朝夕相处的亲人；那一天，我没有回复任何询问的短信，尽管我理解他们的关切……

罗老师走了，他的衣柜上还挂着聋哑学校的孩子们折给他的千纸鹤。孩子的祝福，是最纯洁的祝福，罗老师一定是带着这些祝福走的，走得安详而平和。罗老师喜欢孩子，在孩子眼里，他是没有架子的明星朋友，灿烂的笑容一如他离去时的那抹阳光。我不敢想那个13岁的孩子在这些天所经历的一切，几天前的"六一"，是他们在一起度过的最后一个儿童节。我只想说，他身上一定有罗老师的坚强和隐忍，因为从那天起，他注定是爸爸的延续和妈妈的依靠。罗老师走了，我没能见他最后一面。《新闻联播》30年纪念邮册上只差他的签名，整齐地立在我的柜子里，已经落了灰。我一直天真地以为，等罗老师回来，就可以集满所有大腕儿的签名。现在，我会保留那份空白，我们每个人已经在心里为他留了位置。

中央电视台新闻中心播音员贺红梅在《只有一个罗京》一文中说：：

我想罗老师之所以受到这么多人喜爱，应该就是因为他的真实。真实其实很难做到，我一直也以这样的品格要求自己，但是我知道有时候太难了。在过去的20年中，因为各种原因，我的工作岗位时而有些变化，年轻的时候为此疑惑、激动、难过、兴奋、得意甚至愤怒。但是我必须隐藏上述的一些情绪，因为它于事无补只能伤害自己，那么真实这时候在哪里？于是当我看到很多人都说罗老师活得太累了的时候，不自觉地在内心会点点头，并且承认可能做不来。身边的同事们大概都承认这样一个现实：别人找罗老师做任何事情，他都不会拒绝。我们可能都拒绝过别人，比如这个我做不了，比如我在忙，比如我没有时间，这些都是拒绝人很好的理由，但是罗老师似乎从来都不会。这些无法拒绝的事有的自然给他带来一些负面影响，但是你在这之后看到的他，还是一如既往的样子，似乎什么都不会改变。

他的真实。20年，我才慢慢体会到他跟我说的那些话，鼓励、批评、劝慰、引导，在我疑惑，在我困扰，在我忧虑，在我难过的时候。讽刺的是，那个时候我一般听不进去，我也听不懂。现在，当有人对我说，你怎么还是没变的时候，我觉得我已经懂得了罗老师教诲我的那些话，我甚至因此有些得意。我愿意记住这样的真实的罗老师：德艺双馨！这个很难，但是他做到了。

中央电视台新闻中心播音员徐俐在《你走了，我们是这样伤心》一文中说：

也许直到你离去，人们才意识到，屏幕上你那张看似没有表情的面孔背后，其实是对一份职业责任的坚守。尽管你从未发表任何道德宣言，甚至从不对你所播报的新闻表现出明确的价值判断，但是当这份坚守与你没有任何绯闻、传闻的低调形象结合在一起的时候，就凸显出一个优秀新闻人特有的专业操守和人格力量。

不需要评价你做过什么,所有观众都看在眼里;不需要美言你的人格和智慧,那已经成为我们永远的记忆。

中央电视台新闻中心播音员海霞在《山高水长——追忆罗京老师》一文中说:

就是这样一位让我们尊重、敬佩、爱戴,但又有点"怕"的罗老师走了。他走时是那么年轻,走得那么仓促,他那带着金属般光泽的声音还在耳边,他那灿若夏花的笑容还在眼前……真的让人难以置信。曾经有来凭吊罗京老师的同人为他写下"时代的声音、职业的典范、行业的楷模",这是对他职业精神的由衷赞美和品德的高度评价。我也把心中的话献给罗老师——"先生之风,山高水长"。

罗老师的人品、艺德、职业精神会永远在我们心中——影响着我们,帮助着我们,引领着我们,会成为中国播音员/主持人队伍当中一份宝贵的精神财富,一批一批、一代一代地传承下去。希望中国能够涌现出更多像罗京一样杰出的播音员/主持人,更多像罗京一样的好人。

中央电视台新闻中心播音员康辉在《永远的引领者》一文中说：

和罗老师共事十几年了，说老实话（忽然惊觉，这不是他的口头禅吗？），我与他并非过从甚密。我知道原因在我，我实在不是一个善于表达自己的人，不是一个善于与他人沟通的人。我们的关系更多的还是师生，一个严格甚至近乎苛刻的老师与一个认真但需时时敲打的学生的关系。在我的职业生涯中，几乎每一次关口，都曾得到他的提点，每一次都切中要害，令我受益匪浅。因此，对我来说，他绝非一般意义上的老师，而是漫漫长路上的一个引领者，永远的引领者。

中央电视台新闻中心主持人欧阳夏丹在《永远的播音王子》一文中说：

在领导和同事的眼里，关键时刻，罗京老师是值得信赖的，而更难得可贵的是他3000多次的无差错播报。这是一件多么不可思议的事情啊，要做到这一点是"非常艰难、非常艰苦"的。它意味着渗入骨髓里的、已成习惯的对业务的精益求精，更意味着每天往里面灌注的真心与诚意。罗曼·罗兰说过："真诚，只有大的真诚，才能把人引向崇高。"而罗京老师始终在用一颗善良和公正的心播音，用真挚和美好的感情播音，用全部的热血和生命播音！所以，在紧张忙碌的直播过程中，他能做到心无旁骛、聚精会神，他能做到声情并茂、感人至深，这是一份要用"心"去体味的工作！

中央电视台新闻中心主持人沙晨在《永远的播音王子他舞到最美》一文中说：

播音的质量很难做科学的量化分析，我们只是在听到恰切的播音时，会由衷地感叹：就应该是这样！而罗京播音的权威就在于，他一开口，全国人民就很自然地认为：《新闻联播》就应该是这样。也许作为一档新闻栏目，这不是我们的最终追求，但不可否认，这就是中国最真切的现实。从这个意义上说，罗京代表了一个时代！"联播"的特殊地位决定了它的特殊基调，而"基调"在播音专业中是个很微妙的分寸，多一分则嫌浓，少一分则嫌淡，但是它又没有刚性的指标，完全是一种感觉、感悟。都说"联播"里会议没有不重要的，但重要和重要之间也有差别。曾经亲耳听罗老师跟一位年轻播音员说，今天这个会你配得有点重了，遇到比这个规格更高的会议，就没有余地了。不同的会议，不同的规格，配音的语调、语速、吐字力度都有细微的差别，这些同等重要和细微差别构成了《新闻联播》的基调。而罗京为这个行业的后来者树立了标杆。我们很多人都是听着罗老师的播音长大的，罗老师走了，带走了一个时代的声音，他不可复制、不可模仿。罗老师又没走，他为"中国气派"的电视新闻播音而做的不懈努力和坚守，依然在后来者口中传承！

中央电视台新闻中心播音员胡蝶在《缅怀》一文中说：

您走了，

我们是这样伤心！

再也看不到您亲切的面庞，

再也听不到您浑厚的声音！

您走得那样匆忙，

怎舍得离开同侪同人、友朋至亲？

陪您多年的主播椅默默垂泪，

被您翻旧的辞典黯然神伤……

在很小的时候，

我就喜欢，

您和前辈们播出的新闻，

那穿透时空的声波，

铿锵有力，

豪情无垠，

展示着民族的庄严，

传达着祖国的声音，

采撷着社会多彩的信息，

温暖着城乡亿万颗民心！

共和国的硕果,
您如数家珍;
老百姓的生计,
您时刻挂怀……
举国同庆时您由衷欢欣,
震情严峻时您泪雨纷纷。
您远赴南海西沙,
慰问驻守群岛的官兵兄弟;
您跋涉偏僻山村,
为贫困儿童的成长募集基金。
您是一尊正气的化身,
您是一曲精神的歌吟。
在朴实无华里内敛沉稳,
于大爱里真挚可亲。
四十八载如歌的人生,
二十六个精彩的年轮,
谱写着一曲壮美的旋律,
诠释着一个绚丽的青春。
在看您的主持中,
我一天天长大;
在听您的播音中,
我开始了主持人的梦想。
终于有一天,
成了您的学生和同行,

在您的关怀培养下磨砺成长。
有一天，
突然听到您的病讯，
心在蓦然中一阵揪紧，
双手合十，
虔诚祈祷，
盼望您早点回来，
和我们一起播音……
仲夏六月，
噩耗传来，
顽强的生命竟然停滞，
熟悉的面庞披上了黑纱！
晴天霹雳，
泪似汪洋，
哀伤充满了所有同事的心！
英魂西去，
音容犹存。
从此，
人间少了一位
德艺双馨的主播，
天堂里多了一位
洪亮浑厚的男中音……
老师啊，您走了，
我们是这样伤心……

中央电视台新闻中心播音员长啸在《大气天成 丰碑永在》一文中说：

罗京老师的播音大气天成、温润典雅、沉着自信，其声内敛又极具张力，其气贯于头腔，亮而淳美，其韵自得真谛，稳健沉雄。听其作品，如饮陈年老酒，回味久长，绵延不绝；看其播音，如晤挚友，真诚自然，端而不僵，谐而不媚。

中国传媒大学播音主持艺术学院师生在《校园里有棵小白杨》一文中写道：

"校园里大路两旁，有一排年轻的白杨……"这是激励了每一位中国传媒大学莘莘学子的歌，也是他们的足迹和心声……

中国传媒大学播音主持艺术学院一层大厅里，有一面墙挂满了播音主持专业毕业生的照片。当年，他们不就是这校园里年轻美丽的白杨吗？如今，他们茁壮成长，有的已经成为我们伟大祖国的栋梁。中国共产党第十七次全国代表大会代表，中央电视台《新闻联播》著名播音员罗京就是这其中杰出的代表之一。他们活跃在祖国广播电视播音主持一线，他们是播音主持艺术学院优秀的毕业生代表，他们为母校赢得了荣誉，他们是同学们的偶像，他们激励着后辈为梦想而奋斗，他们是我们宝贵的精神财富。中国传媒大学为他们而骄傲。

2009年6月5日清晨,当罗京同志不幸逝世的噩耗传来,中国传媒大学震惊了,播音主持艺术学院震惊了,广大师生无不感到巨大的悲痛和惋惜……

宁静校园,高大的白杨树迎风低吟;物是人非,时光恍然回到30年前……

1979年,党的十一届三中全会将改革开放的春风吹进了校园。北京广播学院(中国传媒大学前身)79级播音班30名朝气蓬勃的新生,那是恢复高考后的播音专业第三届本科学生。他们青春的身影和欢笑为校园里的小白杨又添了无限生机。这个班里大部分同学是从工作岗位上考进来的,高中应届毕业生只有八个人,被大家戏称为"八根毛",其中罗京年龄排第五,是班上年龄最小的同学之一。谁也不会想到,年纪小小的罗京竟被选为班里的生活委员,少年持重的罗京竟然认真仔细地干起了那些繁杂琐碎的"小事"。每天他要为班集体拿报纸和信件,每个月他要为每一位同学领生活津贴和饭票。四年如一日,从未出过任何差错。能从"小事"做起,认真严谨,这就是罗京日后成为国家栋梁的基石,是他留给我们的宝贵精神财富。

说到罗京的专业,有人可能会说他专业条件好。是的,他的条件不错。但是,真正了解罗京的同学和老师们会异口同声地说,罗京是最刻苦、最

众人眼中的罗京

勤奋的人。每当晨曦初上,核桃林里练声的同学中,总是闪动着他的身影;每当夜幕深垂,播音小楼里录音练习的人群中,总是飘散着他的声音。罗京在学校里学习用功是有名的,四年中,他的成绩总是名列前茅。勤奋、刻苦是罗京出类拔萃的"秘诀"。今天,当我们看到中央电视台《新闻联播》直播台上那本被他翻烂的《新华词典》时,谁都会明白:播音主持艺术家是这样炼成的。勤奋、刻苦,这是他留给我们的又一份宝贵的精神财富。

罗京性格内敛、不事张扬,有着良好而又严格的家教,他为人善良、热情,极富责任感。舞会上,他腼腆地拒绝女同学的邀请,但总会坐在一旁安静地欣赏;运动场上,他生龙活虎,篮球、足球样样在行,播音专业篮球队曾夺得全校冠军,他就是那支胜利队伍的主力后卫。他的善良、厚道、乐于助人为同学们所称道。正是这样的人格魅力成就了他极富亲和力的播音风格,让他得到了全国人民的喜爱。善良、厚道、乐于助人是罗京给我们留下的又一份宝贵的精神财富。

少年的罗京就是这样成长着。他逐渐成长为一个有理想、有责任的男子汉。理想和责任是他毕生的追求。罗京对待事业是真诚和执着的。说到播音主持事业，他总是那样严肃认真，从来没有放松过。一个人有了理想和责任，一个人有了事业上的追求，他才可能成为一个纯粹的人、一个积极向上的人。罗京做到了。他为我们做出了榜样。

1983年，79级播音班的同学们毕业了，他们奔赴祖国各地，走上了广播电视播音主持岗位。罗京被推荐到中央电视台《新闻联播》工作，一如在学校时的认真和执着，他将所有的热情和精力都投入到了自己所挚爱的播音主持工作当中。

光阴荏苒，罗京在他的新闻播音岗位上坚守了20多年，成为我国改革开放时期杰出的播音主持艺术家之一，他气质俊朗儒雅，声音清亮悦耳，能够精准地诠释新闻信息，赋予不同类型的新闻稿件以鲜活的生命力，他所形成的大气端庄的播音风格开创了新时代中国播音主持艺术的崭新境界。他的播音含蓄坚韧、铿锵有力、刚柔相济、收放自如，具有中国气派。改革开放30年来，播音主持的传播形态发生了巨大的变化，但是，作为国家形象、国家态度的"联播语体"仍然是中国播音主持的一面旗帜。罗京的播音是改革开放以来"联播语体"的集中体现。

从1979年考入北京广播学院学习播音专业以来，30年间，罗京经历和见证了中国改革开放的全过程，在党和人民之间架起了一座桥梁，他的播音体现了改革开放、和谐发展的中国形象，体现了艰苦奋斗、不屈不挠、团结协作、真诚友爱的中华民族精神。

罗京从未忘记过母校的教育和培养，走出校门后，他一直和学校的老师保持着密切的交往，关注着学校的发展，关注着播音主持艺术教育的发展，他陆续担任了播音主持艺术学院的兼职教授，连续多年出任硕士研究生毕业答辩委员会委员。即使在生病期间，他也曾打电话给播音学院交流播音专业教学改革的建议。

细雨蒙蒙，哀思绵绵，校园里，核桃林中，仿佛又听到了那首歌……

"德正、艺高"是师生们对他永远的传扬。

罗京，你是播音主持艺术学院的自豪，

罗京，你是中国传媒大学的骄傲。

罗京，走好……

罗京，在你的身后必将出现千万棵茁壮的白杨，

像你一样奋斗，

为伟大祖国争光。

罗京，我们的榜样，人民将永远把你颂扬。

语文出版社原社长王旭明在《真正罗京》一文中说：

罗京比现在很多当红主持都出道得早，但他从不耍大牌，几乎所有接近他的人都众口一词地尊敬他。他也没有绯闻，甚至稍稍"热闹"一点的事都没有，尽管他早已有走穴、串场、捞外快的资本。我与他素昧平生，但有一次到台里做节目时，在走廊中邂逅，他对我报以微笑，我知道那是职业性的，但也足见其人的修养。

不管是职业要求，抑或是个性特质，正装、正言、正声、正色、正神、正气，总之，一个真正的人。

作为一个公众人物，罗京以自己不凡的努力塑造了独特而始终如一的公众形象，我猜想其间他一定牺牲了许多个人兴趣和值得炫耀的东西，以及无数不可抵御的物质诱惑。总之，一个充满了正义之气，一个大写的人，罗京！

以下是一些业内人士对罗京的评价：

罗京的播音体现出的是中国老百姓喜闻乐见的中国作风和中国气派。——张颂

众人眼中的罗京

做人低调、平易、谦虚，从来不把知名度作为炫耀自己的资本，身上没有任何名人的架子。——沈力

在一个单位乃至于在一个行业当中，有一个或者有几个像罗京这样对专业精益求精的人跟你在一起作战，你就会觉特别坚定、特别充实而且特别有信心，无往而不胜。——李瑞英

罗京不愧为党和国家的优秀播音员，不愧为北京广播学院培养出来的优秀学子，不愧为全国优秀的语言文字工作者，他为推广普通话发挥了媒体的榜样作用，为规范地使用国家通用语言文字作出了自己的贡献。我为我有这样的同学而感到骄傲和自豪！——姚喜双

有不认识的字，就去问罗京，好多生僻的字他都能准确发音。——卢静

敬业、专业、职业，他达到了一个境界。

——敬一丹

一个平日里不常笑的人，假如笑起来，才是最美。罗京就是如此，他的笑，不忘形，不夸张，却发自内心。——白岩松

他是我职业生涯的引领者,而且是永远的引领者。只要我们在,只要我们这个集体在,罗京的名字,不仅是这一天,而是每天、每时、每刻,都会被想起。或者说,这个名字,从来不需要想起,因为,永远也不会忘记。——康辉

这些年轻播音员的心里,会给他留在一个格外特殊的位置。他的声音、他的风采,与我们的青春岁月珍藏在一起,永远相伴。——海霞

对罗京老师的印象是可敬、可亲、可信,因为我们组里气氛很好,他就像家里人一样。——贺红梅

罗京进央视时才22岁,风华正茂,业务功底极佳,口齿清爽,声音极具穿透力。——赵忠祥

罗京善良随和,他生活中特别不一样,是个特别善良随和的人,对待孩子和家人都特别好,是个太好太好的人。——倪萍

他的离去是我们每人个人心头的一份伤痛,但是他热爱生活、对事业执着追求的精神却可以成为我们永恒的精神力量。——董卿

罗京老师为新闻播音从业人员树立了一个专业的标杆,他是我们这个行业里的大师。——郎永淳

回忆会让我们心痛，感到生命的脆弱，回忆有时候也会让我们找到有限的生命中很多的感动。罗京在镜头前永远地端庄、沉稳，可是留在同事们脑海里更加鲜明的形象却是他的笑脸。我想如果此时他在天堂里能跟我们说话，他也许会说，没关系的，只是换个地方，天堂里缺一个好播音员。——李小萌

镜头上的罗京老师很庄重，生活里他却总是在笑。——张泉灵

他那么平易近人。就连实习生请教他一个问题，他恨不得回答出有牵连的五个问题。——纳森

罗京这种优秀的配音员真的就像是检验机，如果他们念不顺了，肯定不是他们的问题，而是稿子的问题。——王小节

罗京留给广播电视事业的财富太丰富了，他做人的标准、做事的标准及产生的成果，深深感动着广播电视界所有的同行。——李丹

非常认真、严谨、有责任心。我很信任他，把最重要的东西交给他播我很放心，他总能出色地完成。——杨伟光

罗京的主持风格、播音艺术，以及他的为人，对于中国电视来讲，具有独特的意义和作用。罗京是一个内心平静的人，同时是一个有信仰的人。——电视研究人时统宇

因为大家的信任和自身的责任感，不知道他内心要承担怎样的重负。——中央电视台吴方

我们把他的声音形容为"国喉"。我觉得失去他不光是对新闻界，对每一个喜欢他的人来讲都是一个特别大的损失。——蒋大为

罗京老师是我认识内地的窗口。——吴小莉

附 录

附录1
罗京言论

你要想感动别人,首先必须要感动自己。

我所理解的"责任意识",是指要主动与节目的其他环节加强联系沟通,变被动等待为主动介入。要尽可能通过对节目内容、背景的深入了解,对节目流程各环节参与度的提高,进而增加认知度和兴趣度,以此带动创作欲望的提升和播出质量的稳定。

从事《新闻联播》播音工作,始终要保持高度的注意力和良好的工作状态,随时应对任何突发的内容,我虽然干了二十几年,但是每天上班的时候都是如履薄冰的感觉,尤其是重大新闻发生时刻。当你在《新闻联播》报道一个政策时,要给观众以可信度,要让观众有信任感,而且记得住,这是主持《新闻联播》基本的能力。播音员主要是把稿件的内容生动地表达出来,文字的东西永远需要在电视里通过声音体现出来。如果记者写的东西适合声音表现，但是你没有生动地表达出来，那就是播音员的问题。这是一种综合素质的体现，除了专业的技巧以外，很多是从你的阅历和知识储备等方面表现出来的。

从事这个职业首先应该有脚踏实地的精神，因为日复一日重复同样的程序，保持一种对工作的热情、严谨的工作状态，是对我们的一种严格要求。《新闻联播》对老百姓确实有相当大的影响力，它所担负的使命非常重要，又是中央电视台的一个主要节目。再有，多年来观众对这个节目形成了一种思维定式，对节目的要求也在不断提升，我虽然干了这么多年，也始终感到有相当大的压力。因为这个节目是直播的状态，紧张是经常的。

越是资历老，越是经验丰富，在工作中就越要专注投入，越要认真细致，以此来弥补工作激情的减弱和工作中出现的审美疲劳。

中央电视台是宣传部门，是党的喉舌，主要就是宣传党的方针政策。要做到上传下达，及时把党的方针政策在第一时间传播到各个部门，同时通过媒体的报道，使各地的事件信息传达给相应的部门和领导。还要引导、教育、服务大众，因而必须宏观与微观、高雅与通俗、点和面都结合起来。

附录1 罗京言论

新闻节目没有一秒钟的延时,创作空间非常之窄,精密度要求非常之高,所以有时我感觉压力特别大。经常有人问我,播完节目后整理新闻稿件时你和你的搭档在谈论什么?其实我就在说一句话:"终于又过了一天!"因为我们的担子实在太重了,不允许有一点失误,要对国家负责,对人民负责,还要对上级领导负责。

首先,我的职业决定了,从我嘴里出去的基本上没有什么可笑的事情;其次,新闻要求有一个常态,要有相对的客观,所以我必须保持冷静的态度。

我希望当我退休的时候,大家不是只记住了我们这些播音员的形象,而是能数出几次重大的事件是经由我们的报道留下了深刻的印象。我会感到非常幸运。

我希望公益行动是一种常态化的,而不是个案式的动作。我们希望唤起公益心,把公益变成自己的本能。

在我的经历中,没有哪一种职业像电视一样担负着如此众多的责任,要对党、对人民负责,对国家负责,对民族负责,对公众负责……正因如此,对你的任何一种要求都不能说是过分,对你的任何一种期待都不能说是苛求。

附录2
罗京年谱及工作大事记

罗京年谱

1961年5月29日,出生于北京。

1968—1974年,北京酒仙桥小学上学。

1974—]978年,北京酒仙桥二中上学。

1979—1983年,北京广播学院上学。

1983—2008年,中央电视台播音员/主持人。

罗京工作大事记

1981年7月,在辽宁省丹东人民广播电台第一次正式播音。

1983年8月,进入中央电视台工作,开始主持《新闻联播》节目。

1984年4月,随国家领导人访问朝鲜。

1985年4月,随国家领导人访问日本。

附录2 罗京年谱及工作大事记

1987年10月,随国家领导人访问法国、比利时、意大利、卢森堡。

1989年10月,参加国庆四十周年转播。

1989年11月,随国家领导人访问日本。

1989年11月,随国家领导人访问斯里兰卡、孟加拉、尼泊尔、泰国。

1990年5月,随国家领导人访问美国、墨西哥、巴西、智利、秘鲁、阿根廷。

1991年5月,随国家领导人访问苏联。

1991年12月,随国家领导人访问泰国。

1992年4月,随国家领导人访问日本。

1994年4月,随国家领导人访问乌兹别克斯坦、土库曼斯坦、吉尔吉斯坦、哈萨克斯坦、蒙古。

1995年,随国家领导人访问苏联。

1995年,编排并参与"现在开始播音"文艺晚会演出。

1995年12月,随国家领导人访问新加坡、马来西亚、泰国、柬埔寨、印度。

1996年1月,开始《新闻联播》直播,连续工作两周。

1996年11月,随国家领导人访问印度。

1997年2月,邓小平同志逝世的讣告等相关消息播报,坚守值班48小时。

1997年7月,香港回归祖国直播节目《百年梦归》总主持,坚守72小时直播。

1998年1月,荣获首届中国播音与主持作品奖电视播音一等奖。

1998年2月,主动请辞新闻中心播音组组长职务,任播音组副组长。

1999年4月,随国家领导人访问希腊、土耳其、叙利亚、巴基斯坦、孟加拉国、泰国。

1999年4月,随国家领导人访问瑞士、意大利、奥地利。

1999年10月,新中国成立50周年庆典活动直播。

1999年12月,现场报道澳门回归的政权交接仪式。

2000年9月,随国家领导人前往美国参加联合国千年首脑会。

2001年4月,随国家领导人访问智利、阿根廷、乌拉圭、古巴、委内瑞拉、巴西。

2001年11月,加入中国共产党。

2001年11月,随国家领导人出访斐济、巴布亚新几内亚、新加坡。

2002年5月,随国家领导人出访保加利亚、斯洛文尼亚、乌克兰、英国。

2002年7月,荣获全国"杰出专业技术人才"称号。

2002年10月,随国家领导人访问美国、墨西哥。

2003年5月,随国家领导人访问俄罗斯、法国、哈萨克斯坦、蒙古。

2003年10月,随国家领导人访问泰国、澳大利亚、新西兰。

2003年,主持"当代工人"五一劳动节特别版"我们都有一双手"。

2004年3月,主持十届人大二次会议开幕式直播。

2004年5月,随国家领导人访问德国、比利时、意大利、英国、爱尔兰。

2004年9月,十六届四中全会闭幕新闻的紧急稿件播出。

2005年1月,随国家领导人出访雅加达,报道东盟地震和海啸灾后问题领导人特别会议。

2005年9月,随国家领导人访问摩洛哥、美国。

2006年6月,在上海报道上海合作组织峰会和"亚洲相互协作与信任措施会议"论坛第二次峰会。

2006年6月,在青海报道青藏铁路通车庆祝大会。

2006年7月,随国家领导人出访俄罗斯,报道八国集团同发展中国家领导人对话会议。

2006年11月,随国家领导人访问越南、老挝、印度、巴基斯坦。

2007年,当选为党的十七大代表。

2007年7月,报道香港回归祖国十周年庆典纪念活动。

2007年11月,随国家领导人访问乌兹别克斯坦、土库曼斯坦、白俄罗斯和俄罗斯。

2008年1月,报道"雨雪冰冻自然灾害"。

2008年4月,参加大型电视公益行动"圆梦2008"节目录制。

2008年5月,主持"抗震救灾"晚会"爱的奉献"。

2008年6月,主持2008年迎"七一"暨抗震救灾文艺晚会"向祖国报告"。

2008年7月,参加香港回归庆典节目报道。

2008年8月2日,作为奥运火炬手传递奥运火炬。

2008年8月8日,参加"北京奥林匹克运动会"开幕式直播。

2008年8月31日,最后一次主持《新闻联播》。

附录3
罗京笔谈

从重大题材宣传报道看播音员的素质培养[①]

新中国的播音事业从在延安窑洞里诞生之日起就与祖国的发展紧密联系在一起。50年来,共和国成长中每一个重要的历史事件的报道都包含着播音员的心血,留下了播音员的声音。几代播音员用他们辛勤的工作见证着新中国前进的每一个脚步,也以他们积累的经验和智慧确立了播音员在重大题材宣传报道中不可替代的地位。而如何继承传扬这些经验和智慧并结合今天新闻宣传工作的新变化、新要求加以发展创新,则是摆在年轻一代播音员面前的一个重要课题。

重大题材宣传报道无疑是衡量一个播音员能力强弱、水平高低的标准,是对播音员综合素质的最好检验。能否胜任这类工作是一个播音员实力的最好体现。因此,从重大题材宣传报道的需要出发去研究播音员素质的培养是十分现实的,是具有说服力的。

---

① 本文发表于《现代传播》1999年第6期(总第101期)。

所谓重大题材宣传报道，无疑是新闻宣传机关需要完成的最重要的任务，如近年来的香港回归、小平同志逝世、全国军民团结抗洪、刚刚过去的50周年大庆、驻南使馆被炸以及即将到来的澳门回归、迎接千禧年等，而播音员是完成这些任务中不可缺少的一环。他们的能力强弱、水平高低、发挥好坏，直接影响到节目的质量，有时甚至对宣传任务的圆满完成起着决定性的作用。因此，从完成重大题材宣传任务的要求出发去选拔培养高素质的播音工作人才应是广播、电视宣传部门十分重视的一件事情。

从另一个方面看，播音员又是一个窗口、一个门面。从某种意义上说，他（她）又代表着一个栏目、一个台，甚至一个国家的形象。而这一形象往往是通过在一些重大题材宣传报道中的表现得以确立的。他（她）的好坏不仅是一个播音员综合素质的最真实的体现，某种程度上也会对一个台，甚至一个国家的形象造成影响。因此，从完成好重大题材宣传任务的角度去探讨播音员的素质培养也是十分必要的。

从现实情况看，一方面随着中国改革开放的不断深入，科技的不断发展，在人们面前展开的是一个更加广阔的、不断发展变化的新的世界，它为我们带来了更多的惊奇、更多的喜悦；也带来了更多的矛盾、更多的纷争。正因如此，重大题材的宣传报道也与日俱增、层出不穷。而另一方面，由于事业的快速发展，队伍的急剧扩大，造成了播音员人才选拔培养上的简单化、单一化，忽视了基础的牢固、综合素质的提高。因此，出现了能够完成一般性工作的人越来越多，但能担重任的人越来越少；能够在日常节目中小有名气的人越来越多，但能在重大题材宣传报道中树立形象的人越来越少的现象。这种现象持续下去，不仅会阻碍播音事业的发展，而且对完成党的宣传任务也会产生不利影响。这也就是尽快培养一批以能够出色完成重大题材的宣传报道为标志的高素质、复合型播音人才的紧迫性所在。

那么，究竟播音员的高素质体现在哪些方面？或者说重大题材的宣传报道对播音员的素质培养提出了那些要求？我以为至少反映在以下几个方面：

一、鲜明的思想性

所谓重大题材，无疑是具有浓厚的政治色彩、极大的社会反响、重大的现实意义、深远的历史意义的思想性极强的宣传内容，它往往不是一种单纯的客观报道，而是具有浓重的主观色彩，它充分体现着党的政策、人民的意志、国家民族的利益、广大群众的呼声。作为这一内容的体现者，播音员能否及时、准确地把握其鲜明的思想性，并充分、生动地加以体现，是衡量一个播音员素质的首要标准。

1. 职业的要求

中国的新闻事业是党和人民的新闻事业，播音员的工作被定位为党和人民的喉舌、代言人。这就要求播音员的工作不是一种以主观意志为转移的工作，而应从党和人民的利益出发去判断、去理解、去体现。自我的能力是在不违反这一原则的前提下去展示、去发挥的,这种展示、发挥必须服从于这种职业的要求,必须有助于内容中鲜明的思想性的准确、生动体现。重大题材的宣传报道正是检验播音员的职业修养,凸显其职业水准的时候。

2. *内容的需要*

重大题材报道的内容或充分体现党的方针政策(如党代会、人代会),或关系国家的尊严、民族的利益(如香港回归、50年庆典、驻南使馆被炸),或反映人民的意志、群众的呼声(如98抗洪、小平逝世)等。要将这些极富思想性的内容全面、准确、鲜明、生动地加以体现,这就要求播音员不能以客观的、单一的模式简单地复述,更不能事不关己、漠然处之;而应以饱满的热情、鲜明的爱憎、深刻的理解、生动的表达去体现党代会的意义、50年大庆的辉煌、香港回归的自豪、小平逝世的悲痛、98抗洪的壮烈、驻南使馆被炸的愤怒……只有将这些极富思想性的内容最大限度地加以鲜明充分地表达,才是一个优秀播音员综合实力的最好体现。

二、丰富的表现力

鲜明的思想性是要靠丰富的表现力来加以体现的。重大题材报道中播音员表现力的高低不仅是播音员职业特征的体现,也是检验播音员水平高低的重要标准,是播音员专业素质的集中展示。

1. 扎实的功底

扎实的功底是丰富的表现力的基础,也是播音员职业特征的最主要体现。播音是一门语言艺术,语言基本功是播音员的看家本领。在具有较强的分析理解能力的基础上,语言能力的高低就成为衡量一个播音员水平高低的重要尺度。特别是重大题材的报道往往是在紧急的工作状态下进行的,此时语言功底往往是决定成败的重要因素。

这里所说的语言功底,首先是指准确的发声、标准的语音、规范的表达,这是播音员最基本的职业要求,也是播音员作为一个语言工作者的责任。播音员正是需要具有这种功底,才能保证在重大题材的报道中长时间保持良好的状态、充沛的精力、清晰的表述、完整的体现。如小平逝世的消息近30分钟的稿件要一气呵成;揭批法轮功的报道16分钟的文章,在毫无准备的情况下直播;香港回归72小时马拉松式的报道;50周年大庆两小时大运动量的转播……这些报道任务的圆满完成很重要的一条正是得益于语言基本功的锤炼。

其次是丰富的语言技巧、多样化的表现手段,这是内容表达是否鲜明生动,是否具有感召力、说服力的重要前提,也是评判一个播音员业务水平高低的重要标准。在重大题材的报道中要想使鲜明的思想性得以充分体现,光靠标准、规范的语言是远远不够的,还需要通过技巧、手段的运用使其更加深刻、更加感人、更具表现力、更具说服力。一个重音的确定,一个停顿的安排,一种语气的把握,一种节奏的运用,对象感的具体,内在语的充分,正是这些技巧、手段体现着逻辑的严密,思想的深刻,说理的充分,论证的有力,爱憎的分明,情感的细腻,才能显示出职业的风范、专业的水准,才能体现出50周年大庆的骄傲自豪,香港回归的吐气扬眉,小平逝世的深深悲痛,98抗洪的万众一心……因此,在重大题材的报道中,技巧的掌握、手段的运用是播音员专业素质高低的重要标准。

2. 个性化的体现

这里所说的个性化,是指在共性的基础上结合自身特点的一种个性化发挥。通过这种个性化的体现,受众可以更方便、更准确地对一个播音员加以认识,也更容易沟通,更容易产生亲和力,进而更容易理解和接受内容。

对于播音员而言,个性化是在充分认识自我的基础上,在有助于内容体现的前提下,充分发挥个性优势,进而使个人裁体更具特点、更易于理解和接受,并形成独特的标识,在观众心目中树立起有别于他人的形象。齐越的通讯大气磅礴,夏青的评论庄重沉稳,赵忠祥的《动物世界》委婉动听,沈力的《为您服务》亲切感人……这些为观众认可的极富个性化的风格使他们在受众心目中确立了良好的形象,而这种形象为后人树立了榜样。同样,今天涌现出的优秀新人也无不是以较鲜明的个性化风格站稳脚跟的。他们或犀利、或坦诚、或平易、或幽默,但在这个性化的背后无不伴随着他们对题材准确的认识和把握,对内容深刻的理解体现。正因为如此,个性化才有所依托,而个性化又使体现更加丰富多彩。

三、稳定的心理素质

鲜明的思想性、丰富的表现力需要在一个稳定的心理状态下才能得以体现、发挥。特别是重大题材的报道往往是在一种紧张的工作气氛中进行的，压力来自诸多方面。作为内容的最终体现者，播音员不光要应付来自稿件的压力，还要面对可能出现的各种情况。责任的重大，气氛的紧张，时间的急迫，内容的多变；手里拿着，眼睛看着，嘴里念着，耳里听着，要想在这众多的考验面前保持良好的状态，稳定的心理素质是至关重要的。

1. 清晰的思维

思维的清晰是保持稳定的心理状态的基础。在重大题材的报道中，不论遇到多么复杂的情况，只有清晰的思维，才能使你保持冷静，分出轻重缓急；按部就班地加以解决，才能使你的能力得以充分发挥，使你的水平得以充分体现。

通常遇到的问题是急稿。越是重大的题材往往既要争分夺秒，又要慎之又慎。一来二去，作为最终体现的一环，播音员的准备时间往往被牺牲掉了，但这也是对播音员实力最好的考验。此时清晰的思维是关键。首先是顺序的排列组合，避免顾此失彼，出现大的失误；其次应解决疑点、难点问题，诸如不明白的词、不认识的字，人名、地名等；接下来如有可能，才是对内容的总体把握设计；最后，就需要凭借各人的功底、经验的积累和坚定的自信去战胜困难、完成任务。类似的情况一旦有了成功的经验，对建立一个稳定的心理状态将会很有帮助。

2. 应变的急智

能够处变不惊、沉着应对，这也是心理状态稳定的具体体现。尤其是在重大题材的报道中，变数是时刻存在的，如何应对？这需要沉着冷静、思维开阔、抓重放轻、随机应变。

沉着冷静是思维开阔的前提。只有保持清醒的头脑，才能在更广阔的空间里去寻求解决的办法。以切身体会为例，笔者在揭批法轮功的一次报道中，播出即将开始时，头条新闻改为直播；在忙于应付时，播出开始。轮到报提要时才发觉提要的稿件不在身边，一时阵脚大乱，只顾埋头寻找了很长时间，造成了很不好的影响。事后想来如能保持冷静，眼界开阔，就会想到同样的稿件女播音员面前也有一份，大家共用，问题就迎刃而解了。可见保持清醒的头脑是多么重要。

抓重放轻是随机应变的原则。在重大题材的报道中，出现任何变化都要以保证重点内容的准确、充分体现为原则，这样才能不失报道的宗旨和本义。如香港回归的报道，当交接仪式开始，一句简练的语言收住背景的介绍，以保证交接仪式报道的及时充分；再如建国50周年大庆阅兵的报道，由于空中梯队的较早进入，打乱了地面方阵的介绍，权衡轻重，及时调整了解说的顺序，在兼顾空中梯队的同时，重点保证了战略核导弹的展示介绍，使中外观众对我国军队有了一个更加完整、充分的认识。可见，急智是建立在理智的判断基础之上的。重大题材的报道更是如此。

综上所述，鲜明的思想性、丰富的表现力、稳定的心理状态是一个播音员做好重大题材报道不可或缺的素质。如何培养这些素质是个需要研究的课题。以上，笔者从重大题材报道的角度对播音员素质培养的几个方面作了简要的论述，一孔之见，经验之谈，还有待专家的提点、指正。

我了解的CCTV[①]

如果把CCTV的50年比作一个人的成长过程，那么我正赶上她25岁开始的青壮年时期，这也是CCTV发展史上最辉煌、最波澜壮阔的一段历程。

记得1983年从北京广播学院（现中国传媒大学）毕业时，作为播音系的学生，电视台尚不是我的第一选择。因为无论是从普及率还是知名度上，相较于电台，电视的吸引力都不是很大，毕竟那个年代电视还是一种小众奢侈品。从那时电视台的条件来看，也能证明这一点。记得刚到电视台报到时，穿过当时电台的办公地——北京十大建筑之一的广播部大楼，看到的是破旧的电视台办公小楼，台长和许多部门的办公室还在临时搭建的简易房中。一套电视节目、几个小时的播出量，十来个播音员，一大一小两个演播室……也许相较于25年前电视台初创时期，这样的条件已经是有很大改观了。但与今天的CCTV相比，这后25年的变

---

① 本文发表于中国广播电视出版社2008年出版的《与你同行——央视50位主持人献给建台50周年的心语》。

化真可谓地覆天翻。

我一时说不清今天的CCTV到底有多少个频道、多少个栏目、多少个小时的播出量,刚刚建成的新大楼将有多少个演播室,只知道CCTV已经是国际大台之一,节目已覆盖全球,每天有几亿观众收看,新的办公大楼是世界上单体面积最大的建筑,全台仅播音员/主持人就有将近四百人……这种巨变可以说是赶上了一个好的时代,也可以说是受益于好的政策。但不可否认的是,它离不开电视人的不懈努力和创新进取的精神。我为见证了这种变化而感到自豪,我为参加了这种变化而感到骄傲。

50年的CCTV教会了我很多,25年的CCTV从业经历成就了我很多。在我眼中,CCTV是一幅五彩斑斓的画;在我耳中,CCTV是一首激情澎湃的歌;在我心中,CCTV是一个多姿多彩的梦。

如果要对CCTV做一个具体的描述,我以为:

CCTV是一所学校

说是学校,是因为在CCTV,你可接触到的知识门类齐全,业务领域众多——不论是政治、经济、法律,还是文艺、体育、娱乐,不论是摄像、灯光、录音,还是无线电、计算机、系统工程。这里有政策方针,有百姓话题,有理论学术,有漫谈聊侃,有阳春白雪,有下里巴人,有内政外交,有世界风云……进入这所学校有太多的选择,有太多的诱惑。能否认清自身的条件,确定发展的方向,是术有专攻,还是一专多能,这是每一个初来者所要面对的问题。

但我以为,这所学校是以自学为主,它更多的需要眼力,需要悟性,需要好奇,需要主动,需要想象,需要创造。正是这些,成就了CCTV的发展;正是这些,造就了CCTV的队伍;正是这些,承载着CCTV的未来。

在这所学校里,不要单纯指望前辈的教导和点拨时刻引领着你,关键是要主动去感受,主动去吸收;不要单纯指望同事的关心和帮助时刻围绕着你,关键是要主动去沟通,主动去融合。25年前,进入CCTV不久的我就理解到,与大学里学生成绩的好坏是由老师来检验不同,在工作岗位上,新人成长的快慢,不是考核老人业绩的必要标准。换言之,培养新人不是一种责任,更多的是一种义务。这就意味着新人需要更多的主动性、更好的沟通技巧、更刻苦的自修、更全面的吸收能力,这样才能去挖掘前辈的经验,去研究行业的特点,去获得同事的支持,去争取成功的机会。

记得到电视台工作的最初几年,能够获得前辈老师的任何一个点拨都使我受益匪浅。工作中接触到的任何工种都使我感到新奇。但随着对电视事业了解的加深,我发现这是一个实践性很强的工作,这是一个发展得很快的行业,这是一个需要个性的工种,这是一个容易受伤的职业。要想继续走下去,别人的经验更多的是一种参考、一种借鉴。在这所学校里,只有找寻到最适合自身发展的技能和知识,并加以融会贯通,才能在最适合自己的领域创造出属于自己的那一份惊喜。

在这所学校里，我学会了好奇：不仅要探寻前辈专业上成功的奥秘，也要尽量去了解为他们的成功默默创造条件的记者、编辑、摄像、灯光……当你了解了他们的意图，体会了他们的用心，掌握了他们的方法，分清了他们的个性，你的理解才会更加准确，你的表达才会更加完整，你的形象才会更加得体，你的能力才会更加全面。

新闻是一个大概念，覆盖了各种知识、各种学问；新闻是一个大世界，充满着各种事件、各种传奇。这里有政策解读，这里有经济评论，这里有文化动态，这里有体坛风云……干好新闻工作，就要做到你事我事大家事，事事好奇；家事国事天下事，事事关心。只有在实际工作中才会发现，你的每一点吸收都会有释放的空间，你的每一分积累都会有勃发的一天。

在这所学校里，我学会了平和。电视使我年纪轻轻就万人瞩目，无论是行走各地，还是"周游列国"，有尊敬，有礼遇；电视也使我担惊受怕、身心俱疲，无论是直播现场，还是公众场合，有风险，有不便。今天是华堂上锦衣玉食，明天就可能是在灾区里同甘共苦；今天是掌声不断，明天就可能是骂声连连，能否坦然面对，能否甘之如饴，都要靠平和的心态，只有这样，才能带给你更长久的坚持。

要知道，电视节目是一个合作的成果，播音员、主持人无疑是这个成果的最大受益者。当赞誉和掌声讲起时，千万不要以为那是针对你个人的褒奖，要学会淡定，学会分享；电视工作又是一个复杂的工作，播音员/主持人也可能是这个工作的最大受害者，当指责和嘲讽袭来时，千万不要一味去解释、埋怨、澄清，要学会承受，学会担当。屏幕上的自我要精益求精，屏幕下的自我要平易谦和。工作上的事要坚持原则，工作外的事要大度宽容。电视把我"制造"成了名人，电视也教会了我要拥有一颗平常心。

在这所学校里，我还学会了很多，也还有更多的东西等待我去学习，因为你永远赶不上电视事业发展的步伐，也永远不能满足观众对电视的期待。也许没有人能真正从这所学校里毕业，但我想，这所学校里的每一个人都在用自己的所学推动着中国电视事业的发展，都在用自己的努力创造着自己和别人的辉煌。

CCTV是一种责任

在我的经历中，没有哪一种职业像电视一样担负着如此众多的责任，要对党负责，对人民负责，对国家负责，对民族负责，对公众负责；没有哪一个职业像电视一样包罗万象，大到党的方针政策，小到居家柴米油盐；也没有哪一个职业像电视一样具有如此大的影响力，可以引领社会生活、牵动股市跌涨。CCTV尤其如此。在观众心中，党和国家给予了你特殊的条件、特殊的资源，成就了你的权威性、影响力；广大电视观众给予了你充分的信任、充分的尊重，成就了你的关注度、可信度。正因如此，对你的任何一种要求都不能说是过分，对你的任何一种期待都不能说是苛求。正如一个播音员、主持人，在你享受着观众的信任、喜爱和尊敬的同时，就应该准备去接受观众在任何条件下对你的审视、议论和监督。CCTV人的使命是要使这种权威性得以保持,要使这种影响力得以扩大,要使这种关注度得以持久,要使这种可信度得以延续。要做到这些,不是靠一个人、一个节目、一天两天,但要损毁这些,却往往是一句话、一瞬间的事儿。因此,保持高度的责任心,对CCTV人而言不是一个口号,也不是一时的使命,而是每时每刻的叮咛、一举一动的警示。

回想这25年的工作经历,自己或别人在工作中的太多失误都源于对责任的懈怠。一个错误的读音,不知会使多少教师花费多少口舌,对自己的学生进行纠正;一次忘开话筒没有声音的播音,也许要使上亿人起身去对自家的电视进行调整。曾经有播音员误播了几天前的气象预报,致使刚刚出海的渔船又纷纷回港避风;也曾有主持人一时失控,致使台前幕后众多人的努力化为泡影。而政治上的幼稚、观点上的妄言、内容上的低俗、表现上的拙劣所造成的后果更是无法弥补。

CCTV使命艰巨、责任重大,你的成功会赢得更多的掌声,但你的失误也具有放大的效应。这里没有"不代表本台立场"的观点,这里没有纯个人意志的体现,你的一举一动不能与你的使命相抵触,你的一言一行不能与你的责任相背离。只有明确了这一点,你的CCTV之路才有可能走得更远。

CCTV是一个大舞台

我们是幸运的一代,因为我们承接了前辈的光彩;我们是骄傲的一代,因为我们搭建了一个更广阔的发展舞台。如果说25年前,我们的成功要经过一个漫长的等待,那么今天的CCTV可使你一夜之间大放异彩。

今天的CCTV,套用一句广告词就是"心有多大,舞台就有多大"。无论是扩散空间还是社会影响,无论是包装技巧还是技术手段,在这个舞台上已没有不可能,在这个舞台上谁都是机会无限。如果说受当年节目形态的限制,我们的行业准入是单一的标准、严苛的审查,那么今天,节目的个性化设计,使绝大多数人在这个行业上的成功成为可能。

与当年进入CCTV只是认为有了一个稳定的令人羡慕的工作不同,今天的CCTV带给人太多的幻想,勾起人太多的欲望。那时,有限的影响力使我们没有太多成名成家的思想,按月领到工资之外,对金钱及其他也没有太多的奢望,勤奋工作最现实的回报是换来领导的肯定和前辈的表扬。

25年后的我们在这个舞台上已经历了太多的沧桑,在见证着时代飞跃的同时,也在分享着这种飞跃所带来的辉煌。不过在这种分享中,我们的经历也使我们更懂得品味,更懂得珍惜。当伴随着CCTV人到中年时,回首过往,今天这个舞台带给人的幻想和欲望,对于后来者实际上也是一种风险、一种挑战。今天,想站到这个舞台上,需要面对更多的竞争;想要在这个舞台上站稳,则需要更顽强地拼搏。当梦想在这个舞台上变为现实之前,你是否应先审视一下在这所学校中的成绩如何?在憧憬这个舞台所带来的光彩的同时,你是否考虑过能否担起CCTV所代表的那一份沉甸甸的责任?

也许以我这样的资历尚不足以使用这样的口吻;也许有人认为以我目前的身份,会有顾及新人成长太快的矛盾心理。但我想说，这个舞台有足够的容量，这个舞台有太多的机遇，我们可以分庭抗礼，我们更可以相映生辉。CCTV的事业将会在这种竞争中得以不断发展，CCTV的舞台上将因我们的携手，不断上演更华彩的乐章。

这就是我对50年的CCTV的一点了解；这就是我在CCTV25年的一点收获；这就是我对CCTV50年华诞一点发自内心的祝愿。在我心中，这个多彩的梦还没有做完；在更多人的心中，这个梦才刚刚开始。

家庭也意味着责任

《家庭》杂志约我写篇有关家庭的稿子，拖了很长时间，真有些不好意思。

一来当然是传统借口：工作忙，抽不出时间。也确有这方面的原因。因为有些事说说容易，真要见诸文字，则确要花一定时间琢磨推敲一番。

二来也是因为这篇稿子对我而言是篇不太好做的文章。也许是从事新闻工作多年，看很多事往往是理性多于感情。结婚后，特别是有了孩子之后，对家庭的认识不再停留在一种想象或感性的层面上，因为有了切身的体会，有了实实在在的了解。而这样的体会、了解则更多的是理性的。没有了幻想的情调，缺乏了浪漫的色彩，写出来是否有可读性？是否能对即将组成家庭的年轻人有所帮助？是否会破坏他们心目中对未来家庭生活的美好憧憬？心里实在没数。

但答应了便不好食言，反复想来，便成了下面的文字。一家之言，仅供参考。

"家庭"一词意味着温馨，意味着甜蜜，意味着寄托，意味着归宿，这都毫无疑问。但在我的认知里，"家庭"更意味着责任。只有真正认识到这一点，并做好了承担责任的准备，那种温馨甜蜜的感觉才会持久，那寄托、归宿也才值得留恋。

和大多数年轻人一样，我的恋爱历程也充满诗意，充满浪漫。我们也曾踏遍京城的公园、剧院；也曾在花前月下倾诉情感；也曾餐馆显贵、商场流连。如果没有我这份工作带来的一些不便，我想我们也会卡拉OK厅放歌、舞场旋转。恋爱历程中的这些，无疑是未来生活的一笔宝贵精神财富。

但我以为光有这些对于组成家庭而言是不够的，从恋爱到成家虽只一步之遥，但其中的变化却意义深远。情感的纽带加上了法律的约束，使浪漫的约会变成了长相厮守，卿卿我我的相处变成了柴米油盐的奔波，即使是二人世界，也将融入婆媳翁婿关系、儿女甥侄照看……与这些变化相伴而来的可以说仍是各种责任。这些责任是身处一个家庭中不能推诿不能回避的。没有彼此间深刻的了解，没有对这种责任清醒的认识，没有做好承担这种责任的充分准备，新婚燕尔分手者有之，儿女年幼离婚者有之，第三者插足婚姻破裂者有之……究其根源，我想，对家庭缺乏责任感无疑是主要的。

记得我和爱人到街道办事处登记结婚，工作人员要在结婚证书上盖章时，我曾半开玩笑地对她说："再问一次，你想好了没有，章一盖下去可就不能反悔了。"这虽有玩笑的成分，但也有实在的一面。因为只有双方真正认识到了这种由法律形式固定下来的家庭关系所带来的责任，并有勇气去承担它，做到既能欣赏对方的优点，也能包容或改变对方的缺点；既能分享对方的欢乐、成果，也能分担对方的痛苦、压力，这样的家庭生活才具有稳定的基础，遇到问题才可能圆满解决，未来的生活也才可能美满幸福。

正因为如此，每当我工作较忙，对家庭疏于照顾的时候，我总感到有一种没有尽到责任的内疚，我会尽可能地采取一些方法，哪怕是用言语去加以补偿。每当这时，妻子的怨气、牢骚我会心甘情愿地接受；而她的理解、体谅更会使我深感安慰。

当一个新的生命诞生之后，这种责任会更加具体、重大，因为有一个生命需要你去培养，你必须为他付出一切而不求索取。为孩子担起这种责任，这同样能证明你的成功、你的伟大。

当我们祝愿有情人终成眷属的时候，我们也祝愿他们未来的家庭和睦安宁。我想还该附带一句：为了生活得幸福美满，应负起你对家庭的责任。

附录4

演出集锦

戏剧

《淮河营》选段，1994年戏曲春晚节目。

《淮河营》选段，1999年CCTV 4《神州戏坛》节目

CCTV 4《神州戏坛》节目主持人，和于魁智一起表演《三家店》选段

《甘露寺》

《武家坡》选段，2001年春节戏曲晚会演唱，与王蓉蓉、白燕升、李扬一起表演

表演京剧电影大拼盘《喜剧》

与郑子茹合唱《沙家浜军民鱼水情》

在与鞠萍等合录的反串小品中演唱《沙家浜》《智取威虎山》（2003年国庆七天乐）

表演京剧《空城计》片段

2003年春晚，表演评剧《年字令》

流行歌曲

1995年"现在开始播音"文艺晚会中演唱《中华民谣》"朝花夕拾杯中酒"

首届沃尔沃:卡车杯CCTV朗诵艺术大赛"颁奖晚会"表演歌曲《雨巷》,和虞梦合唱

《同一首歌》特别节目"无悔的选择"中表演歌曲《永远是朋友》

CCTV 3《演艺竞技场》节目中表演歌舞《好大一个家》

《欢乐中国行》新年特别节目中演唱歌曲《南屏晚钟》

花好月圆节目中演唱歌曲《月之故乡》

CCTV 4央视主持人合唱由"同一首歌"音乐工作室作曲的歌曲《生命美丽》

演唱歌曲《神话》《千里之外》

朗诵《人间四月天》《天狗》《祝酒歌》(含方言版)

CCTV 10《子午书简》朗读《新野有个一人说唱团》

在花好月圆节目中,演唱歌曲《月之故乡》

《外面世界》《让我欢喜让我忧》

《怎么舍得我难过》《忘不了》

《再回首》《不是我不小心》

《来生缘》《弯弯月亮》

《故乡的云》《驿动的心》

《掌声响起来》《一剪梅》

《大约在冬季》

附录5

沉痛亦沉醉

——追忆同窗时代的罗京

马雅莎[①]

2009年6月5日晨,一位好友打电话说在网上看到了罗京去世的消息,我不信,但随之又接到同班同学鲁景超的电话,我懵了!带着无法承受的悲痛,一路流着眼泪急忙赶往307医院。一连数日,脑海里根本无法平静——大学时代那些纯美的记忆,件件都成了哀思的源泉。

怀念他的人品

1980年11月,北京广播学院七九播音班迎来了大二到外地电台电视台实习阶段,班主任张老师对我说:"这次认识实习,考虑你和罗京声音都比较亮、好搭,让你们俩去青岛台,怎么样?"我第一反应是到大海边,开心地说:"太好了!"张老师接着

---

① 马雅莎:军委科技委信息中心高级工程师,中国载人航天工程纪录片《飞天之路》总导演。本文发表在《神剑》杂志2009年第3期上,文字略有删改。

说:"但是罗京年纪小,没出过远门,也考虑你当过兵,又有工作经验,生活上可能得多操点心!"我顿时责任感满满,欣然接受了老师的安排。于是,有幸陪伴了罗京在青岛的人生多个第一次:第一次独自离开家出远门,第一次进海鲜餐馆尝海鲜,第一次见到大海,第一次学会自己洗衣服,第一次在电台电视台展露声音和形象。

罗京的成长靠自省自律。

刚到青岛的头两天,早上我到点敲门叫他起床,自己去食堂吃完早饭,打回一份,等他盥洗后吃了再一起去上班。他不好意思地说:"以后不管我醒没醒,只要你一起先敲我的门好吗?"这样,我们可以一起去食堂吃饭、上班了。

第一个星期天该洗衣服了,我他看抱着衣服发楞,就边说边示范,并借来一个搓板让给他用,他呢,搓了几下就停了,原来是因为不会使搓板,用力过大,把手指搓破了皮,看着我吃惊的样子,他忙坦白地说:"我奶奶平时连袜子都不让我洗。"是啊,每周一,他总是朴素干净地走进教室,当同学们夸他爱干净时,他总说:"是我奶奶的功劳。"我端过盆,边示范边洗了。过了几天,我问他用不用把脏衣服拿来,他都说,不用啦,这回我自己会洗了。我夸奖了他,自觉、自省和自学自律,这是人格完善的重要能力。

有一件小事更反映人品。一到快考试,大家就忙得忘了做值日,我和罗京是全班同学民主选举出的男生班长和女生班长,大家叫他"小官儿"。有一次,我有意晚走看看有没有人打扫教室,最后就剩下罗京。他说:"今天该我们小组值日。"又有一次教室该打扫了,我又看到只剩他一人,而那天,绝不是他们小组值班。他没说话,只冲我耸了耸肩,我们俩各自拿起扫把扫了地。我想虽然班干部应该为大伙服务,可是他小小年纪就有这般气度、责任感和做人的境界,以小见大,实属人品难得。

怀念他的才艺天分

我怀念他真性情时尽展才艺时的聪颖玲珑。

人们可能都认为他不苟言笑,也可能看过他唱京剧《空城计》唱段、《千里之外》等歌曲,知道他一出手水平就相当高。那不是成名后学的,真了解他才知道他的天性有多快乐、天分有多高!

去青岛台实习期间,1961年5月出生的他不满20岁,我年长他几岁。我一个人住在并排摆着六张木板床、中间生着一个大铁炉子的招待所里,与我隔着一间公用水房就是罗京的宿舍,局促的空间里,四张床住满了抽烟的外地人。客观环境使我的宿舍成为我们业余时间的学习和娱乐空间。

业余时间,我们经常比赛念报纸,不许出错,互相记时长,他的阅读能力相当强,我们探讨过,"眼睛要比嘴巴快"的方法不易出错。多年后,他告诉我工作中体会也是如此。

两人聊得高兴了就互相演节目玩。我给他讲当年考上文艺兵的经历,他也展示起才艺来,就像孩子撒欢一样,在水泥地上翻跟斗,说起京剧,就给我唱《空城计》,说唱样板戏就比划一段《打虎上山》,好家伙,从过门开始带动作的,中间腾空跃起的横叉又高又飘,好一身童子功!我不由得叫"好!"他一来劲,起得比原调还高,声音那叫一个亮啊!回想起那一幕给我一个观众的演出,我太幸福,也太悲伤。其实,他性格很内敛,记得第一次班里联欢,他唱《空城计》,是把身体转过去,脸冲着墙唱的。

我那时就想,一般文艺天赋好的体育不行,像他这么全才的真是鲜有,在学校,排球场上是主力,个不算高,弹跳力超好,照样网前扣球;足球场上是主力,临门混战时特清醒,反应机敏;篮球场上也不得了,经常带球全场突破进球,玩什么都玩得有模有样,就是那种天资好、悟性高,干哪一行都卓越超群之人。

怀念同窗友情

最美好的回忆是我们俩同游刚下过雪的青岛八大关,那里像是安徒生童话世界。那一天,圣洁的白雪把红的、黄的、各种颜色的欧式城堡别墅洗润得色彩鲜明,开阔的别墅群四周,不见一个人影;通向海边的长长的路上,没有一条车辙,只有我们踩在雪地上的两行脚印……四周安静得连松子落在雪地上的声音都听得清。每当我回忆起这段,同学们就开玩笑说"后来呢?"我就说:"说真的,老实坦白?(大家安静)连小手都没牵一下。"罗京笑着补充说:"这就叫该是谁的弟,就是谁的弟。"其实,真实的细节更纯美,望着眼前的梦境幻景,我说:"咱们来到童话世界了吧。""像,安徒生童话世界。"我们漫步走着、看着,先是我情不自禁道:"千山鸟飞尽,万径人踪灭。"他接着:"孤舟蓑笠翁,独钓寒江雪。"声音因环境空旷而格外动听。"哎,咱们对雪的诗句吧!"我的提议立刻得到响应:"窗含西岭千秋

附录 5 沉痛亦沉醉

雪,门泊东吴万里船";"忽如一夜春风来,千树万树梨花开";"大雪压青松,青松挺且直。要知松高洁,待到雪化时"。我说一句,他对一句,比着声音洪亮。最后合着朗诵起来:"北国风光,千里冰封,万里雪飘"……把能想起来的描写雪景的诗句全都朗诵了一遍!那可真是愉悦,至纯、至真、至美的精神享受!

青岛期间,有一位当过海军的青岛台播音员李峰也临时住在招待所,我们出门他给我们当向导;我们馋了,周末带我们去小馆打牙祭;加班饿了,他给我们提供白面和鸡蛋,我在那个大炉盖上摊的鸡蛋饼,成了罗京终生不忘的美食之一。

罗京曾向我提起一起重返青岛,可是我在军队身不由己,没能圆他此梦,直到我2017年去青岛疗养,才找到我和罗京当年的好友李峰。阔别36年,故地重游人难寻,四目相对泪婆娑!

最感动我的一幕,是我82年寒假做甲状腺肿瘤手术。当时学播音的嗓子动刀,心里真有点害怕,假期同学们都不知道,没想到他返校早,听老师说了,当他见到我脖子上缠着纱布不能动,关切地问:"特疼吧?""还能播音吗?"我只能在纸上写:"恢复一段才能说话。"顿时,他大眼睛泪汪汪的:"怎么这样啦,不是好好的吗?"他眼眶发红,坐在床前片刻,才忧心忡忡地走了。他的真切,给来看望我的老父亲留下了深刻的印象。后来罗京在《新闻联播》一出镜,我父亲立刻就认出了他,父亲是总参干休所京剧组的票友,每次看见他唱戏,都给我打电话夸奖一番。2008年9月的一天,老人家忽然问我:"《新闻联播》上咋不见罗京了?"我只好说他病了,父亲拿着几张《健康报》让我转告他注意这注意那。2019年春节初五聚会,罗京说:"啥时您老爸祝寿，我跟他老通个电话。"没想到老人家88岁寿辰未到，他却突然先走了，老人家从电视里知道后，心痛得流着泪连连说："这么好的孩子！真可惜哟！"

罗京的热心助人是众口皆碑的。毕业后，我只找他给菏泽市录了一次城市宣传片，人家挺急，他也很忙，但还是意外地答应了；90年代中期，我被组织外派创办澳门卫星电视时，他说"有啥用得着的就言语一声"；2003年我在拍摄创作我国载人航天大型纪录系列片《飞天之路》时期，他见面对我说："悠着点，别累着。"2009年春节，当我告诉他，今年我去人民大会堂领了个国家科技进步二等奖，他笑着说："值得祝贺！我还羡慕这个奖呢！你还播吗？"我回答："我一直在话筒前，不过全国人民听不到。"他说："看来你只能当'幕后金话筒'啦！"。

每一位同学取得进步他都由衷地祝贺，每次同学聚会他总是抢着买单，他自己的高兴事也很乐得分享。世纪之交那年，大事要事很多，没想到我刚看完他的《新闻联播》就接到他的电话："大姐，这事我得告诉你，我有儿子了！"那一刻，我感觉到一种温暖的姐弟情谊。

正因为有罗京这样重情重义的同学，虽然我不在广电系统，却好像从来没有离开过七九播，总能感觉到同窗的情谊和温暖。

最敬佩的是他对工作的责任感。

2005年初五同学聚会，罗京小声对我说："我感到又到极限了，有时坐在那，脑子里一片空白。"我很吃惊，但鼓励他说："《新闻联播》的工作贵在坚持，你和李瑞英往那一坐，我心里特踏实。"他笑了，对大家说："嗨，你们听，她倒是踏实了，知道

附录5 沉痛亦沉醉

我们每天死多少细胞吗？"接着，给大家讲了几次惊心动魄的直播重要新闻的故事。我理解他，越是水平高，越是可信赖，越是受重用，中央重大事件点着名下达，无论你是在什么状态，非你不可，无人替代。在如履薄冰的状态下，坚持26年一字不差零差错，真是播音行业的传奇楷模！他所创造的业界奇迹，若非特别敬业、特别聪敏、特别认真、特别负责，是无法做到的。他是继续坚持了，没想到，他真的是坚持不住了……

最令人痛心的是他病了以后，生怕让大家担心，不肯麻烦人，我是2008年9月初在酒泉拍"神七"时听说罗京患了癌症，急忙发短信问他："是真的吗？快跟姐说实话。"他回："没大事，请放心。"我一看，知道不好！他要是说没大事，就是有事了。好不容易说服他送去了提高免疫力的补品，他总说现在听医生的，直到他吃不了其他东西了才服用一点，一切都来不及了。留下太多太多的遗憾。愿生如夏花般灿烂的他，在天国似秋叶之静美。

为他送行，受全班同学的委托，我做了两幅挽帐：

（上联）业界楷模，国音虚怀尽瘁。

（下联）国之英才，清名厚德流芳。

（上联）英年驾鹤，三十载同窗痛失手足。

（下联）音容永在，十三亿民众悲悼英才。

后 记

在迎接40岁的这一年,我愈发感慨时间的匆匆,岁月仿佛未曾留下痕迹便已在倏忽间走过了四季,然而有些人、有些事,却犹如春花、夏雨、秋叶、冬雪一般,在我们平凡的生命中投下非凡的影像,任何时候回想起来,都会带给我们无穷的温暖和力量。在我心中,罗京便是如此。

十年的时间足以平复怀念的伤痛,因为生活总是带着逝者的余温和生者的欲望顽强地延续着。今天,当我在寒冬腊月写下这些文字时,我试图用平和的心态和点滴的片段去感受他的人格之魅和职业之魂,这或许是我能够缅怀和纪念罗京的最好方式。因为今天,我们再回忆罗京时,需要的不再是悲伤和难过,更重要的是要把他所拥有的职业精神和品格魅力传承下来。作为中国传媒大学播音主持艺术学院的一名教师,作为罗京的师妹,我很荣幸自己可以做这样一个历史的记录者。

第一次听罗京的声音当然是在电视上观看《新闻联播》的时候,那个时候我还在上小学。因为从小喜爱诗歌朗诵,

后 记

我一下就被他的声音吸引了,虽然小时候还不大会关注节目内容,却很喜欢在大人们观看《新闻联播》时在一旁听着他清悦而明亮的声音,看着他冷俊帅气的模样。听罗京播新闻应该说是一种享受,那种感觉,好似一股清泉淌入心田,温润且安宁。渐渐地,我长大了,没曾想也到了罗京的母校开始学习播音,上学时老师们果然会常常拿他举例。比如讲吐字归音时,老师们就会要求我们做到吐字清晰且不费力,会让我们看罗京发音的时候嘴巴张得并不大,可是认真听他的发音就会发现他所有的字音都是饱满的,呈标准典型的"枣核形"。学了专业以后,更能体会到罗京声音的魅力。他的声音弹性很好,富有磁性,带有金属质感。关键是在具体稿件内容的播报时,他的表达音色清悦、语句流畅、层次清晰、重点突出、基调准确、目的鲜明。在我心目中,他的播音已经达到了电视新闻播音的一个境界:以情吐字,用心归音。与其说罗京是天赋异禀,不如说是天道酬勤、金石可镂。罗京能够在职业上成为标杆,在业务上成为典型,更多地源于他的爱岗敬业,源于他对待工作的态度。

一个成熟的行业,其标志就是业务标准的设定,而标准是要靠人来创立的,在新闻播音这类实践性较强的行业更是如此。罗京是一个追求完美的人,他在有限的一生中,几乎把每一件"他应该做的事情"都完成得足够好,也因此成为中国播音界的一个标杆。

中国电视新闻播音走过了60年,在创立其业务标准的两代人中,罗京可以说是其中一个阶段的至高点。正因为如此，罗京在行业内的影响力带有唯一性，业内人士把他称为"大家"。罗京在中央电视台从业时间长达26年，如果从他上大学正式进入这个行业的门槛算起，他正式接触新闻播音的时间是整整30年，而且刚好是伴随改革开放的30年。罗京见证了《新闻联播》30年的成长，也见证了我国经济增长速度不断加快、人民生活水平日益提高的全过程，意义非同一般。罗京作为中央电视台的新闻播音业务骨干，任职期间承担了大量急、难、险、重的播出任务，创造了几乎零差错的纪录，这是令任何一个有从业经验的人都感佩至深的。

中央电视台新闻播音部，从最初的几个人发展壮大到如今的几十个人实属不易。事业的发展进步离不开罗京这样的业务骨干力量。归纳罗京的业务成就，可以帮助我们进一步认识中央电视台新闻播报风格的形成机理，帮助正在成长的年轻播音员明确方向，少走弯路，从而更好地传承央视大台的新闻播报风格；描绘罗京的生活细节，能够帮助我们更加深刻地理解播音艺术大家成长的心路历程；总结罗京的价值追求，能够帮助我们更进一步懂得如何做一名合格的新闻播音员，懂得成为一个让人们喜爱的公众人物应遵循的基本原则。

我们通过各种方式纪念罗京，目的就是要把一个更丰富立体、更真切豁达的罗京告诉给喜爱他的观众朋友，就是要把一个更清晰、更理性的罗京传递给从事播音事业的同行。从2008年奥运会回溯之前30年的中国改革开放全过程，罗京的工作足迹与这段时期的历史足迹高度重合，其间，有无

后 记

数鲜为人知的特殊历史时刻倾注了他的心血!如今,我能够把这些散落在他事业、生活中的方方面面汇集起来,将他这些生前的事迹编织成一本精致的图书呈现给广大读者,是我人生中一大幸事。罗京生病住院后曾对医生、护士们说,他准备趁住院期间写本书,把他这些年来的经验和感受记录下来。可以想象,如果这本书写成的话,将是一笔多么宝贵的学术和精神财富!只可惜他没来得及写。如今,他的经验和感受我们只能更多地从他的事迹中去探索和寻求。这本书稿的完成也算是送给罗京的一份礼物,唯愿可以帮助远方的他完成一些未竟的心愿。

在这里我要由衷地感谢罗京的爱人刘继红。在我为本书的写作进行调研期间,无论是在物质上还是在精神上,刘老师都给予了我莫大的帮助。感谢您不厌其烦地为我提供各种资料,没有您热情无私的帮助,我将无法顺利完成资料的搜集和本书的写作工作。这十年来,您独自一人含辛茹苦地抚养罗疏桐长大,无微不至地照顾疏桐的爷爷,却在网上遭人非议,真心替您打抱不平。上次去您家里整理照片时,听到爷爷在电话里和您聊天,洪亮的声音真不像是一位86岁高龄的老人,相信爷爷和罗京老师也都希望您能早日有一个新的开始。

卢静老师回忆

由衷地感谢姚喜双老师、鲁景超老师、卢静老师、贾际老师、马雅莎老师、马黎老师、欧楠老师、吴方老师、康辉老师……感谢各位老师愿意在百忙之中接受我的采访,为我提供写作的素材。

贾际老师回忆

感谢北京台尚远老师在京剧专业方面给予我指导,感谢中国传媒大学的单萍、范泓懿、张铭楷、冯小冰四位同学利用假期休息时间帮我整理资料,助我节约写作时间。

感谢爸爸、妈妈再次作为我坚强的后盾,在我集中写作期间带病坚持帮我照看儿子清晨。同时感谢我的先生张涛老师在我每一次遇到写作瓶颈或心情不好时为我指点迷津、鼓劲加油。

感谢丁俊杰老师、程平老师和李水仙老师对我的信任,促成本书成稿。

最后,我发自内心地感谢罗京老师,您的精神是我写作的最大动力!无论您走了多久、多远,您都永远活在我的心里,无论做人还是做事,您都是我的榜样!斯人已去,记忆永存。

正如白岩松老师在"罗京播音主持艺术学术研讨会"上所说:"我们希望通过今天的研讨会,把罗京的职业精神、人格操守传承下去,把他一直恪守的做事做人的准则变成我们大家的准则。其实我们对罗京最好的纪念,不是送他走,而是把他留下来,留在我们身边。让他的品行风范在我们每个人的一举一动里继续存在,让他的做事准则在我们的一腔一调里继续传承,让他的梦想在我们的梦想里延续。我们在,他就在。"

正如张越老师在"罗京播音主持艺术学术研讨会"上所言:"罗京走了,我们还在,工作还在,新闻还在,责任还在,希望还在。我们会沿着他的足迹前进!"

后 记

　　罗京老师为播音主持事业树立起一座丰碑，同行的敬仰和百姓的口碑，让他永远留在了我们的心里，希望在他精神光环的指引下，我们可以在中国传媒发展建设中贡献出更多的智慧和力量。

　　他生如夏花般绚烂，积淀下的核心，就是把职业操守看得像生命一般重要。坚守准确与客观，坚守平衡与分寸，且持之以恒，知而行深。在这个冲突激烈的时代，虚妄的空气与湿滑的泥土会让人忘了原点。面对社会转型中公信力的重构，面对个人角色与职务定位的权衡，面对节目形态的不断创新，面对电视开机率的下降危机，面对新媒体的汹涌而来和AI智能主持人的挑战，今天，我们这一代，压力与日俱增，多元带来抉择，机遇与挑战共存。罗京的行深，就是把理想与理性、锐气与睿智、专业与职业，尽可能完美地结合起来。在记录、报道、推动社会愈加文明的道路上，我们要在前行中传承，在传承中创新，在创新中坚守，带着罗京精神，勇往直前！

刘卓

戊戌年腊月于北京家中

图书在版编目(CIP)数据

罗京 现在开始播音/刘卓著. ——北京:中国传媒大学出版社,2019.10
ISBN 978-7-5657-2497-8

Ⅰ.①罗… Ⅱ.①刘… Ⅲ.①罗京(1961—2009)—生平事迹 Ⅳ.①K825.42

中国版本图书馆 CIP 数据核字(2019)第 125322 号

罗京 现在开始播音
LUOJING XIANZAI KAISHI BOYIN

著　　者	刘　卓
责任编辑	程　平　蒋　倩　张　婧
封面设计	大鹏设计
书名题字	姚喜双
责任印制	李志鹏
出版发行	中国传媒大学出版社
社　　址	北京市朝阳区定福庄东街 1 号　邮编:100024
电　　话	86-10-65450528　65450532　传真:65779405
网　　址	http://cucp.cuc.edu.cn
经　　销	全国新华书店
印　　刷	艺堂(天津)印刷有限公司
开　　本	880mm×1230mm　1/32
印　　张	黑白 11.5　彩插 0.5
字　　数	220 千字
版　　次	2019 年 10 月第 1 版
印　　次	2019 年 10 月第 1 次印刷
书　　号	ISBN 978-7-5657-2497-8/K·2497　定价　56.00 元

版权所有　翻印必究　印装错误　负责调换